自主探究 走进生活

如何做好学生
综合实践技能的工作

刘雪梅 ◎ 著

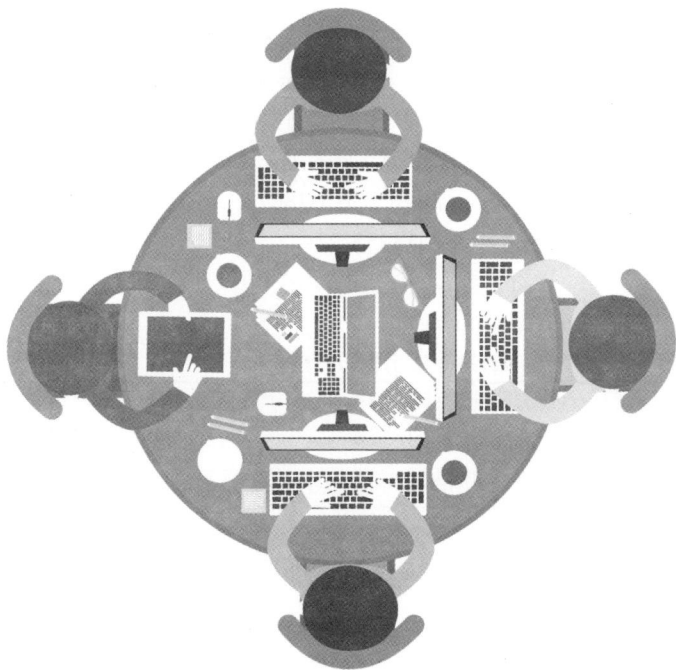

光明日报出版社

图书在版编目（CIP）数据

自主探究 走进生活：如何做好学生综合实践技能的工作/刘雪梅著.
—北京：光明日报出版社，2016.6
ISBN 978-7-5194-1061-2

Ⅰ.①自… Ⅱ.①刘… Ⅲ.①活动课程—教学研究—中小学 Ⅳ.①G632.3

中国版本图书馆CIP数据核字（2016）第138235号

自主探究 走进生活：如何做好学生综合实践技能的工作

著　　者：刘雪梅

责任编辑：李　娟　　　　　封面设计：鸿儒文轩
责任校对：苏　芳　　　　　责任印制：曹　净

出版发行：光明日报出版社
地　　址：北京市东城区珠市口东大街5号，100062
电　　话：010-67022197（咨询），67078870（发行），67019571（邮购）
传　　真：010-67078227，67078255
网　　址：http://book.gmw.cn
E－mail：gmcbs@gmw.cn lijuan@gmw.cn
法律顾问：北京德恒律师事务所龚柳方律师
印　　刷：三河市明华印务有限公司
装　　订：三河市明华印务有限公司
本书如有破损、缺页、装订错误，请与本社联系调换

开　　本：650×940　1/16
字　　数：210千字　　　　　印　　张：18.5
版　　次：2017年1月第1版　印　　次：2017年1月第1次印刷
书　　号：ISBN 978-7-5194-1061-2
定　　价：46.00元

前　言

随着社会的发展、独生子女人数的增多，国内学生缺乏团队合作意识的情况越加突显。综合实践训练作为拓展学生的心智，提高团队合作意识，激发团队潜能的项目，越来越受到人们的关注。

综合实践课程是新一轮课程改革中引人关注的一门课程，也是课程改革中一道美丽的风景线。它是一门以学生的实践体验为核心的实践性课程，在综合实践中，以综合素质教育为主，学生主要是动手实践。

综合实践训练起源于国外，主要以拓展体能与技能为导引，通过设计独特的富有思想性、挑战性和趣味性的新型体验式课程，利用多种典型场景和活动方式，让学生接受一系列的考验，使学生在解决问题应对挑战的过程中磨炼克服困难的毅力，增强团队意识，培养健康的心理素质和积极进取的人生态度，最终达到增进学生身体和心理健康的课程目标。其教学活动不是教师示范、学生模仿，而是教师组织，学生通过团队合作来完成，教育不是由外向内的灌输，而是学生自我体会、自我教育的过程。

校内综合实践教育与校外综合实践教育既健全了学生的心智，也提高了学生的团队合作意识，激发了团队潜能。其中综合实践技能的发掘与增强也是极大的收获，在为学生未来的生活与学习带来极大的优势的同时，也为国家输送了一批动手能力强、实践技能强、自主探究能力强的人才。因此，如何做好学生综合实践技能的工作是不可忽视的重担，需要我们一起努力。

编　者

目　录

第一章　综合实践活动

第一节　综合实践活动的界定与内涵

综合实践活动是国家规定的从小学至高中设置的必修课程，它不是教学层面的一种教学活动方式，而是课程层面的一种具有独立形态的课程；在我国基础教育新课程体系中，"综合实践活动"课程是一门与各学科课程有着本质区别的新的课程，是我国基础教育课程体系的结构性突破。综合实践活动内容不像其他学科课程内容那样界限分明和系统化，而是具有较强的开放性，超越了传统的学科逻辑体系。通过采访、调查、研究、实验，研究一些社会问题之类。不管是过去的、现在的还是将来的，不管是国内的还是国外的，不管是人物、动物、植物还是事物，不管是自然现象、社会现象、文化科研还是科学艺术，只要是符合学生年龄特点、具有潜在教育价值的主题或项目均可以成为综合实践活动的内容。

综合实践活动其主要内容包括：研究性学习、社区服务与社会实践、劳动与技术教育。当作为一种独立的课程形态时，综合实践活动课程超越具有严密的知识体系和技能体系的学科界限，强调以学生的经验、社会实际和社会需要和问题为核心，是一种向学生生活领域延伸的综合性课程，是着眼于发展学生的综合实践能力、创新精神和探究能力的发展性课程。

《基础教育课程改革纲要》在规定新课程的结构时做出了如下阐述：从小学至高中设置综合实践活动并作为必修课程，其内容主要包括：信息技术教育、研究性学习、社区服务与社会实践以及劳动与技术教育。强调学生通过实践，增强探究和创新意识，学习科学研究的方法，发展综合运用知识的能力。

由此看来，综合实践活动是有利于增进学校与社会的密切联系，培养学生的社会责任感。同时在课程的实施过程中，注重加强信息技术教育，培养学生利用信息技术的意识和能力。通过了解必要的通用技术和职业分工，形成初步技术能力。

在高速发展的信息化时代，社会需要创新型人才，培养创新型人才需要实践教育的实施。教育不仅仅是传授知识的活动，知识获取也不是教育的全部任务和职责，即使是知识，它也不仅仅是个科学的问题，而是与学生的命运、幸福有关的问题。教育指向的是一个整体的人的全面发展需要。学生的认知领域发展、情感领域的发展、动作技能领域的发展和人际技能领域的发展需要，是教育必须关注的。

同时儿童青少年是祖国未来的建设者，是我国社会主义事业的接班人。他们的综合素质如何，直接关系到国家的前途和民族命运。高度关注儿童青少年思想道德建设，深化以发展学生的创新精神和实践能力为重点的素质教育，成为我国当前基础教育改革与发展的重要使命。

长期以来，我国中小学教育存在的突出问题之一，就是教育教学远离学生生活和社会实际，仅仅重视书本知识的教学与训练，极端地强调认知性学习，忽视生活学习和实践学习这一重要的方式，剥夺了学生在开放的社会背景、社会生活和社会实践中发展的教育机会，导致高分低能、低分低能、缺乏动手操作的能力和社会实践能力等问题，极大地阻碍了学生生动活泼、全面而有个性的发展。获得知识、善于解题，并不是基础教育的核心价值追求。远离生活的教育弊端到了非改不可的时候了！开放的时代呼唤开放的教育！

综合实践活动为每一个学生个性的充分发展创造了空间。学生是一个有待全面发展的活生生的人，不是一个知识的容器，正如古罗马教育家普罗塔克所说："儿童不是一个需要填满的罐子，而是一颗需要点燃的火种。"面对多元化社会的需要，仅仅把学生看作是知识的容器，仅仅把知识传授看作是教育的全部，已经远远落后于时代发展的需要了。

多少年来，中小学过于封闭，学生的成长经历被局限在学校的围墙之内。"两耳不闻窗外事，一心只读圣贤书"，封闭的学校教育活动，导致学生对自然、对社会、对自我缺乏充分的整体认识和理解。每一个学生的个性发展都具有独特性、具体性，每一个学生都有自己的需要、兴趣和特长，都有自己的认知方式和学习方式，他们的发展不仅仅是通过书本知识的学习而获得的。

在信息化社会、学习化社会，学生获取知识的方式已经呈现出多元化、全方位的特征，学校教育尤其应该具有开放的教育观念和开放的教育视野，超越学校空间对学生成长的局限性。教育中传递的知识大多属于"公共知识"，惟有学生个人的体验、理解、感悟、思想才是他们的"个人知识"。"个人知识"的深度与广度、质量与结构，在很大程度上决定了一个人的人生成功。

对每个学生的发展而言，书本知识的学习、积累甚至训练虽然也是不可或缺的，但同样，生活经验的积累、感悟与升华也是不可或缺的。"个人知识"从何而来？从实践中来，从反思中来。在学校教育中，学生获取知识的途径和渠道也是过于依赖教师的教授和书本知识的学习，缺乏自主思考、动手操作、实践学习，这是当前基础教育需要解决的人才培养方式问题。

《关于教育问题的谈话》中说：中小学"不能整天把青少年禁锢在书本上和屋子里，要让他们参加一些社会实践，打开他们的视野，增长他们的社会经验。"这段话，一针见血地指出了长期以来我国中小学教育存在的问题，提出了改革中小学教育的建议。

教育引导学生在社会生活中学会处理人与自然、人与人、人与社会等基本关系，发展学生的科学精神与创新意识、信息意识与技术意识、劳动观念与动手能力、培养学生的社会责任感和参与社会实践和社区服务的能力，是素质教育的重要任务。为实现素质教育的宏伟目标，基础教育的课程体系亟待改革与创新，设计与实施综合实践活动是适应这一需求的重要举措。

而综合实践活动注重引导学生学会学习，形成自主获取知识的愿望和能力，发展他们的思维品质；促进学生运用所学知识，在实际情景中提出问题、分析问题、解决问题的实践能力和创新品质；发展学生合群、合作的意识和能力，具有团队精神和能力；培养学生适应社会、自主发展的愿望和能力，引导他们分享人类共有的核心价值观，并形成良好的为人处事的情感态度和价值观，越来越成为这个多元化时代对基础教育的本质要求。

当今社会迅猛发展，产生了一系列新的问题，如环境问题、道德问题、国际理解问题、信息科技问题等等，这些问题都具有跨学科的性质，综合实践活动为学生参与、探究、理解这些新的社会问题提供了机会。

综合实践活动继承和发展了我国基础教育的优秀传统，反映了学生个性发展的内在需要，体现了科技发展与社会进步的客观要求。综合实践活动为每一个学生个性的充分发展创造了空间。综合实践活动的设计与实施，体现了当前素质教育的内在要求，有利于克服书本知识和课堂教学的时空局限，让学生联系社会实际，通过亲身体验进行学习。同时又适应加强科技教育的信息时代需要。此次课程改革设立的综合实践活动是对活动课程的继承、发展与规范，对充分发挥活动课程应有的发展价值具有重要的现实意义。

随着我国新课程的不断深入，"综合实践活动课程"逐步成为新一轮基础教育课程改革的公共议题或中心话题，研究与探讨综合实践活动课程的理论问题和实施问题，已经成为新课程的热点。大家普遍认为：综合实践活动课程是新课程的亮点，也是新课程的难点。

那么，综合实践活动到底是一门什么性质的课程？对应于分科课程，它是一门综合课程；对应于学科课程，它是一门经验课程。概括起来说，综合实践活动是基于学生的直接经验、密切联系学生自身生活和社会生活、体现对知识的综合运用的课程形态。这是一种以学生的经验与生活为核心的实践性课程。综合实践活动是新的基础教育课程体系中设置的必修课程。

开展综合实践活动旨在引导学生在社会生活中学习，在实践中发展，积累和丰富直接经验，培养创新精神、实践能力和终身学习的能力。学校要从实际出发，具体安排、确定综合实践活动各部分内容和组织形式。

综合实践活动不是其他课程的辅助或附庸，作为综合程度最高的课程，是具有自己独特功能和价值的相对独立的课程，它与其他课程具有互补性。与其他课程相比，综合实践活动具有如下特性。

一、综合性

综合实践活动具有综合性。综合性是综合实践活动的基本特性。综合性是在综合实践活动中学生所面对的完整的生活世界决定的。综合实践活动主题的选择范围包括学生本人、社会生活和自然世界。学生的生活世界由个人、社会、自然等基本要素构成，这些基本要素是彼此交融的有机整体。学生的生活世界是由各种复杂关系相互交织在一起构成的。在这些关系中，学生与自然、学生与他人或社会、学生与自我的关系是生活世界中最普遍的关系。学生处理这些关系的过程，就是对学生的发展具有教育价值的活动过程。

因而，学生个性发展不是不同学科知识杂汇的结果，而是通过对知识的综合运用而不断探究世界与自我的结果。从而综合实践活动便具有了超越严密的知识体系的学科界限，着眼于学生的整体发展的综合性特点。对任何主题的探究都必须体现个人、社会、自然的内在整合，体现科学、艺术、道德的内在整合。综合实践活动必须立足于人的个性的整体性，立足于每一个学生的健全发展。

二、实践性

综合实践活动具有实践性。实践性是综合实践活动的本质特性。综合实践活动以学生的现实生活和社会实践为基础发掘课程资源，对课堂教学空间和教材加以拓展，改变学生在教育中的学习方式和生活方式，而非在学科知识的逻辑序列中构建课程。通过引导学生实践性学习活动，帮助学生学会发现、学会探究、学会实践，超越单一的书本知识的学习，自觉地把直接经验学习和间接经验相结合。

综合实践活动以活动为主要开展形式，强调学生的亲身经历，要求学生积极参与到各项活动中去，在"做"、"考察"、"实验"、"探究"等一系列的活动中发现和解决问题，体验和感受生活，发展实践能力和创新能力。

综合实践活动强调学生通过探究性学习、社会参与性学习、体验性学习和操作性学习等多种实践性学习活动，把学生的探究发现、大胆质疑、调查研究、实验论证、合作交流、社会参与、社区服务以及劳动和技术实践等作为重要的发展性教育活动。综合实践活动的实践性学习活动方式不是以掌握系统化的书本知识为主要目的，而是以发展创新精神、实践能力为主要目的。

三、开放性

综合实践活动具有开放性。综合实践活动面向每一个学生的个性发展，尊重每一个学生发展的特殊需要，其课程目标具有开放性。目标具有强烈的针对性：学生的现实生活需要和社会需要；学生素质发展的需要，促进学生个性发展为总目的；针对于学生的现实生活需要，满足学生个性差异，提高他们融入社会的能力。

综合实践活动面向学生的整个生活世界，随学生生活的变化而变化。也因学生所处的社区背景、自然环境，以及学生现实生活的需要和问题的不同而不同。（这种开放性，是其他任何课程的内容所不具备的）尽管新课程标准规定信息与技术教育、研究性学习、社区服务于社会实践、劳动与技术教育四大领域，但对不同的地区、学校、班级和学生而言，其具体的活动内容是多种多样的。综合实践活动关注学生在活动过程中所产生的丰富多彩的学习体验和个性化的创造性表现，其评价标准具有多元性，因而其活动过程与结果均具有开放性。

四、生成性

综合实践活动具有生成性。综合实践活动的课程价值主要指向该课程的实施过程之中。学生参与了活动过程本身，也就在过程中获得逐步的发展，并且学生通过对过程中的体验进行反思，有利于觉醒他们的自我意识和能力。因此由综合实践活动的过程取向所决定。

每一个班级、每一所学校都有对综合实践活动的整体规划，每一个活动开始之前都有对活动的周密设计，这是综合实践活动计划性的一面。对综合实践活动的整体规划和周密设计不是为了限制其生成性，而是为了使其生成性发挥得更具有方向感、更富有成效。

活动方式和活动过程不断的生成。学生自主收集解决问题的资料，并制定或生成活动方案，在活动过程中使课程资源不断生成。综合实践活动的主题是在教师的指导下，从学生的现实生活情景中发现问题，随着活动的不断展开，新的目标不断生成，主题不断生成，学生在这个过程中兴趣盎然，认识和体验不断加深，创造性的火花不断迸发，这是综合实践活动生成性的集中表现。

五、自主性

综合实践活动充分尊重学生的兴趣、爱好，为学生的自主性的充分发挥开辟了广阔的空间。学生自己选择学习的目标、内容、方式及指导教师，自己决定活动结果呈现的形式，指导教师只对其进行必要的指导，不包揽学生的工作。综合实践活动充分尊重学生的兴趣、爱好，为学生自主性的充分发挥开辟了广阔的空间。

综合实践活动课程的设计和实施，要符合其综合性、实践性、开放性、生成性和自主性等基本特点。任何把综合实践活动当作一门具有知识体系的学科来"教"的做法，都有损于其课程价值。

第二节　综合实践活动的影响因素与区域实施

综合实践活动是基于学生的直接经验，密切联系学生自身生活和社会生活，注重对知识技能的综合运用，体现经验和生活对学生发展价值的实践性课程。综合实践活动的实施过程是一种个性化的过程，它充分体现了课程对学校、对学生的适应性。与其他课程的教学过程不同，它更强调妥善处理好教师与学生、认识与实践、内容与形式、过程与结果、规范性与生成性，以及综合实践活动与其他课程之间的关系，创造性开展综合实践活动的实施过程。

综合实践活动的实施，要注重发展学生搜集处理信息的能力、自主获取知识的能力、分析与解决问题的能力、表达与交流的能力，发展学生良好的情感、态度、价值观。综合实践活动体现了当前素质教育的内在要求，同时又适应加强科技教育的信息时代需要。综合实践活动课程是《基础教育课程改革纲要（试行）》规定的小学到高中的必修课程，这项课程的设立，是我国基础教育课程体系的结构性突破，为学生的发展开辟了面向生活、面向社会的广阔空间。

同时，综合实践活动课程作为当前课程改革的一个热点和难点问题，在课程资源的开发与整合、课程活动的指导与管理、课程价值的彰显与提升等方面都有待于依托课改实践来进行持续性的探讨和研究。

一、综合实践活动实施的基本要求

由于综合实践活动是在教师与学生合作开发与实施的情况下进行的。教师和学生既是活动方案的开发者，又是活动方案的实施者。综合实践目标的规划要考虑学生的终身发展需要、社会发展的需要以及科学技术发展的需要。有效实施综合实践活动需遵循下列基本要求：

（一）教师引导学生自主选择，主动实践

综合实践活动的实施，倡导学生自主选择和主动实践。学生积极主动的投入，是综合实践活动实施得以顺利进行的第一保证。教师要对学生的活动加以有效指导，指导教师因根据学生活动主题的需要，设计具体的指导方案。教师的作用只能算是引导，而不能称做主导。

在综合实践活动中，最好是以学生自己的想法行为为主，发挥自己的主观能动性，以教师的建议为辅，来进行自身各个方面的完善，以保证综合实践取得较好的收益和效果。教学是以学生为中心，无论是教学内容还是教学活动都要从学生的学习角度出

发，而教师的作用就是在学生学习过程中起指导作用，一是指导教学内容、教学的重点和难点、设计教学过程和教学活动；二是帮助学生学习、指导学生自主学习、培养学生的创新意识和创新能力。

教师对综合实践活动的指导在根本上是创设学生发现问题的情境，引导学生从问题情境中选择适合自己的探究课题，引导学生从问题情境中选择适合自己的实践课题；在活动过程中加强对学生进行活动方法与方式的指导，帮助学生找到适合自己的学习方式和实践方式；在活动总结阶段，指导学生对活动过程、活动方法、活动结果与收获进行有效总结。在指导方式上，综合实践活动倡导团体指导与协同教学。

因此，在综合实践活动实施过程中，应处理好学生自主活动与教师有效指导的关系。教师既不能"教"综合实践活动，也不能推卸指导的责任、放任学生，而应把自己的有效指导与鼓励学生自主选择、主动实践有机结合起来。

（二）以实践为主要形式

实践是综合实践活动课程实施的基本方式。实践的过程是学生基于已有的经验和知识，运用必要的工具，作用于客观对象的过程。转变学生那种单一的以知识传授为基本方式、以知识结果的获得为直接目的的学习活动，强调多样化的实践性学习。学生实践的方式大致可分为以下几大类：

一是以研究为主要活动方式的实践。包括制定方案、调查、访问、观察、实验、统计、信息收集与处理等。

二是以社会实践和社区服务活动为主的活动方式。包括参观、服务、宣传、义务劳动、经济活动等。此类实践活动一般要在特定的社会情景中进行，如社区福利院、孤儿院、小区、农村或农场、文化古迹、社会有关机构、街道、商店、公园等场所。

三是以技术实践为主的活动方式。包括技术实践和劳动实践两大类。具体有设计、制作、研制、种植、养殖、信息发布、出版（小报、墙报等）技术实践并不等于科技小发明和小创造，而是实践过程的必经环节。

综合实践活动的实施，应该引导学生在实践中学习，在生活中实践。学生的实践过程要建立在一定的认识基础上，克服盲目的实践的局限性。认识是实践的基础，真知来源于实践，学生通过实践形成自主获取知识的能力，并形成对自然、对社会、对自我的整体认识。倡导学生的主动学习、乐于探究、勤于动手，引导学生经历多样化实践学习活动的过程，经历问题探究、问题解决的基本方法和过程。要切实克服活动形式化、表层化的局限性，需要处理好认识与实践的关系。

（三）要紧密结合综合实践活动的特性

综合实践活动的实施过程既具有开放性和规范性双重特征。综合实践活动要集中体现学校的特色，学校应对综合实践活动进行统筹规划。一般来说，综合实践活动的实施过程可分为活动准备、活动实施、活动总结与交流三个阶段。

随着活动过程的展开，学生在与教育情境的交互作用过程中会产生出新的目标、新的问题、新的价值观，有效实施综合实践活动要求，教师首先要认识到这些生成性目标与生成性主题产生的必然性，肯定其存在价值，并加以运用，从而将活动引向新的领域。地方和学校对综合实践活动的统筹规划不能限制其生成性，而应当使其生成性发挥得更具方向感和更富有成效。

（四）运用信息技术教育实施综合实践活动

信息技术领域是综合实践活动的重要探究内容，综合实践活动的内容范围是相对划分，而不是绝对分割的。运用信息技术教育与综合实践活动的四个基本内容相结合是综合实践活动的基本要求。要根据地方和学校的课程资源，以综合主题或课题的形式将四者融合在一起实施，使四个基本要素彼此渗透，达到理想的整合状态。不能割裂四个基本内容范围的内在联系，将综合实践活动划分为四门具体课程来开设。

要把信息技术不仅仅作为开展综合实践活动的一种手段，而要把信息技术作为一种素养，应注重信息技术教育与综合实践活动的内容和实施过程有机整合起来，在综合实践活动的实施过程中要积极运用网络技术等信息技术手段，以拓展综合实践活动的时空范围、提升综合实践活动的实施水平，同时发展学生搜集和处理信息的能力，有效利用现代信息资源，促进学习方式的多样化，为学生进行跨地区、跨学校、跨班级的合作探究开辟空间，为教师进行跨地区、跨学校、跨班级的合作指导提供条件。

综合实践活动中的劳动技术教育、信息技术教育中的某些内容，可根据需要在初中阶段某一学期或学年独立开设。在实施过程中，要体现综合实践活动的基本理念，注重信息技术手段的设计与运用要致力于为学生创造反思性的、自主合作探究的学习情境和问题情境，防止陷入纯粹信息技术知识教学或技能训练。

综合实践活动作为一门活动课程的特殊发展形态，在我国新一轮基础教育课程改革中备受教育工作者的关注。综合实践活动课程实施效果的好坏，不仅直接影响着该课程目标和课程内容的重新设计以及课程组织和课程评价的运行，也影响着该课程在某些地区或某些学校的可持续发展。影响综合实践活动课程实施效果的外部因素主要有政治体制和经济基础；内部因素主要有教育者和受教育者素质、应试教育、课程评价、课程目标。

众所周知，伴随着综合实践活动课程实施的逐步推进，遇到了现阶段难以解决的很多问题和困难，实施的效果不尽如人意，实施者感到迷茫、困惑、忧虑和担心。因此，认真分析影响综合实践活动课程实施效果的因素，已成为时下该课程亟待解决的问题。

二、影响综合实践活动课程实施效果的外部因素

任何一门新的课程，从它的开发到实施过程都要受到多种因素的影响，都要经历一个人为的和非人为的艰难曲折的发展过程，综合实践活动课程也不例外。政治体制、经济基础和经济发展等与课程改革发展有着密切关系的教育外部因素影响着教育的发展。

（一）政治体制对综合实践活动课程实施的影响

政治体制作为教育的一种社会背景，它的作用就在于把握和控制教育的发展方向，它对基础教育课程的确立、实施和发展具有权威性。

我国实行三级制课程，即中央集权的课程、地方和学校分权的地方课程和校本课程。但现阶段课程的实际设置仍然是中央集权的课程占主导地位，教育部颁布指导性教育计划和课程目标，掌握着教育系统的绝大多数资源与权力的组织、分配，控制着学校绝大多数课程。地方课程和校本课程只是附属品。

2001 年 5 月，《国务院关于基础教育改革与发展的决定》规定中小学设置"综合实践活动"，《基础教育课程改革纲要（试行)》更加明确地将"综合实践活动"规定为小学到高中的必修课。开设综合实践活动课程的主要目的是为了让学生获得亲身参与社会实践，从实践中发现问题并独立地解决问题，从而养成合作、分享、积极进取的良好品质，丰富实践经验，发展实践能力，提高对知识的综合运用和创新能力。然而开设综合实践活动课程必须具备相当的人力、物力和财力，很多学校现阶段根本不具备开设该课程的条件，但由于《纲要》规定它为必修课程，于是很多不具备条件的学校也勉为其难地开设着，而学生并没有从中获得发展，也就没有达到开设该课程的目的。由此不难看出，有什么样的政治体制和条件，就会有什么样与之相对应的课程及

其实施效果。无论是教育体制的集权还是分权，基础教育课程改革和发展都要为政治发展的需要服务，都要受制于政治体制。

（二）经济对综合实践活动课程实施的影响

经济是人类社会生存和发展的基础，是教育事业生存和健康发展的基础，也是综合实践活动课程开发和实施的基础，它对社会生活和教育的发展起着决定性的作用。

基础教育课程改革、素质教育和社会发展的多元化都企图给予学生自由发展的时间和空间，着力培养和发展学生的个性思维和创造能力。国家鼓励地方和学校开发和实施符合本地区、本学校实际情况的课程。然而，开发和实施新的课程需要投入很大的人力、物力和财力，尤其是开发和实施科学技术较为先进的课程，它需要添置或更新仪器设备，如计算机、电视机、投影机、视频显示仪等及其配套设施，也需要学校购置大量相关的书籍及资料，还需要进行师资培训。所有这些都需要教育资金的投入，如果国家财政不投资，地方和学校又不具备其财力，当资金得不到保证时，即使人力资源尚可，课程开发也是难以实现的，新课程实施将成为一种表面化的形式，更无法保证它的教学质量。由此可见，教育资金投入的多少严重地制约着综合实践活动课程的开发和实施。

目前，我国地区间经济基础差别大，经济发展极不平衡，沿海地区经济比较发达，西部地区经济比较落后，有的地方发放教师的工资都勉为其难，哪还有资金投入综合实践活动课程的开发和实施。经济的落后不仅导致了新课程开发和实施的困难，也导致了教师教育观念的落后和教学水平的偏低，从而导致了教育质量的差距。教育质量的差距导致了人的科学思想滞后，人的科学思想滞后导致了科技行动的落后。科技行动的落后导致了经济的落后。经济的落后必然导致教育的落后。如果不改变经济的落后，发达地区和落后地区之间的多种差距将越来越大。

三、影响综合实践活动课程实施的内部因素

基础教育课程改革和发展的关键在于课程的实施，课程实施的效果又与教育者和受教育者的素质以及教研部门的作用等因素有着密切的关系。

（一）教育者素质对综合实践活动课程实施的影响

在学校教育中，校长和教师不仅是集权课程实施的主导力量，也是分权校本课程开发和实施的主导力量。他们素质的高低直接制约着课程的开发和实施的效果。

校长是学校教育教学工作的组织者、管理者和宏观协调者，他在学校教育教学活动的运作和发展过程中起着核心的作用。校长的素质直接关涉到学校明确的办学方向和办学思想，关涉到学校教师队伍的构建、培养与使用，关涉到建立适合学校课程与发展的校本文化。

因此，校长要站在教育教学改革的前列，带头探索综合实践活动课程的开发与有效实施，使综合实践活动课程的开发与实施落在实处。然而，客观的事实是有的校长不重视综合实践活动课程的开发与实施，例如，综合实践活动一周只安排一课时，远离教育部安排的一周三课时的要求，综合实践活动的教师滥竽充数，活动必需的仪器设备和器材得不到保证和补充，使综合实践活动课程形同虚设。不少校长教育观念落后，管理学校的经验和能力不足，害怕竞争，缺乏工作技巧，心理素质、学识素质和职业素质偏低，尤其是对学校工作的策划能力和创造能力较差，学校的发展目标不符合实际，实现目标的措施缺乏可操作性，在实际工作中不能率先垂范。

教师是综合实践活动课程的开发者、实施者、组织者、管理者和参与者。因此，教师应在综合实践活动过程中发挥重要作用。综合实践活动课程要求教师转变教学观念，改变教学方式，

要具备跨学科的理论文化知识，具有一定的实验和实践技能，然而许多教师教学观念陈旧，教学方式古板，已有的学科知识老化，知识结构单一，综合实践活动课程开发的能力差，收集和处理信息的能力较差，缺乏积极的求学意识和进取精神，缺乏创新精神和创新能力，还存在着诸多的不足和能力危机。

总之，校长与教师的素质越高，综合实践活动课程开发和实施可能性就越大，如果校长与教师的素质不高，就不能承担好新课程的开发和实施，更无法保证教学质量。

（二）受教育者的素质对综合实践活动课程实施的影响

最终能体现和反映综合实践活动课程实施效果的是学生的思维能力和综合运用知识解决实际问题的能力是否获得发展和提高。如研究性学习的能力、社区服务与社会实践的能力、劳动与技术的能力、收集和处理信息的能力。

由于受应试教育的影响，学生几乎把学习的时间和精力都投入到了升学考试的科目中，读死书、死读书，每天忙于在应试的题海之中，根本不会利用课余的时间开展综合实践活动，即使是综合实践活动的时间也是应付了事，学生对综合实践活动课程的学习需要不强、兴趣不浓，在活动中缺乏好胜心、求知欲，缺乏学习的热情和意志力。有的学生利用综合实践活动时间记英语单词，有的学生利用这段时间做其他作业。这种重升学考试科目，轻非升学考试科目的学习态度，加之知识面窄，不愿独立思考与创新，收集和处理信息能力、动手实验和实践能力、人际交往能力、分析和解决问题的能力差。这无疑影响综合实践活动课程实施的效果。

开展综合实践活动就是要让学生学会生存的本领，我们教育的目的本来是让学生为日后的生活做准备，是让学生潜在的素质都是能得到全面的发掘和培养，给予学生的不应只是数字的知识，也不应是培养只能应付各类考试的人。加强对学校开展综合实践活动课程的指导和培训。努力在实践中发现和培植教师、学校和小区域的先进典型，挖掘他们的经验，发挥他们的辐射和带动作用，一步一个脚印，逐步推动综合实践活动课程广泛深入地发展。

第三节　综合实践活动的目的及合理性

综合实践活动是义务教育阶段国家规定的必修课程，是国家新一轮基础教育课程改革开设的新型课程。综合实践活动是有目的、有计划、有组织地通过丰富的活动内容，灵活多变的活动方式，开展以学生为主体，以实践性、自主性、创造性、趣味性以及非学科性为主要特征的多种活动，旨在让学生获得亲身参与实践的积极体验与丰富经验，使学生接触自然、社会，综合运用所学过的知识，加深对自然、社会和自身内在联系的整体认识。

通过开展综合实践活动使学生拓宽视野，增长知识，培养能力，发展个性，生动、活泼、主动地得到全面和谐的发展。培养他们对自然的关爱和对社会、对自身的责任，形成从自己的周围生活中主动地发现问题并独立解决问题的态度和能力，发展他们的实践能力和对知识的综合运用和创新能力，养成合作、分享、积极进取等良好的个性品质。

开设综合实践活动课的目的：旨在让中小学生改变长期以来一直恪守的被动地接受教师知识传授的学习方式，即偏重于机械记忆、浅层理解和简单应用的学习方式，在帮助学生开展有效的接受性学习的同时，将学生置于一种主动探究并注重解决实际问题的学习状态，改变学生只是单纯从书本学习知识的传统，让学生通过自己的亲身体验来了解知识的形成和发展过程，丰富他们的学历；改变学校教育始终围着考试转的局面，真正把教育的重心放在培养学生的创新精神、实践能力和终身学习的能力上。开设综合实践活动课的意义决不在新设一门课程，而是对传统教育思想和育人模式的重大挑战，它将是中国基础教育有史以来最深刻的革命性变化。

归根到底，开设综合实践活动是社会发展的需要，是学生全面成长的需要。有许多人对中小学开设综合实践活动课程不理解，说什么"综合实践活动课程与中考、高考无关，在这门课程上花时间不划算"，"综合实践活动不能帮助提高学生的考试成绩"，"综合实践活动是从国外引进的一门课程"等等。其实，我国基础教育阶段开设综合实践活动课程有充分的、合理化的目的。

一、培养适应社会发展的人才

随着社会的变迁，对劳动者的素质提出了新的、更高的要求，或者说对教育提出了新的、更高的要求。社会的进步怎么能离开人的全面发展，人的发展又怎么能离开社会发展的内在要求？教育作为育人的事业，无时无刻不是在与社会发展的互动中发展的。教育要想适应社会发展的要求，就要对自身进行深刻的变革。

社会的发展、科技的进步为教育的发展提供了物质保证和文化支持，教育又为社会的发展提供了精神动力和智力支持。教育也好，社会也好，都是在不断的发展变化中的。现在，如果我们深入的分析我们所处的时代，审慎的反思我们的教育，就不难发现：随着社会日新月异的发展，现在的教育体制与时代发展不相适应的矛盾日益突出。我们必须通过变革人才培养模式，使教育与时代发展相适应。

1. 培养学生的全球意识和国际视野，发展学生的交往能力与合作意识

作为一种广泛的经济、政治、社会、技术以及科学的趋势和力量，引领了世界发展的潮流，带动了人才、资源、信息、技

术、资本的全球流动与配置。现在，我们已经找不到一个真正与世隔绝的角落了。20 世纪 70 年代以来，特别是伴随着美苏争霸格局的打破，人类逐步进入了一个崭新的全球化时代，整个世界的政治交往、经济交往和文化交往日益频繁，大家一损俱损，一荣皆荣，国家之间、地区之间的相互依存进一步加深了。

全球化时代要求公民具有全球意识和国际视野，还有开放的思维方式，具备良好的行为品质和行为习惯。不能坐井观天，总是把眼光盯在自己的一亩三分地上，要以赞赏的眼光看待世界文化的多样性，积极吸纳世界各民族文化的精髓。这些思维方式和行为习惯的形成，单纯依靠传统的学科教学是难以培养起来的，更需要在开放的、实践的学习情景中，通过解决实际问题逐步培养。近年来，很多国家都纷纷开设了"综合实践"类课程，这次课程改革，我国也把综合实践活动列为必修课，可以说是全球化时代的客观要求。

2. 培养学生信息意识和信息能力

现在的学生，仅仅依靠在课堂上从教师、从书本获得的那些知识是远远不够的；现在的教师，仅仅依靠以前所学的知识进行教学是远远不够的，他要不断的学习，终身学习，而网络给他提供了一个很好的学习平台。在信息时代，信息技术准确的说已经不单是一种"技术"，一种纯粹的手段，而逐步变成我们的一种生活要素，深刻的改变着我们的生活方式。信息技术教育是综合实践活动的基本要素之一，强调在综合实践学习中养成良好的信息意识，具备收集和处理信息的能力。

综合实践活动对培养学生搜集和处理信息的能力很有帮助，它由教师引导学生从生活中选择自己的活动主题，通过学生自己查阅资料、进行社会调查、动手操作等方式来完成。以学生为主体，注重学习自主性。学生是学习的主体，教师应当充分调动学生学习的积极性和主动性，使学生变被动学习为主动学习。每一次活动主题的开展都会促进学生信息能力的发展。

　　课程改革强调把"收集与处理信息的能力"作为中小学生必备的四大基本技能之一，这四大技能是搜集和处理信息的能力、获取新知识的能力、分析和解决问题的能力、交流与合作的能力。综合实践活动对培养学生搜集和处理信息的能力很有帮助。因为这一课程跟其他学科不一样，不是像其他学科一样，由老师把书本知识告诉学生，学生认真听讲，把这些现成的书本知识记住就行了。综合实践活动的开设满足了时代发展对青少年信息素养的要求。

3. 培养学生的创新精神、探究意识和实践能力

　　当今世界，正走向知识经济的新时代。知识经济是指建立在知识和信息的生产、分配和使用之上的经济。是以知识为基础的经济，特征就是知识不断创新，高新技术迅速产业化。知识经济随着现代科技革命的产生和发展。20 世纪以来，随着科学技术的新发现、新成果不断涌现，知识经济孕育而生。知识经济是一种崭新的、可持续发展的经济，是在世界经济一体化背景下产生的一种全球化经济。

　　知识经济是以高新技术为支柱，以智力资源为依托的可持续性发展经济。知识经济时代实质上是一个强调创新的时代，创新是知识经济时代的灵魂。而创新对一个国家来说显得极其重要。创新贯穿于人类发展的任何时期、任何角落，它是民族进步的灵魂、社会发展的枢纽、国家兴旺发达的不竭动力。创新加速了社会的进步，丰富了社会的财富。一个国家只有不断提高创新能力，才能立于不败之地。不创新就要被淘汰，就要被消灭。国家之间的竞争实际上是综合国力的竞争。而综合国力的竞争实质上是创新能力的竞争。在新时代中，各行各业都在飞速发展，如果没有创新精神，是难以适应现代社会的。因此，这个时代要求我们拥有创新的意识和创新的能力，养成探究的习惯和态度。传统的课堂环境中片面强调了知识的传递，忽视了学生自主探究能力的养成。新课程改革中各学科都开始强调学生创新能力的养成，

这当然是值得我们欣喜的。

但是，中小学生创新精神不能仅仅依靠书本知识的教学来实现，还需要引导学生通过切身实践来发现问题、探究问题，进行探究性学习。综合实践活动的开设强调发展学生的创新精神、探究意识，注重培养学生的批判性思维和实践能力的发展。开展综合实践活动，学生最大的变化就是他们的思维更加活跃了，不满足于被动地接受教师的知识，而乐于自己开动脑筋，在生活中发现问题、解决问题。

4. 培养学生终身学习的意愿和能力，以及基本的资源意识和环保意识

教育要致力于学生的可持续发展，注意学生终身学习意识和自主学习能力的培养，让学生爱学习、会学习，注重学生的全面成长。教师要不断更新自己的知识结构，刻苦钻研业务，认真学习科学文化知识，授业、解惑的同时要为学生创造出积极思维、自我锻炼的机会，只有不断提高自身素质才能适应今后的教学模式。

在教学过程中要教会学生学习的方法及途径，减轻学生学习负担，促使学生产生愿意学习的强烈愿望，以培养学生学习能力为根本，能启发学生将所学的知识举一反三、融会贯通，通过学习新知识，有效的与学过的知识相结合，综合起来去解决问题，以便形成终身学习的自觉性。

教育也同样需要可持续发展的思想。我们可能接触到一些学生，他们不爱学习，一看书就头疼。其实他们有很多并不是天生的不爱学习，可能是因为他们以前的老师太"负责任"了，对学生逼得太狠，让学生学"伤"了。世纪之交的时候，法国人朗格朗的终身教育思想再次受到人们关注。社会的可持续发展离不开人的可持续发展。而人的可持续发展，其实质是终身学习的意识和能力，能够自主地思考和规划人生。同时，可持续发展要求人们有基本的环境意识、资源意识，具有自主学习的能力。开设综合实践活动课程，是可持续发展的时代要求。

二、提高教育质量

1. 改变教学目标的单一，体现综合实践活动的有趣性

近年来，虽然"素质教育"、"创新"等口号在学校里提的比较多，但总体来看，现在的学校教育在应试教育体制下，更多的还是关注了学生的认知目标，对学生的情感、态度和价值观没有足够的重视，对学生的创新精神和实践能力也是重视不够。综合实践活动课程倡导学生的主动参与、勤于动手、乐于探究，它引导学生走向社会这一广阔的大课堂，在广阔的空间里放飞自己的梦想，让自己的青春在湛蓝的天空下熠熠闪光。

对于综合实践活动，教师、学生以及学生家长，都会经历一个从茫然、抗拒到接纳、理解的心路历程。他们渐渐熟悉这一课程，喜欢上这一课程，伴随这一课程成长。最终他们会发现，综合实践活动是一门有趣的课程、有益的课程。学生在这一开心的课程中，开阔了视野、拓宽了思路、培养了能力、陶冶了情操。在综合实践活动课程目标上，突出发展学生的综合实践能力、创新精神和良好的情感态度与价值观，对于转变课程功能具有重要意义。

综合实践活动把学生从单一的书本世界解放出来，丰富了学生生活，给他们的童年时光、少年时光增添了一抹亮色。综合实践活动虽然不是考试科目，但它是益智的课程。它有助于丰富学生的学习方式，提高学生的思维品质。从学习方式而言，综合实践活动使学生"更会学习"，我们现在倡导的自主学习、合作学习、研究性学习，在综合实践活动中体现得最充分。就学习品质而言，综合实践活动让学生思路更加开阔了，思维更加敏捷了。

2. 改变重教书轻育人的态度，实践与生活相结合

长期以来，我们的传统教育存在着"重教书轻育人"的倾

向，没有真正贯彻德育为本的教育理念，思想品德教育的针对性、实效性和主动性不够。对于现在的中小学教育尤其是高中教育存在着严重的书本化倾向，教育与社会实际和学生生活实际相脱节。站在教室里，你会发现一个个小城堡。每一个书桌上都用厚厚的教材和复习资料堆起的城堡，城堡后面是一个扎在书堆里的头颅，一个本应风华正茂、激扬文字的头颅。厚厚的眼镜片遮盖了一双双眼睛，本来应该明亮清澈的眼睛。我们现在的教育越来越像设计严密的考试机器，流水化作业，程序性操作，培养了一批批"两耳不闻窗外事，一心只读圣贤书"的文弱书生。

与侧重书本知识的学科教育不同，综合实践活动课程更侧重于关注社会实际和学生生活实际，引导他们深入社会、深入生活，在斑斓多彩的现实生活中去发现问题和探究问题，在真实的活动情境中培养学生的创新精神、实践能力，培养学生的合作意识和社会责任感。

综合实践活动的开设，也为我们探索新时期加强和改进德育工作开辟了一条新路。不同于传统教学里教师在课堂上空洞的说教，综合实践活动致力于引导学生在实际生活中通过自己的情感体验提高自己的道德情操，针对性和实效性更强了。综合实践活动对于培养学生科学求真的探究精神、团结协作的团队意识以及社会责任感有很大的促进作用。它不仅是求知的课程、益智的课程，更是立德的课程。

第四节 综合实践活动的培养目标

综合实践活动根本的课题目标是培养学生的综合实践能力、探究与创新精神，以及社会责任感，并为学生确立正确的价值观，形成良好的情感和态度奠定基础。在开展综合实践活动中，教师引导学生自主进行一种批判性、反思性、研究性、交往性的实践，它超越了一种单一的知识观，强调直接经验和间接经验学习相结合的重要性。这体现了学生是教育的主体和自我发展的主体。

综合实践活动不仅关注学生的知识、技能的习得和智力的发展，而且关注他们情感的体验、态度的养成、价值观的确立，这是新一轮课程改革要求学生达到的培养目标。那么如何来开展综合实践活动，促进学生多方面健康成长呢？根据综合实践活动设置的总体目标，综合实践活动的主要目标有以下两大方面：

一、促进学生发展

1. 培养学生发现问题和解决问题的能力

一切探究源自问题，学生是否具有发现问题、提出问题的能力将直接影响到科学探究的真正开展。综合实践活动通常围绕一个需要解决的实际问题展开。发现问题就是能够从现实生活中发现问题、敢于提出问题，它是创造的起点，不会发现问题就没有创造性。观察是人类认识自然的基本途径，也是科学教学的特点。

新课标指出："培养学生学科学、用科学的能力，主要是初步的观察能力，启发他们的创造精神。"培养学生自主探究能力，主要是教给方法，而关键是从指导观察入手。在活动过程中，通过引导和鼓励学生自主地发现问题和提出问题，设计解决问题的方案，收集和分析资料，运用已有的知识与经验，去寻找解决的办法，逐步形成质疑、乐于探究的积极情感和解决问题的能力。

2. 培养学生收集、分析和利用信息的能力

《基础教育课程改革纲要》也做出了明确的规定："改变课程实施过于强调接受学习、死记硬背、机械训练的现状，倡导学生主动参与、乐于探究、勤于动手，培养学生收集和处理信息的能力，获取新知识的能力、分析和解决问题的能力，以及交流与合

作的能力。"综合实践活动的实施过程通常都是围绕一个需要解决的问题开展的，这一问题的解决几乎没有或很少有现成的资料，所需要的数据、实例，都要靠学生自己去寻找、查阅、选择、摘录。因此，收集、处理信息是实施综合实践活动的关键。

因此，学生需要利用多种有效手段、通过多种途径获取信息，需要整理与归纳信息，并恰当地利用信息，在这个过程中，有利于培养学生收集和处理信息的能力。而对于收集信息需要注意以下几点：要有目的、有针对性地收集，也就是说在学生收集信息前，指导教师要先告诉学生查找什么样的信息，让学生学会有针对性地进行信息的收集；拓宽思路、确定目标，要想使学生收集到的信息更有价值、更全面，我们还要帮助学生拓宽研究思路，帮助他们确定具体的收集目标；不同活动阶段，收集信息的目的不同，综合实践活动在不同的活动阶段，收集信息的目标也是不尽相同的。

3. 培养学生的创新意识和创新能力

由于综合实践活动课程的实施过程强调学生亲身经历，并获得实际的发展性的体验，因而，综合实践活动的课程价值就是在该课程的实施过程之中。综合实践活动要求学生在活动过程中不拘泥书本，不迷信权威，鼓励学生充分发挥自己的想象力，独立思考，标新立异，大胆提出自己的新观点、新思路、新方法，并积极主动地去探索，激发他们探究和创新的欲望，培养创新能力。

学生参与了活动过程本身，也就在过程中获得逐步的发展，并且学生通过对过程中的体验进行反思，有利于觉醒他们的自我意识和能力。同时不但激发了学生进行综合实践活动的兴趣，提高了学生自身的实验素质，而且，还培养了学生的观察思维能力、实验能力和创新能力。

4. 培养学生合作意识和能力

合作意识和能力是现代人应具备的基本素质。而综合实践活动的过程是一种交往合作的过程，这种交往合作不应受制于课堂，而应走进社会进行内容丰富、形式多样的交流活动。合作意识要渗透在教师的指导当中，通过教师有意识地引导，让学生认识到合作的必要性，产生合作的欲望，从而促使学生完成一次较好的合作。这就需要教师在合作前、合作时、合作后进行必要的指导。

小组合作，是综合实践活动课程中最常见的学习活动方式，可以说，学生合作能力的高低决定了综合实践活动课程的成败得失。这不仅有利于课题研究的开展和发挥学生的特长，更有利于培养学生的合作意识和团队精神，使他们在与同伴分工合作、提出问题、制订方案、收集信息、寻找答案的过程中，学会倾听别人的意见，学会表达自己的观点，学会与别人达成一致，学会分享共同的成果等。从综合实践活动课程的特点，培养目标和实施现状来看，我们有必要加强学生合作能力的培养，开展合作学习。合作学习有利于提高学生的成就感，从而对学习新知识产生浓厚的兴趣；组织合作学习，有利于学生技能的形成；开展合作学习，有利于学生的心理健康。

5. 培养学生对社会的责任心和使命感

在当前这个竞争激烈的社会里，各行各业都需要品学兼优的人才，作为学生，要想适应社会的要求，从现在起就必须树立为建设祖国而努力学习的目标，养成良好的学习习惯，出色完成每一项学习任务，这是责任感的具体表现。综合实践活动的内容大多是与社会生活实际密切相关的课题，特别是人类的生存和社会发展问题，如环境问题、社区发展等。这些问题与人们的生活息息相关。

引导学生对这些问题的探究，可培养学生关心社会、关心生态环境、关心可持续发展的社会责任感。有了这种责任感，学生学习就会有动力，学习就会有目标，在积极的参与中获取亲身经历和直接经验，并从小养成实践意识，形成综合实践能力，通过学生在实践活动过程中，自己发现问题、解决问题的过程中，不断地增长自己的知识、见闻，从而开阔自己的视野。

综上所述，概括为以下几点：

①亲近周围的自然环境，热爱自然，初步形成自觉保护周围自然环境的意识和能力。

②接触自然，丰富对自然的认识；欣赏自然世界，发展对自然的热爱情怀。

③走入社会，熟悉并遵守社会行为规范。通过丰富多彩的活动，理解人与自然不可分割的内在联系。

④了解社会资源，并能有效利用；知道如何保护和改善自然环境，并身体力行。增长社会沟通能力，养成初步服务社会的意识和对社会负责任的态度。

⑤逐步掌握基本的生活技能，养成生活自理的习惯，初步具有认识自我的能力，养成勤奋、积极的生活态度。

⑥激发好奇心和求知欲，初步养成从事探究活动的正确态度，发展探究问题的初步能力。

二、促进教师发展

综合实践活动是在高中新课程背景下设置的一门新课程。它是一门直接影响教师的教学观念与方法、改变学生学习方式的课程，以其实践性、开放性、自主性和生成性等特点，给教育从内容到形式都注入活力，不仅为学生的全面发展创造了更多的机会，同时更为教师自身的发展提供了良好的发展契机。

它把教学工作与社会家庭更加紧密地连在了一起，将学习融入到生活中，基于学生兴趣与直接经验，以发现问题、解决问题为目标，是其他课程无法取代的一门新型课程，为学生的学习生活增添了新色彩。综合实践活动课程的实践的实施，不仅提高了教师的专业知识学习和理论研究水平，也使教师的修为得以砥砺，从而升华了教师的人格素养。

虽然综合实践活动不能是老师去"教"，老师不能包揽学生的工作，但老师绝不能推卸指导的责任，而放任学生。应该把自己的有效指导与鼓励学生自主选择、主动实践有机地结合起来。由于综合实践活动强调自主性，但在学生确实不能自行解决这些问题而成为活动的障碍时，老师就要适时出手，来解决、排除这些障碍，以促进活动的深入开展，特别是在活动的初期，老师很有必要为学生提供支架，提供必要的辅导、支持和示范，来激发学生的兴趣，引导活动的深入。

任何活动都需要有一定的组织者和管理者，在综合实践活动中，教师就是总的组织者和管理者，他要对整个活动进行控制、管理和组织，并处理活动过程中的偶发事件。但教师不是活动的旁观者，而应与学生建立合作伙伴关系，共同开发和实施活动，并积极参与其中，以平等的身份与学生进行讨论和合作，共同开发和合作，共同在考察、实验、探究中发现和解决问题，体验和感受生活，享受活动的乐趣。

1. 在活动中，提升了教师的专业素养

综合实践活动涉及的面广、相关的领域也比较多。所谓"师者，传道授业解惑也。"要解他人之惑，就得先提高自身专业素养和能力。学习也不是一朝一夕的事，需要我们从点滴中汲取营养。在学生自主探究的活动中，学生的思想受到启发，思维也随之活跃起来。而作为教学的主导——教师，在教学设计及整个教学过程中就应该处理好预设与生成的问题，还要应对教学过程中出现的各种状况，对教师思维的延伸与拓展的高要求也是可想而知的。

教师与学生的共同参与，使不同的思想发生碰撞。在思想的碰撞中，教师对已知领域会有一个更深而全面的了解。而对未曾接触的全新领域也有一个初步的认识。并且在师生激烈的交锋与共同探讨下，活跃了教师的思维，彰显出思维的张力，也给教育的内容和形式注入了新鲜的元素。在综合实践活动中，教师的专业素养和理论研究水平得以提高。

综合实践活动是一个以人为本的新课程。开设综合实践活动

课程的一个重要目标是为了培养学生的综合实践能力和创新意识，为将来的学习和生活做准备，为学生的终生发展打基础。现代社会，信息传播的途径及方式多种多样。面对纷繁错杂的信息，如何去粗取精、去伪存真，整合有效信息资源是对教师能力的一大挑战。因此，教师在开发课程资源时一定要具有全局观念，做到"目中有人"，合理地联系各学科知识，开发存在于同一事物上的各课资源，为学生构建真实的生活场景，多元的发展空间。

作为教师，面对我们的综合实践活动课程，其专业素养的提高就成为了如今教师培训的重中之重。综合实践活动教师应当具有较强的综合实践活动课程设计能力；具有较全面的跨学科知识；具有较强的综合实践活动课程组织、管理与协调能力；掌握基本的信息技术；掌握基本的科研方法等。让我们同学科一起成长，同学生一起成长。面对我们的综合实践活动课程，我们应当认识到这的的确确给教师提供了发挥个人潜能，创设最佳教学环境的空间。

为了提高教师各方面的素质，增强教师综合实践活动的指导能力，教师应该充分利用学校内外的相关设施，积极参加学校进行的专项技能学习与培训，参与各种劳动实践，学习各种劳动技术；积极参与学校进行的信息技术培训和操作指导，增强自身查阅资料、搜索信息的能力；其次，我们还应充分挖掘学校教师的资源优势，向有特长的老师虚心求教和悉心学习，向音乐老师学习美术，跟数学老师学习语文，从科学老师处学习社会知识等等，使教师之间的知识、能力互相补充，互相融合，取人之长补己之短，实现优势互补，从而有效地提高了全体教师多元参与活动的能力。

2. 在活动中，升华了教师的人格素养

综合实践活动不仅提升了教师的专业素养，使教师的理论研究水平得以提高，而且在与学生的平等、友好、民主的新型的师生关系中，在与同事的相互切磋中形成了和谐的人文校园氛围，使得教师的人格在这一氛围中得以升华，自我得到充实和完善。

激烈的社会竞争，紧张的生活节奏使当代人的工作压力加大。家庭、社会、国家对学生寄予了厚望。作为学校教育，因其传统的教化功能而承载了更多的社会责任。这无疑增加了教师这一特殊群体的压力，教师在巨大的社会压力之下进行工作与学习，势必会使教育打上个人主观情绪变幻不定的情感色彩，反过来又会影响到学生的心理情绪。长此以往，对教师的心智发展也会产生诸多不利的影响。

而综合实践活动倡导社会多角度、宽领域的参与，教育的途径与方式也日益多样化。在教师的积极引导下，学生在多层面的探索与学习中，对社会及家庭的了解增强，与此同时，社会家庭了解学生的机会也随之增多，教育契机的增加使家庭和社会也逐步担负起教育孩子的重任。家庭社会与学校携手共同完成教育青少年学生的社会重任，这就在一定程度上降低了学校教育工作的难度，教师的压力也有所减小。一个积极乐观、心智健全的教师给学生的积极影响的效能是不容忽视的。

综合实践活动要求多元化的参与，与之相适应的评价方式也应多元化。在多元化的评价方式下，教师摒弃"师道尊严"的传统观念，以欣赏和肯定的眼光去评价学生。加之学生自行探究参加综合实践活动，为建立起一种民主、平等、信任、尊重的新型师生关系创设了良好的教学氛围。在这一大氛围下，教师能够更好地实现自我重新定位，铲平师生之间的鸿沟，民主教学，尊重学生，包括尊重学生的人格，尊重学生的兴趣、选择，用自己的一言一行让学生真正认可教师是一个可亲近、可信任的朋友。

当代社会，竞争不可避免。在激烈的竞争面前，人们有时就会忽略了他人的帮助，拒绝甚至排斥他人友好的双手。但是，综合实践活动中，不论是学生还是教师，都离不开他人的帮助。离开了他人的帮助，每个独立的个体都无法完成他的学习或工作任务。他们要在调查的基础上了解实际情况，这就需要他们深入家庭了解社会。一个课题需要多个同学进行分工协作，在明确具体分工的基础上共同去完成这一研究性学习内容。

同样，教师在综合实践活动中需要有较强的信息技术操作指导能力，学科之间的交叉与相互渗透也需要不同学科教师的交流与学习。在相互学习与共同探究中，教师的合作意识增强。在这一集体协作的精神氛围的积极影响下，校园也会迸发出勃勃生机和积极进取的昂扬斗志。如：学生以《网络对青少年学生的危害》为题开展研究性学习，在选题前，同学之间经过商讨确定题目，题目选定后再向计算机老师了解有关网络与信息技术相关的知识，关于心理方面的问题还要找心理老师咨询，而有关法律方面的问题还需要向政治或对法律有一定研究的老师求教，而到开题与结题报告的撰写又离不开语文老师的指导。与此同时，这些老师也要就存在交叉的领域进行交流。集体的智慧酝酿出优秀的研究性学习成果，为学生的健康成长也起到了积极的导向作用。所谓言传身教道理也在此。

综合实践活动是一门新课程，在师生关系、同事关系、理论知识的学习研究与能力的锻炼等诸多方面对教师提出了更全面的要求。在知识日新月异、社会飞速发展的今天，作为实践性很强的综合实践活动，具有较强的时代性是不言而喻的。为了适应这一变化，教师要坚持不懈地学习，秉承终生学习的理念，以积极的精神状态投入到学习与工作中去。

同时，综合实践活动以其生动性和生成性也感染和激励着教师，要以百倍的斗志和昂扬的精神积极进取，在教学中成长，以自身发展和不息学习的状态去感染和影响学生。

总而言之，在新课程背景下开设的综合实践活动课程激励着教师不断学习奋发向上，既提高了教师的专业知识学习和理论研究水平，也使教师的修为得以砺炼，从而升华了教师的人格素养。

第五节 综合实践活动内容选择的原则

当今世界，科学技术加速度发展，人才需求多元化跃进。许多知识不可能都在课堂上得到，许多能力不可能都在学校中培养，需要通过多种途径，特别是实践体验的途径学习知识、培养能力。综合实践活动的开展培养了学生在学科教学中没有机会学到的各种能力。

做好活动主题（内容）的选择工作是实现以上目标的一个最重要的方面，也就是说，教师和学生创造性地开发主题，从而创造性地展开活动过程是成功实施活动的关键。如何使综合实践活动课程真正落实，使每一个学生都能亲历、实践、体验、有所得有所获，成为学生真正喜爱的一门课程呢？

综合实践活动的内容的丰富性可以帮助学生成长为社会需要的专门人才，新时代要求的创新型人才，国家需要的杰出人才。因此，综合实践活动的选题显得尤为关键。如何选择活动的（内容）主题，使活动能够有效地实施呢？可从下面六个方面考虑。

一、从学生的兴趣和需要出发

在学生中普遍存在着厌学情绪，对学习毫无兴趣，从而使他们的学习非常被动。这种状况的延续，既不利于素质教育、创新教育的实施，也不适应当前教育教学改革的发展趋向。而且在这种模式下，学生对于学习的兴趣将会越来越没有，他们往往将学习当作一种应付老师、家长的任务，或者认为是人生不可违背的一项义务。在这种思想下，学生就像是一台老师控制下的机器，随着老师发出的"命令"在机械地完成着种种学习任务，一旦离开教师，学生将无所事事。他们不是从内心产生一种对学习的渴求，这与我们经常说的"教是为了不教"正好相反。因此，要解决这个问题，关键是从学生的思想入手，经过各种途径，使学生学会学习，乐于学习。

学生对某个问题产生浓厚的兴趣和探究的愿望，不仅是进行学习和探究的直接动力，也是他们充分发挥创造潜能的前提。因此，在主题内容选择方面，教师需要了解学生关心什么？需要什么？对什么感兴趣？哪些问题真正是学生的问题或课题。

让学生会学习，乐于学习，各方面能力得到全面发展，这正是当前所倡导的素质教育的宗旨和目的。那么如何才能让学生"乐学"呢？我们认为，能否培养和激发学生的学习兴趣是关键。只有从学生的需要和兴趣出发，才能使学生积极参与到活动中去，才能使学生兴致勃勃地对课题或问题进行有意义的探究。因此，主题的设计要重视来自学生的课题，要以学生问题为主题展开学习活动。

教师作为教育的主导者，上课的时候，可以鼓励同学们寻找适合他们自己的学习方式，逐渐形成自己的学习方法。要正确对待学生错误的回答，不能简单地否定，也不能粗暴地批评，以挫伤学生的自尊心和学习的积极性。例如，通过教学环境的改变，改变了学生的身份与活动空间，这就激发了学生学习的积极性，让每一位学生以饱满的热情，强烈的参与意识参与到学习活动中来，让学生亲身感受到；学习的乐趣，体验到了参与活动的乐趣，使每一个学生不同程度地得到了锤炼和提高。

二、贴近学生的生活

由于综合实践活动课程是教育改革的新生事物，没有实践经验，具体操作的把握性不高，为了扎实稳妥地走好第一步，边实践边摸索，边总结边改正，积累了一些经验，取得了一些成果，经过实践，我们认识到综合实践活动贴近学生生活，立足于学生的生活实际是至关重要的。

综合实践活动注重培养学生的自主性、独特性和创造性，无论是研究性学习、社区服务与社会实践，还是劳动技术教育、信息技术教育，都强调让学生自主地参与各种活动的亲身体验。关注学生的生活实际，充分挖掘适合初中学生年龄特点和能力的探究题材，是有效地选择和组织研究性学习内容的一个重要方面。

注重实践是综合实践活动课程的基本特征，在主题选择中要注意学生生活中长期积累的经验和问题，不能选择与学生和学校实际情况相差甚远的内容。首先注重让学生以自己独特的方式去探究、去发现、去思考、去解决问题，从而发展学生的自主性和创造性，同时也注意让学生学会分享与合作，乐意为集体贡献力量。其次强调个人才能的发挥来实现自我价值，而且要体现社会价值，不仅要对自己负责，而且也要对社会和他人负责。

教师要引导学生从自身的生活实际或日常生活中出发提出值得思考和探究的各种问题，然后把问题转化为探究的课题。例如，塑料制品是学生日常生活中非常熟悉的东西，很多问题都可引起学生探究的兴趣，因此，可以形成"塑料制品与我们的生活与环境"这样的一个活动主题。主题确定后，师生共同商讨探究的具体课题。由于这些课题与学生的生活相关联，反映了学生认为有意义的生活和社会现象等，容易使活动学习成为学生的一种需要，学生就能够乐于在其中进行探究性学习了。

综合实践活动注重让学生自主参与，从不同的角度、采取不同的方法、通过不同的途径、去发现、去感悟，在获得体验的同时，获得自尊与自信，让学生能够自觉地反思自己、认识自己，不断完善自己的个性品质。

三、充分挖掘并利用学校或社区现有的学习资源

综合实践活动是新课程的核心课程，这门课程既不是课外活动，也不是活动课程，而是通过教育交往为中心的活动，其强调的是学生的参与，重视的是学生的体验、感受，以学生兴趣和内在需要为基础，以主动探索为特征，以实现学生主体能力综合发展为目的。

社区文化是由物质基础和人的活动共同组成，在社区里进行的交流产生的文化是教育的特色财富之一。孩子们的兴趣有个共

同的趋向，那就是倾向于与自己关系密切或熟悉的事物。因此，如果把发生在他们生活中的每一件事、每一个人纳入到课堂中来，都会引起其极大的兴趣，与其产生共鸣。周边的生活设施都是我们可利用的教育资源，都能成为我们开展主题活动的活教材。因此，我们合理、充分地利用这些社区设施，展开不同的综合实践活动。

挖掘社区课程资源，把学生的成长环境作为学习的场所，就地取材，是开展综合实践活动的一个最好选择。校园是学生最熟悉的地方，就在学生的身边，校园里有很多的东西可以引起学生的探究兴趣。因此，可把充分挖掘并利用校园学习资源作为活动主题选择的一个重要原则。如我们开展的"校园绿化植物调查与未来校园设计"的课题活动，就是把校园作为学习的一个开放性大课堂，组织学生进行研究性学习。每个学生对校园内的各种植物的名称、分布、特点等作了详细的调查。

学校与社区合作共育，不仅是学校教育需要，而且也是发挥教育的整体功能、促进学生全面发展的需要。学生在开展活动中所获得的收获，最终要以成果的形式保留下来，教师要尽量引导学生通过多种呈现方式记录这些过程及体验。采取的形式可以是拍摄的照片、访谈记录、调查报告、数据统计、编手抄报、制作实物、活动感想的文字记录等等。学生在活动中不仅掌握了调查的一些基本方法与过程，更重要的是学会了爱护校园环境，培养起良好的环境意识。把校园环境作为学生学习的资源，既有效又有意义，既安全又经济。

四、活动主题的内容要有利于促进学生学习方式的转变

一般认为，学习方式是指学生在完成学习任务过程中基本的行为和认知的取向，它的基本维度是自主性、探究性和合作性。综合实践活动的基本学习活动方式有：课题探究的研究性学习、社会考察的体验性学习、社会参与的实践性学习、设计与制作的应用性学习、生活学习等。但长期以来，学习方式以被动接受式

为主要特征，忽略了人的主动性、能动性和独立性，学生自主探索、合作学习、独立获取知识的机会很少。

因此，在选择主题活动内容时尽可能包含多个小课题；在主题实施过程中，亦要尽可能多地进行调查、考察、参观、宣传、实验、表演、展示、交流、总结等不同的学习活动形式，不断给学生提供展示的舞台，体验成功的乐趣，从中促进学习方式的转变。当然，最关键的是，要培养学生的自主学习能力，还应把学习方式的选择权还给学生。

在综合实践活动中，由于有多个课题供不同层次的学生选择，使学生的学习方式有探究性质的研究性学习、社会调查与考察、小实验、手工制作等，并鼓励学生以适当的自己又喜欢的方式来展示自己活动的成果。每一个学生都能找到适合自己的课题进行学习，积极参与到活动中来。此外，让学生自主学习，要给予学生自主思维的空间。我们要求教师要摆正自己的位置，把自身角色定位于学生学习的合作者、鼓励者、引导者。

在活动成果表述时，学生可以把研究成果制作成幻灯片，有的也可以情景短剧，制作成手抄报，写成小文章来表现，这样活动内容形式很丰富，课堂表现也很活跃。所以，主题内容的多样化，为学生提供不同的学习方式，促进学生学习方式的转变的重要性。

五、尽可能从综合角度来选题

活动主题应从整体上考虑活动课程的价值，将综合实践活动课程看成学校课程结构的有机组成部分，要考虑是否有利于各学科知识的综合运用，是否有利于多方面教育内容的整合和学生综合素质的形成，使学生学会综合运用知识的一些基本途径和方法。另外，综合性主题的内容具有广泛的生长点，亦有利于学习内容的横向沟通和纵向联系，从而形成一些新的学习课题。

六、要考虑主题活动开展的可行性

选择活动主题，要考虑所选择的学习内容是学生经过努力可以完成的，特别是要考虑活动主题展开所需要的资源，是学生有途径、有办法可以获得的，不能脱离学生的实际情况。因此，在主题选择方面要"宁小勿大"、做到"大立意、小切入"，使学生能够始终以积极的态度展开活动，而不会因种种不能克服的困难而失去信心和兴趣，最终使活动课程难以持续有效开展。

对于任何一所学校来说，综合实践活动是其学校文化的有机构成，集中体现了学校的特色，因此，综合实践活动内容的开发要立足于学校的特色和反应学校所在社区的特色。这就要求在活动主题选择时，要因地制宜，充分考虑本校、本地的实际情况。

综合实践活动的选题并确定课题是进行综合实践活动研究的第一步，也是最重要的一步，选题的好坏直接决定了学生活动的价值性、学生学习活动的成效。

第六节　综合实践活动内容的范围

综合实践活动的有效开展，有赖于充分做好实施综合实践活动教学前的准备工作，有效地准备工作保证，是教师一学期引导学生顺利开展综合实践活动的必要条件，是学生真正在一学期的实践活动中促进个性发展的重要保证。

综合实践活动的产生既适应了学生个性发展的需要，又适应了社会发展的需求。每一个学生的个性发展都具有独特性、具体性，每一个学生都有自己的需要、兴趣和特长，都有自己的认知方式和学习方式，综合实践活动为每一个学生个性的充分发展创造了空间。综合实践活动的主要内容包括以下几个方面。

一、研究性学习

研究性学习活动通常都是围绕特定的问题展开的，同时研究性学习所要解决的问题，主要不是来自于教科书上根据某一个知识点所设计出的练习题，而是来自于学生的社会生活、学习生活和日常的生活中。学生基于自身兴趣，在教师指导下，从自然、社会和学生自身生活中选择和确定研究专题，主动地获取知识、应用知识、解决问题的学习领域。

研究性学习强调学生通过实践，增强探究和创新意识，学习科学方法，发展综合运用知识的能力。学生通过研究性学习活动，形成一种积极的、生动的自主、合作、探究的学习方式。研究性学习主要分为课题研究和项目设计两大类。课题研究是以认识和解决某一问题为主要目的，有调查、实验和文献研究等方式；项目设计是以解决一个比较复杂的操作问题为主要目的，包括社会性活动设计、科技项目设计等。

研究性学习的内容，既可以由学生自行确定主题或项目，也可以由教师提供选题或项目建议；要结合学生已有的知识基础和生活经验，重视与社会生活实际的联系，引导他们从自然、社会、自我等方面提出感兴趣的问题，进行探究。可以把科技小发明、小制作纳入研究性学习的范围；要注重与现代科学发展的联系，让学生了解一些当代科技发展的最新成就，启迪思维，激发探究热情；要加强与学科课程的联系，在学科知识的拓展和应用中生成研究性学习的内容，引导学生有效地应用各科知识。

研究性学习作为综合实践活动的重要组成部分，要引导学生经历提出问题、确定主题、制定方案等过程，学习调查研究、实验研究、观察研究、文献研究等科学方法的基本规范和操作要领，养成探究习惯，形成科学的态度和初步的创新精神。

二、社区服务与社会实践

《综合实践活动课程设计与实施》中提出："教育不能把学生

关在书本中和教室里进行，而要发挥社会的各种教育力量和教育因素的作用。社区服务和社会实践作为综合实践活动课程中的有机组成部分，是学生进行社会实践性学习、接触社会、认识和了解社会、增强社会实践能力和社会责任感的重要学习活动。"随着中国经济的腾飞，科学技术的迅速发展，知识经济的加速到来，使学校在个人和社会生活中的作用更加突出。

如何把教学活动与社会、现实生活有机地联系起来，让学生通过一种更新的、更有活力的、更开放的、更多元的教学活动，走出课堂、走进社会、体验生活、感受责任，是综合实践活动课必须完成的一个重要的教学目标。

如何在综合实践活动课中开展社会服务与社会实践活动呢？具体应从以下几个方面着手。

1. 教师观念的更新

教师观念的转变和实质上的重视是培养学生服务意识与社会实践的关键，长期以来，教师习惯了封闭式教学，而社区服务与社会实践要把学生从教室拉向社会，从以教科书为主转向通过自主探索与活动体验中求得提高发展，这对教师传统的教学方法和角色提出了挑战，这就要求教师必须更新教育观念，认识到自己所承担的义务和任务，积极学习，了解教学方向，努力开展社会服务和社会实践活动。

2. 改变教学方式，拓展发展空间

社区服务与社会实践要求学生在教师的指导下，走出教室，参与社区和社会实践活动，以获得直接经验，发展实践能力，通过该学习领域，可以增进学校与社会的密切联系，不断提升学生的精神境界、道德意识和实践能力，使学生人格臻于完善。而我们习惯了把学生锁在课堂内，困在书本里，学生不能完全感受到学习的丰富意义和价值。因此，改革教学方式刻不容缓，这要求教师使用科学的、有效的、创新的教学方式，将学生引向社区、引向社会、引向未来。

开放学习是针对传统的课堂教学而言的一种教学组织形式，开放学生思想、开放学习地点，彻底让学生走出课堂，走到社会实践中去，可为学生提供参观、实践场所，也可让学生自己选择，学生不分性别不按能力分组，而是按各自的兴趣和需要进行分组。采用不同的学习方式、进度和内容。教师可以给学生设置问题和情境，创造一种学生喜欢的环境，引导、建议和帮助学生进行社区服务和社会实践。

活动内容的认定要根据学生个人喜好而定，多种学习内容，适应学生对不同活动的渴望，让学生充分自主活动；开放思维空间，让学生去换位思维，多向思维，发散思维……让学生通过多种思维，体谅他人，尊重他人，培养学生的责任感；分组开放，让学生自由分组，可以根据自己的活动目标、内容去自由组合。总之，应充分地发挥学生的主体性。通过在教学中充分利用开放式教学，本活动达到让学生通过社区活动培养实践能力的目标。

自主学习，让学生充分发挥个体主观能动性，让学生有更多的机会自己去活动、体验乃至创造，使其享受探究的乐趣、活动的愉悦、服务的充实，获得并增强使命感、责任感和生存体验。学生在自主学习时，教师要首先让学生明确自己的目标意识，主动规划和安排自己的学习，要鼓励学生间相互协作、互相尊重，指导学生展开独立思考，进行多向思维。

通过自主活动，发现自己访问中出现的问题，并让学生活动后进行小组交流，相互评价，使学生在活动中利用自主学习方式，深化学生个性发展。另外，在社区服务和社会实践中尝试运用问题学习法、案例学习法、模拟学习法、课题学习法，都取得了很好的活动效果。

三、劳动与技术教育

劳动教育是我国基础教育中的一个极其重要的方面，通过该领域使学生了解必要的通用技术和职业分工，形成初步的技术意识和技术实践能力。我们的学生生活在科学技术瞬息万变的时代，不断变化的新技术对人类生产和生活的影响将更加广泛、深刻和迅猛。同时对培养学生劳动观念、磨炼意志品质、树立艰苦创业的精神以及促进学生多方面的发展具有重要作用。

揭开技术的神秘面纱，我们可以看到，技术世界蕴藏着丰富的教育价值。一项完美的技术作品本身就是世界观和方法论的统一，是历史与逻辑的统一，是科学、道德、审美也就是真、善、美的统一，也是人类认识世界和改造世界的统一。因此，技术教育对中小学生的发展有着广泛而又独到的教育价值。

但在实践中，有一段时间把学生参加体力劳动当成对学生进行劳动教育的主要方式，过多关注它的德育功能和对人的改造作用，以至于忽视了劳动教育内在的其他方面的教育价值。它是区别传统教育与现代教育的一个重要标志，是现代教育具有"现代性"的重要支柱。

综合实践活动中的劳动与技术教育应立足于时代的发展，是以学生获得积极劳动体验、形成良好技术素养为主的，以多方面发展为目标，且以操作性学习为特征的学习领域。强调劳动教育中学生丰富的情感体验，强调学生通过人与物的作用、人与人的互动来从事操作性学习，劳动观念、劳动态度、劳动习惯的相结合，养成学生动手与动脑，劳动观念、劳动态度、劳动习惯的基本素养，关注学生发展为核心的，以劳树德、以劳增智、以劳健体、以劳益美、以劳促创新的多方面的功能实现和劳动教育的多途径实施及多学科渗透。

劳动与技术教育中所包含的，既不是传统意义上的职业技术教育，也不是工科院校开办的高度专门化的专业教育，它是指在基础教育阶段普通学校进行的技术教育。国际社会普遍认为，技术教育是未来社会成员基本素养的教育，是开发人的潜能、促进人的思维发展的教育，是人人都必须接受和经历的教育。

新课程中的劳动与技术教育的理念和追求，主要体现在以下五个方面：

1. 在课程的整体设计上，注重增加劳动与技术教育中的技术含量，强调劳动与技术教育的综合实施，强调劳动教育的多渠道实施和多学科渗透以及多方面的功能实现。

2. 在课程的目标追求上，强调在形成一定技术能力基础上学生共通能力的发展以及学生终身学习能力的形成，反思劳动与技术教育对人的成长和发展的重要性。

3. 在课程的内容选择上，注重内容和生活劳动相结合。强调学生的生活学习和生产劳动的体验，强调基础教育中的劳动与技术教育应与学生的现实世界和经验基础紧密相关。

4. 在课程的学习方式上，注重通过技术习得、技术探究等多元化的学习方式培养学生主动参与体验劳动。

5. 在课程的活动设计上，注重活动设计课题的典型性、代表性。强调具有典型意义的活动设计和学生学习经历，提倡用作品制作或项目任务完成来引导学生的技术学习活动。

新课程中的劳动与技术教育具有以下六个方面主要特点：

1. 形成了综合形态的课程设置

过去，小学劳动课、初中劳动技术课是独立设置的一门课程。新课程计划中，劳动与技术教育被列为综合实践活动中的一个国家指定性学习领域，这是课程形态上的重大变化。对学生来说，劳动与技术教育不仅是已有知识的综合应用，而且也是新的知识与新的能力的综合学习。

在国际上，作为诸多国家基础课程之一的技术课程已经成为一个包括劳作、手工、设计、家政、农业技术、工业技术、商业、职业准备等科目在内的庞大学科群。在目前国际性的课程综合化趋势中，劳动与技术教育综合形态的推出，无疑是顺应潮流的改革尝试，当然，在实施过程中还会遇到一些困难，还会有一些理念的碰撞，这有待实践中进一步探索和完善。

2. 进行了课程内容的结构性重组

劳动与技术教育是最具开发潜力、最易受科技发展影响、最应体现时代特征的开放性学习领域。考虑到社会发展的进步趋势、现实生活的客观需要、学科发展的内在逻辑和学生身心的发展规律，新课程在劳动与技术教育的内容结构上确立了劳动、家政、技术、职业准备等方面的教育内容，形成了既相互联系又相互区别，既有一定独立性又有一定渗透性的内容结构。

3. 建构了富有弹性的目标体系

新课程中的劳动与技术教育提出的目标与内容分成基础性和拓展性两部分。基础性内容是完成各阶段劳动与技术教育目标的主要载体，体现了劳动与技术教育在内容上的结构性，对不同地区也具有条件上的普适性。

而拓展性目标和内容是供各地选择的，实施条件相对较高，有些内容体现了技术发展的方向性。不同取向的教育目标的提出，使得各地方、各学校以及学校中的老师和学生作为课程内容的选择主体成为可能。

4. 拓展了劳动与技术的学习空间

新课程中的劳动与技术教育首次将简易的技术设计、技术产品说明书的阅读、简单的技术作品评价正式引入九年制义务教育阶段劳动与技术教育的学习内容，农业技术的学习内容也从传统的作物栽培和动物饲养向品种改良、技术试验、产品贮存与加工、市场调研与营销等方面扩展。劳动与技术教育学习内容在范围上的拓展，必将丰富学生的学习经历和改变学生的传统学习方式，将在培养学生的创新精神和实践能力中发挥积极作用。

5. 确立了旨在促进学生发展的评价体系

劳动与技术教育的考核与评价一直是课程实施中的难题。新课程中的劳动与技术教育根据其特点形成了旨在促进学生发展、过程评价与结果评价相结合的评价体系。并提出，在初中实行劳动与技术学习的"合格证书"制度（在农村初中，应与"绿色证书"结合起来），主要通过对学生劳动与技术学习的"毕业作品"进行认定。这个"毕业作品"包括两部分，物化的作品为主件，设计思路为附件。这种评价方法，有利于引导学生设计、制作及其评价相结合的技术学习策略的实现，有利于学生多方面的能力发展。

6. 注意了学校、家庭和社会在劳动与技术教育中的功能区分

由于劳动与技术教育的特殊性，家庭和社区在劳动与技术教育过程中不仅是潜在的教育资源，而且也是负有一定教育使命的教育主体，但我们往往忽视它们的功能定位和功能区分，以致形成了劳动与技术教育中学校教育功能的扩大化甚至泛化。新课程注意了这种不同主体在劳动与技术教育中的功能定位，并在教育内容的选择，教育资源的开发和利用，教育设施和教育基地的建设与管理等方面作出了必要的主体性区分。

在实施新课程中的劳动与技术教育时，必须注意以下几点：

1. 整体规划

劳动与技术教育是综合实践活动中的一个指定性领域，各地方、各学校应当高度重视劳动与技术教育，明确课程管理和课程实施的主要任务，从基础教育课程改革的全局出发，对劳动与技术教育的课程目标、课程内容，对课程实施中涉及的人员、经费、材料、基地、设计等方面进行整体的规划。整体规划中，应结合地方和学校的实际优先开发相应的劳动与技术教育的地方课程和校本课程。

2. 综合实施

在体现劳动与技术教育的跨学科特性和多视野整合的同时，应注意以下四个层面上的综合：首先是劳动与技术教育各个实施途径的沟通与结合。其次是综合实践活动课程内各领域学习活动的统筹规划和有机协调。再次是劳动与技术教育领域内劳动、技术、家政、职业准备几方面内容的融合，尤其要注意将劳动教育贯穿到技术、家政、职业准备的学习过程之中。最后是技术、家政学习中各具体项目之间的贯通与融合。

3. 突出重点

劳动与技术教育有着丰富的教育理念，有着广泛的教育内容，应紧紧围绕学生的创新精神和实践能力培养，选择教育内

容，选择活动形式。在教育内容上，要精选最富有教育价值、最具有典型意义的，并与学生身心发展特点相适应的载体。在系列性活动的设计中，可以根据不同的内容，形成在教育中心上的不同安排，从而既相互联系，又相互区别，既有所侧重，又相互衔接的体现内在教育规律的活动体系。

4. 因地制宜

劳动与技术教育是一个与当地经济、社会条件，与学生的生活经验和现有基础联系非常紧密的学习领域。各地区、各学校应从实际出发，从教育的有效性出发，选取内容，确定方式，安排实施计划。在实现基本目标的前提下，尽可能利用本土资源，发挥地方优势，形成劳动与技术教育的传统和特色。

四、信息技术教育

计算机在我国进入教育是近年来的事，它发展很快，作为一种工具和手段，对学生学习的作用非常值得注意。计算机的作用不仅仅是提高了学生的学习成绩，它开阔了学生的视野、激发了学习兴趣、发展了思维能力，培养了情感、毅力、意志、态度等诸多非智力品质，开发了学生的潜能。当然，影响学生发展因素是很多的，但使用计算机教育所能产生的作用绝不可忽视。计算机是现代技术的产物，它的出现，其意义不仅表现为本身所包含的知识与技术，还表现为它对文化教育的推动作用。技术上的革命必然带来教育上的变革。

当前社会人们的信息技术意识与能力已经成为信息技术素养的最重要内容，信息技术不仅是综合实践活动有效实施的重要手段，而且是综合实践活动探究的重要内容，学校所进行的信息技术教育自然也就理应以培养学生的信息技术意识与能力作为主要目标。

信息技术教育的目的在于帮助学生发展适应信息时代需要的信息素养。这既包括发展学生利用信息技术的意识和能力，还包括发展学生对浩如烟海的信息的反思和辨别能力，形成健康向上的信息伦理。我们可以把对基础教育阶段的信息技术教育分为两部分来认识，一是使学生掌握信息技术的基本知识与技能，二是培养学生利用信息技术的意识和能力，这是基础教育中信息技术教育的目标。

所有的信息技术教育内容都不能与实践隔离，解决问题是学生学习的动力。正是学生与环境、学生与资源、学生与学生、学生与教师之间的即时互动，并贯穿于综合实践活动的整个过程，实现了综合实践活动中信息技术教育的目标。将信息技术教育融入综合实践活动，就是将信息技术与综合实践活动各个领域的内容进行整合。融入综合实践活动中的信息技术教育，是在任务驱动下学生的自觉行为，它的实施是一个自发的、自然的过程，在这一过程中学生永远是主体，而教师则起组织、指引和辅助的作用。当前，即使在学科教学中，人们也越来越关注信息技术与各学科课程的整合问题，"整合模式"将会成为信息技术教育今后发展的必然趋势，这将对深化学校教育改革具有重大意义。

在综合实践活动中，信息技术与活动的整合常常表现为以下几个方面：

1. 信息技术与研究性学习的整合

学生开展研究性学习，可以借助网络收集信息，确定研究选题，围绕需要解决的问题收集适当的证据。通过活动的实践建立网页的概念，使用工具软件进行上传、下载，最终会使研究性学习的方式和内容与信息技能的掌握得到珠联璧合的结果。

2. 信息技术和劳动与技术教育的整合

在现实的综合实践活动中，设计与制作类活动是实施劳动技术教育的重要形式，在开展这一类的活动时，常常可以使用计算机软件，提示学生制作的过程和难点。也可以利用计算机软件创设情境，提出创造目标，指导创造技法；还可以利用计算机工具软件进行计算机辅助设计，以及利用网络工具与他人进行研讨和交流等等。总之，在施于学生的劳动与技术教育中，许多内容都和信息技术的应用有着千丝万缕的联系。

3. 信息技术与社区服务和社会实践活动的整合

在可供选择的各项以社区为主要内容的主题活动中，充分发挥信息技术的工具价值，实现信息技术与这些主题活动的整合，推动各项主题活动的完成。还可以组织学生直接参与向社区群众为对象的信息技术的宣传和普及活动，这些对于提高学生本身和广大群众的信息意识和能力都会具有重要的意义。

以上四个方面是国家为了帮助学校更好地落实综合实践活动而特别指定的几个领域，而非综合实践活动内容的全部。四大指定领域在逻辑上不是并列的关系，更不是相互割裂的关系。"研究性学习"作为综合实践活动的基础，倡导探究的学习方式，这一方式渗透于综合实践活动的全部内容之中。另一方面，"社区服务与社会实践"、"信息技术教育"、"劳动与技术教育"则是"研究性学习"探究的重要内容。所以，在实践过程中，四大指定领域是以配合的形态呈现的。

信息技术作为活动资源，使用时也需要注意效益问题，如果能够有其他简便易行，效果更好的方式就不要片面追求。综合实践活动中的教师要明确自己在活动中的地位和作用，为此，要深入了解综合实践活动的基本规律与特点，明确信息技术在各种实践活动中的作用。不能因计算机的效率高就盲目使用，计算机代替不了教师与学生的情感交流，更何况综合实践活动还需要学生间的交流。特别要注意不能把计算机的功能用以代替学生的自主活动，不要把本来应由学生自己认识的过程，变为计算机软件展示。

我们对综合实践活动中实施信息技术教育的研究仅仅只是开始，在新的课程改革中，综合实践活动作为一类课程，在培养学生基本素质方面会产生不可替代的作用，而信息技术作为主要内容，既支持了综合实践活动的开展，同时也对学生产生了其应有的教育作用，对它的研究体现出全新的教育理念，对深化教育改革具有深远的意义，需要我们共同的进行研究。

除上述指定领域以外，综合实践活动还包括大量非指定领域，如：班团队活动、校传统活动（科技节、体育节、艺术节）、学生同伴间的交往活动、学生个人或群体的心理健康活动等等，这些活动在开展过程中可与综合实践活动的指定领域相结合，也可以单独开设，但课程目标的指向是一致的。总之，指定领域与非指定领域互为补充，共同构成内容丰富、形式多样的综合实践活动。

在新的基础教育课程体系中，综合实践活动与各学科领域形成一个有机整体。二者既有其相对独立性，又存在紧密的联系。因此，妥善处理综合实践活动与各学科领域的关系，既是一个意义重大的课题，又是一个富有创造性和艺术性的课题。

第七节　综合实践活动内容的组织策略

综合实践活动课程的内容围绕四个内容领域、三条组织线索进行设计和组织。综合实践活动的课程价值要通过各个活动领域的实施才得以实现。作为综合实践活动课程的有机部分，它们在性质上，都有鲜明的实践性和综合性，都直接面向学生的生活经验，都超越具体的体系化的书本知识；在价值追求上，都以发展学生的实践能力、探究能力、社会责任感、丰富学生对自然、对社会、对自我的现实体验和经验为终极目的。

因此，在综合实践活动实施过程中，教师要把握各指定领域之间的内在联系，注意各领域之间的渗透和延伸。在进行综合实践活动内容的组织时，鼓励开发不同维度、不同领域之间交叉、整合的课程内容。综合实践活动课程内容整合的方式是多样的，可采取下列几种方式。

一、综合实践活动内容组织的基本方式

1. 内容综合全面

教师可引导学生设计跨领域的综合主题，全班学生共同参与

该主题的研究。要求将该主题分解为研究性学习活动环节、社区服务与社会实践活动环节、劳动与技术教育活动环节，将信息技术教育贯穿其中。

2. 领域整体结合

将研究性学习、社区服务与社会实践、劳动与技术教育三个指定领域进行两两结合，整体设计，将信息技术教育渗透其中，构成研究性学习、社区服务与社会实践，社区服务与社会实践和劳动与技术教育、研究性学习与劳动与技术三种整体设计的方式。

3. 主次相关实施

综合实践活动各个领域的整合可采取以研究性学习、社区服务与社会实践、劳动与技术教育、信息技术教育中的某个领域为主，构成核心主题，在实施过程中，关照、兼顾其他领域的要求。

4. 围绕线索全面挖掘

综合实践活动围绕人与自然、人与社会、人与自我三条线索全面展开，为此，师生开发设计的主题活动就涉及自然问题、社会问题、自我问题三个方面。在综合实践活动内容组织过程中，不管是哪个方面的主题，教师都从课程开发的三个维度（自然、社会、自我）切入，充分挖掘主题活动中所蕴涵的自然因素、社会因素、自我因素。

5. 运用方式多样

基于综合实践活动的实施，倡导学习活动方式的多样化，在综合实践活动过程中，要尽可能地采取多种多样的活动方式的理念。在内容组织或活动实施过程中，要求每一个主题尽可能采取考察调查活动、观察活动、设计活动、实验活动，从而，通过多样化的活动方式，达到各领域之间的整合。

6. 多方渗透领域

综合实践活动各内容领域的整合还可以采用向学科渗透式的

方法进行，即对每一个活动主题，都尽可能向学科延伸，从中挖掘出活动的内容与切入点主题。

二、综合实践活动内容设计的基本策略

1. 由扶到放，选定课题

综合实践活动的主题可来自学生也可由教师提出。在综合实践活动实施的初始阶段，学校和教师可以提出一定的选题范围或参考题目，帮助学生思考问题，选定主题。在学生取得一定经验后，逐步扩大选题范围，或完全由学生自主选题。

2. 轴心主题，系列开发

在进行综合实践活动课程内容设计时，可围绕一定的主题轴，从小学至初中进行内容系列开发。这种系列开发主题的做法，一方面，使教师明确每个阶段的目标以及具体要求，另一方面，每个年段的学生从不同的认识水平出发，围绕不同的主题轴心，进行综合实践活动主题开发系列化，使得学生在综合实践活动实施过程中广泛接触社会生活中各方面的问题。

3. 活动类型，系统安排

综合实践活动的活动项目和活动领域，应包含自然与社会问题探究，项目与应用设计，社会考察、参观与考察，社区服务与社会实践等活动类型。在实践中，教师要整体规划每个学期的主要活动方式，引导学生全面关注综合实践活动方式，使学生自小学三年级至初中三年级的综合实践活动课程学习过程中，尽量能够尝试多样化的主题活动类型。

4. 因地制宜，因时制宜

学校开展综合实践活动，要根据本地实际情况，开发各种课程资源，设计活动内容，城市地区可选择密切联系现代科技、国际理解等方面的主题；农村地区可密切联系当地的生产活动、科技活动，开发以劳动与技术教育为核心主题的活动内容。同时，

要引导学生关注社会突发事件或热点问题，有影响的重大活动，并将其纳入综合实践活动内容领域。

5. 逐步积累，形成特色

新一轮课程改革与时俱进设置了综合实践活动课程，该课程以主题活动的形式进行，需要学生在主题活动中进行搜集整理资料、设计、交流、表达、实践等一系列活动，正是培养学生合作学习的有机土壤。随着综合实践活动课程的开展，学校可根据校内外教育资源和本校的实施情况，总结、积累相关材料，构建有区域特色和学校特色的综合实践活动主题系列。

在综合实践活动中，小组合作有以下特点：①范围更广。小组合作渗透活动的全过程，活动课题的选择、方案的制订、方法的选择、成果的呈现，都离不开小组合作。②自主程度更高。小组合作是其他学科课堂组织形式的补充，而在综合实践活动中，小组合作的自主性更高，组长的选定、小组成员的分工、活动方式的选择等等，都由学生自主选择。③小组合作的组织合作方式更加多样。综合实践活动中，小组合作不完全是班级的小组合作，还有跨年级、跨学校的小组合作。

合作，并不是学生坐在一起就是合作，而是学生主动、积极、有意识的参与活动的过程，才是真正意义上的合作。因此，指导学生合理分组显得尤为重要。只有合理分组才能让学生在合作互动中获益，不仅自己获益，更要让合作伙伴受益，使学生感受到能为别人带来快乐，自己更加快乐。

目前，很多学校的综合实践活动指导老师也关注了小组合作，对小组的组织、分工等也有一定的指导，但在实践中老师们也渐渐发现，有的小组组长一手包办，以致其他组员的能力得不到培养；有的小组成员缺乏团体工作技巧和人际技巧，使得小组成员的表现无法充分发挥；而且，现在的孩子大多是独生子女，平时大多以自我为中心，合作意识比较淡薄。而教师也没能更好地关注小组的组建和对学生合作学习能力的专项指导。

综合实践活动提倡以小组为单位的活动组织形式，让学生在小组合作中学会与人相处，增进同学友谊，发展协作能力，体验共同进步，分享快乐，分担忧愁。在小组合作中应充分调动每个成员的积极性，发挥每个成员的特长，并能取长补短，在团结融洽的气氛中分工协作，高度有效地开展活动。怎样指导小组合作呢？

（1）成立小组，学会合作

小组的成立，先由教师安排，为使学生相互学习收获，开始可以把不同水平的学生分在一组，到以后再按兴趣、自愿原则成立小组。然后再选责任心较强、能够协调小组成员之间关系的学生作组长，推动小组合作学习的顺利进行。

小组初步成立后，教师开始要有意识地告诉学生一些合作的基本素养：学会倾听、学会赞美。这样学生在开展小组讨论时，能够接受同伴的不同见解，让每个学生都对自己产生自信，且能尊重、欣赏同伴。

a. 学会倾听

开展话题活动讨论时，眼睛要看着说话的人，姿势要端正，专心听别人的讲话并对别人的说话给予恰当的反应，不要打断别人的讲话，有意见等别人说完再讲等。

b. 学会赞美

怎样让学生学会赞美呢？要求学生取其所长，补其所短，写出平时大家没意识到的小小的优点。学生从写中发现了别人的优点，学会怎样欣赏别人，从说中树立自信。在小组合作的初级阶段很有必要进行类似的训练，初步掌握合作要求，为他们学会合作打好基础，有利活动的开展。

（2）明确分工，协同合作

综合实践的一个具体的活动，一般由信息收集、走访调查、亲身体验、动手去做、总结展示等一系列过程组成，因此任务较多，跨时也较长。教师要引导学生通过相互协商进行分工。分工要保证每个学生都有任务，在活动中培养学生的能力和自信。作为一个有着共同目标的学习团体，分工后，每个人必须对自己的工作负责到底。学生完成任务的情况要给予评价。

分工之外还必须进行协作。协作首先要会取人之长补己之短，互相帮助。当某个组员有什么新的发现，获得点滴进步时，教师又要他们互相祝贺。特别是当哪个同学有畏难情绪或想偷懒时，督促其他同学去鼓励提醒他。

（3）及时交流，及时评价

由于分工具体，活动时间较长，过程较复杂，一些问题，一些收获会不时的出现。学生的信息往往可能有些偏窄或者片面，研制的作品难得十全十美，所想到的问题只是一己之见。为保证小组的有效合作，发挥集体的作用，要及时组织交流。

每一阶段活动实施过程中，教师应该要求组长召集组员进行资料汇总，开展讨论交流。及时交流一定要伴随着适当的评价，有交流、有评价、有反思才能更好地激励学生进行小组合作，继续更好地开展活动。评价时，先让每个学生说说个人和小组完成任务以及与他人合作的情况，再由其他组员互相评价，主要讲优点，不足则要慎讲。

（4）发现问题，随机解决

在合作中，难免会出现一些不好的情况，教师就应采取相应的措施来解决。有的孩子在活动中缺乏自信，不够积极主动，依赖性强。在活动中对这样的学生指导教师要多给鼓励。

有的学生好大喜功，认为自己做得多，聪明能干，便嘲笑合作伙伴做得没有他好。对待这种学生，指导教师可以对其活动成果进行一定程度的认可，切忌不能过分。同时对其他学生的表现进行表扬，高度赞赏他们的劳动价值。教师应该让孩子明白只有每个组员都目标一致，分工协作，荣辱与共，小组才能成为优秀小组，才能共同进步。

对于一些小组长专制独裁，不听取组员的意见，指导教师可以通过亲自组织和参与小组活动，鼓励组员畅所欲言，出谋划策，并充分肯定和采纳他们的意见。以及在活动中互相推脱，行动迟缓，效率低下的，指导教师要加强督促，责任分工到人，规定时限，定期检查，采取适当地惩罚，同时让小组长充分发挥组长作用，组与组还可采取竞争。

总之，对学生小组合作的指导既需要教师耐心细致的观察，同时也需要教师发挥教育机制，掌握指导的艺术。综合实践活动本质上是学生自主探究、学习的行为，因此教师有效的组织引导是避免学生活动虎头蛇尾，趋于形式没有内容等现象的产生，推动实践活动顺利开展。那么在活动中教师如何在活动过程中来进行有效的组织引导呢？我们强调综合实践活动课的自主性、实践性，但不能说一切放手让学生去做，教师做一个旁观者就行了。在组织活动中，作为教师，应该既是引导者，也是参与者。

在综合实际活动中，教师应该给学生以适当的、积极的援助。事实上，学生自行组织的各种活动都离不开教师的指导和支持。表现在：帮助学生把握活动的目标，启发学生活动的积极性、主动性，帮助学生总结活动的成败得失。

1. 引导学生用多种方式展示活动成果；及时有效的评价能够激励和维持学生在探究过程中的积极性、主动性和创造性，使学生产生满足感并及时发现自己的不足加以改善。

2. 师生之间通过实验进行互动交流；给学生适时的提供帮助，以激发学生的自信心和好奇心，经过对反馈信息的统计，了解实践活动的意义。

3. 教师要以身作则，教师要指导学生搞好综合实践活动，自己就必须始终要怀有高昂的热情，要以自己的精神给学生树立一个好榜样、好典范。综合实践活动培养的不仅是学生的能力，还包括许多的情感、心理、精神因素。

综上所述，在综合实践活动中，教师的组织指导尤为重要，是综合实践活动内容实施的重要因素，教师应该在学生自主参与体验的基础上，引导学生选择适合自己的具有可行性和价值性的活动课题，使学生在组织活动中能够锻炼自己，学会与他人协同合作。

第二章　综合实践活动课程

第一节　综合实践活动课程概述

综合实践活动是一种具有其规定性的课程形态，简单来说就是在教师的引导下，学生自主进行的综合性学习活动，是基于学生的经验，密切联系学生自身生活和社会实际，体现对知识的综合应用的实践性课程。《基础教育课程改革纲要》规定，它包括研究性学习、社区服务与社会实践、劳动与技术教育等领域，并渗透信息技术教育。

一、综合实践活动的课程属性

作为一种基本的课程形态，综合实践活动课程超越具有严密的知识体系和技能体系的学科界限，它不是一门学科课程，而是有着不同于学科课程的规定性，一般来说，综合实践活动具有如下基本属性。

1. 综合实践活动课程是一种经验性课程

综合实践活动课程超越具有严密的知识体系和技能体系的学科界限，是一门强调以学生的经验、社会实际和社会需要和问题为核心，以主题的形式对课程资源进行整合的课程，以有效地培养和发展学生解决问题的能力、探究精神和综合实践能力为目的的课程。

所谓经验性课程，一方面是指课程的设计是以学生的生活经验、生活背景、生活中感受到的问题与需要为中心的，强调学生经验在课程中的独特地位和价值；另一方面，课程的实施是建立在学生的活动经验和活动过程基础之上的，强调学生的亲身经历和参与。

经验课程的基本规定之一是强调学生经验的发展价值。一般来说，经验课程反对把书本知识作为现存的结论或定论直接告诉学生，而是通过经验获得、经验的重新组合或经验重塑，使学生获得成长的意义。经验课程基本组织方式是"问题中心"，注重学生通过自主的问题探究与问题解决实现课程的发展价值。可以说，在教育史上，经验课程从来都是与学科本位或知识本位课程相冲突的。经验课程重视的不是系统的知识的获得，而是经验重组与改造过程中学生兴趣、爱好、能力、情感、价值观等方面的发展，以及在经验生成与改造过程中学生的批判性思维的发展乃至生活方式的变革。

经验课程的基本出发点是学生在教育中的主体地位。应该说，历史上的各种经验课程的共同之处就在于强调学生在教育中的主体地位和自主发展的能力。学生是经验者、是经验改造者，是自主发展者。经验课程设计的意义在于为学生的自主发展提供一种以问题为中心的发展环境。如果在经验课程中学生的主体地位得不到尊重和发挥，那么，其课程价值就难以得到实现。

经验课程的设计面对的不是符号系统，而是鲜活的生活世界，面向学生的生活情景，面向学生的生活经历和生活领域，并以整合的方式组织经验，是经验课程的基本特点之一。在生活情景中发现问题、明确问题，通过自主探究和实践，形成问题解决的能力和组织生存的能力。日本新课程中的"综合学习时间"的基本活动领域之一就是自主生存。因为学生的发展不应该完全是在预设的课堂教学和学科知识的传递过程中实现的，如何面向现实的生活，引导学生通过自主实践、批判反思来获得发展，成为经验课程关注的核心问题。

作为一种经验性课程，综合实践活动课程强调联系学生生活经验和生活背景。因而，在综合实践活动中，学生的生活经验和生活背景往往来自于学生自身学校生活、家庭生活和社会生活，是这些生活领域中遇到的各种感兴趣的现象和问题。经验课程的特征就是超越单一的"书本世界"，回归学生自我的"生活世界"。引导学生从生活经验或生活经历中发现问题，并从中提出活动主题，便是综合实践活动课程本质的规定和要求。

综合实践活动课程的主题直接来源于学生的生活经验和生活领域。作为一种经验性课程，它不存在内在的知识逻辑和知识体系，它的内容组织不是以知识的逻辑顺序来组织的，而是以学生感兴趣的问题为线索组织的，因而，可以说，综合实践活动课程的内容组织遵循的是问题逻辑。在内容的呈现方式上，综合实践活动突出主题，即按活动主题的形式来展开设计活动内容。从课程实施的过程上看，综合实践活动强调学生的亲身经历。学生亲身经历亲近自然、接触社会、反思自我的过程，就是学生不断地获得新的经验，重整人生经验的过程，这也许是经验课程的核心价值之所在。如果综合实践活动课程的实施不以学生已有的经验为基础，忽略了学生新经验的获得与形成，其课程价值也就丧失殆尽了。

综合实践活动作为一种经验性课程，它的独特性就在于通过经历来获得体验，包括对生活中遭遇的各种情景和问题的体验。获得新经验是经验性课程的目标之一，但不能仅仅停留在经验的获得上，而是通过经验的获得，产生体验和感悟，在经验的基础上有所知、有所得、有所悟，则体现了经验课程的根本价值。

2. 综合实践活动是一种实践性课程

综合实践活动作为一种实践性课程，它是以学生已有的知识和经验为基础，尤其注重学生多样化的实践性学习方式，转变学生那种单一的以知识授受为基本方式、以知识结果的获得为直接目的的学习活动，强调多样化的实践性学习，如探究、调查、访问、考察、操作、服务、劳动实践和技术实践等。

作为一种基本的课程形态，从此意义上说，综合实践活动以主题为活动的组织方式，以任务为取向，注重学生亲历实践的活动形态的课程。因此，实践是综合实践活动课程的本质属性。

综合实践活动作为一种实践性课程，这种课程的实施，不能以"成人参照"或"科学参照"来评论其实践的规范性和科学性。它所强调的"实践"，不是为了活动而活动，为了做而做，各种不同的实践方式都是一种学习方式，实践性的学习方式的根本目的在于引起学生各种观念的反思和能力的建构。可以说，综合实践活动中的"实践"具有尝试、经历、亲历等特性。

新课改下的综合实践活动的课程观不再把课程仅仅视为"学科"、"知识"或"教材"，而应该视为学生在教师引导下所进行的一种批判性、反思性、建构性的实践活动。所以，综合实践活动课程集中地体现了实践的课程观。

并且综合实践活动的课程观念强调，第一，课程不仅仅是知识的罗列，不仅仅是以文本形式来设计和组织的，而是以一系列活动为基础的，可以说，在实践的课程观指导下的课程，是以活动为中心的。

第二，课程实施中的实践情境包括课堂活动情境和开放的社会活动情境。如果把综合实践活动仅仅理解为课堂或教室里的活动，那实际上与学科的活动教学就没有了本质的区别。

第三，实践的课程观强调的实践，一方面不是指人类一般的、普遍的实践活动，而是指以学习和自我发展为目的的实践。这种实践依然是一种学习方式，是以学生已有的知识和能力为基础的学习过程，如"研究性学习"的侧重点依然在"学习"上，而不在"研究"上，它首先是一种实践性学习方式或活动方式；另一方面，实践不是形式上的活动，不能为了活动而活动，综合实践活动中的实践具有明显的"任务取向"，是围绕学生感兴趣的问题或活动主题来开展的各种实践性学习活动。

第四，实践的课程观注重的实践不纯粹强调实践的实际产品，它注重的是学生通过实践的实际体验，通过体验，进一步获得感悟、获得能力发展和情感升华，形成良好的态度和价值观。当然，离开了实践和活动本身，综合实践活动课程就名存实亡了。

因而，综合实践活动课程比其他任何课程都更强调学生对实际的活动过程的亲历和体验。学生是通过动手操作实践的方式来获得经历和体验的。动手实践，是综合实践的基本学习方式。

3. 综合实践活动是一种综合性课程

作为一种基本的课程形态，综合实践活动课程强调超越教材、课堂和学校的局限，在活动时空上向自然环境、学生的生活领域和社会活动领域延伸，密切学生与自然。与社会、与生活的联系。因此综合实践活动课程是一种综合性课程。

"尽信书，不如无书"，一个人的知识、能力都是有限的，特别是在这种信息技术迅猛发展的社会。查询、处理、运用信息的能力尤为重要。通过查找资料和学生的实践，掌握了一定的方法，并学会如何鉴别信息、灵活运用信息的能力。学习书本知识的目的是什么？是为了解决生活中的实际问题。解决生活问题，必然要跳出书本狭隘的圈子，从生活、自然以及社会交往中去学习。关于"尽信书"的感悟，便是在拓展了的学习领域和实践中得出来的。

首先，作为一种综合性课程，综合实践活动不同于学科综合，它不是对学科知识的综合，也不是跨学科的学习，而是对学生生活领域和生活经验的综合，因而，综合实践活动课程不是综合性的学科课程。因为学生生活中面对的问题是单一任何一门学科都难以回答或解决的。之所以综合实践活动是一种综合课程，最根本的原因就是综合实践活动面对的是学生鲜活的生活经验和丰富多样的生活领域和生活背景，是经验和生活的综合性所决定的。

因而，综合实践活动课程的设计与实施特别强调整合学生的经验，整合学生的生活领域，并把学生已有的知识和能力与现实的生活情境的问题加以整合。学生提出的任何一个活动主题，都难以划归为哪个独立的学科领域或某几个学科领域，它本身就不是一个纯粹的学科活动。

从以上几点可以看出，综合实践活动不是教学层面的一种教学活动方式，而是课程层面的一种具有独立形态的课程。综合实践活动课程为学生的发展开辟了面向生活、面向自然、面向社会的广阔时空。

二、综合实践活动课程的开设应具有以下五大特点

1. 以兴趣与经验为主

综合实践活动课要基于学生的需要、动机、兴趣和直接经验来设计、实施相关课程活动，以此为基础实现对传统学科知识结构与逻辑体系的超越。

2. 以生活世界为主

综合实践活动课要回归学生的生活世界，只有当学生学习发生在有意义的背景中，学习才是有效的，从学生真实的生活世界中，选取具有一定的综合性、实践性、现实性的问题、事件、现象来设计活动内容，学生才是最感兴趣的。

3. 注重实践能力

综合实践活动课，不局限于书本知识的传授，让学生亲身参与、主动实践，不仅仅意味着让学生做社会调查、参观、访问，更重要的是要为学生营造实践情境，而且通过引导，让学生自己能够发现问题、提出问题、解决问题。在实践中综合运用所学知识解决各种实际问题，提高解决实际问题的能力。我们说，实践

的内容是丰富的，实践的方式也是多样的。特别是学生能够面对生活世界里的各种现实问题，综合运用所学知识，主动地去探索、发现、体验、重演、交往、亲力亲为，获得解决现实问题的真实经验，从中培养实践能力。

4. 注重创新意识

综合实践活动课，着眼于学生创新意识、创新精神、创新能力的培养。学生始终处于主体地位，自己发现问题，自己设计方案，自己搜集资料，自己解决问题。在这一过程中，学生的想象力和创造力可以充分发挥出来，他们不断地有所发现、有思考、有创新。因此，综合实践活动课为学生创新品质的形成提供了更为宽松、自由的空间。

5. 以研究性学习为主导学习方式

综合实践活动课，以转变学生的学习方式为出发点，遵循"提出问题，收集资料，形成解释，总结成果"研究程序，强调知识的联系和综合运用，注重过程，强调开放，重视师生互动。

三、综合实践活动课程的目标

综合实践活动贯穿于小学、初中、高中教育。学生的学习要达到以下总目标：

1. 获得亲身参与实践的积极体验与丰富经验

学生知识的来源有两大途径：其一是文本。就是吸收前人积累的文化知识，主要通过阅读完成；其二是实践。就是让学生体验和经验，从而建构起"有意义"的知识。前者固然重要，但后者却常常被"传统教育"忽略了。

2. 形成对自然、社会自身内在联系的整体认识，发展对自然的关爱和对社会、对自身的责任

综合实践活动的一个特性是"整体性"，这一特性是由世界的整体性而决定的，世界是由自然社会（他人）、自我和文化构

成，它们内部是"互相依赖、制约发展的"；在今天，关注自然、保护环境，关注社会发展，关心他人，对自己负责是现代人的基本素质，是现代社会发展的需要。

3. 形成从自己的周围生活中主动地发现问题并独立解决问题的态度和能力

综合实践活动就是把学生放到一个"开放"的时空，让他们充分发挥自主性，具备独立思考的精神，激发"问题意识"，形成解决问题的能力。

4. 发展实践能力，发展对知识的综合运用和创新能力

实践是知识之源和认识发展之本，重视实践，并通过实践的途径，让学生的知识能够有机的综合运用，才能最终形成创新能力。

5. 养成合作、分享、积极进取等良好的个性品质

学生通过综合实践活动，可以养成合作、分享、积极进取等良好的个性品质。这些品质的养成可以使学生终生受益。

第二节 综合实践活动课程
产生的背景与意义

综合实践活动课程的开设具有重要的意义，它正在积极地改变着教师和学生的教学方式和学习方式，并且对学生的发展带了多方面的变化：有效地调动了学生学习的积极性和主动性；彰显和发展了学生的个性；提高和发展了学生多方面的能力；有效地促进了学生情感、态度和价值观的发展。它给学生带来的这些变化是任何一门学科课程无法替代的。

一、综合实践活动课程产生的背景

1. 促进素质教育的改革

进入 21 世纪，如何培养适应新世纪所要求的新型人才是当前教育所面临的一个重要课题。而且儿童、青少年是祖国未来的建设者，是我国社会主义事业的接班人。他们的综合素质如何，直接关系到国家的前途和民族的命运。高度关注儿童、青少年思想道德建设，进一步深化以发展学生的创新精神和实践能力为重点的素质教育，成为我国当前基础教育改革与发展的重要使命。素质教育的重要任务就是，引导学生在社会生活中学会处理人与自然、人与人、人与社会等基本关系，发展学生的科学精神与创新意识、信息意识与技术意识、劳动观念与动手能力，培养学生的社会责任感和参与社会实践的能力。为实现素质教育的宏伟目标，基础教育的课程体系亟待改革与创新，设计与实施综合实践活动是适应这一需求的重要举措。

2. 发展学生的个性内在

综合实践活动反映了学生个性发展的内在需要，体现了科技发展与社会进步的客观要求。每一个学生都有自己的需要、兴趣和特长，都有自己的认知方式和学习方式，综合实践活动为每一个学生个性的充分发展创造了空间，他们的发展不仅仅是通过书本知识的学习而获得的。综合实践活动的设计与实施，有利于克服书本知识和课堂教学的时空局限，引导学生在社会生活中学习，在实践中发展，使每一个学生的个性都发挥其独特性、具体性。

3. 符合社会发展要求

当今社会迅猛发展，产生了一系列新的问题，如环境问题、道德问题、国际理解问题、信息科技问题等等，这些问题都具有跨学科的性质，综合实践活动为学生参与、探究、理解这些新的社会问题提供了机会。

综合实践活动课程继承了我国基础教育的优秀传统，体现了当前素质教育的内在要求。

义务教育法颁布后推出的基础教育课程体系，积极倡导综合实践活动课程，并在实践中取得了重要成就。此次课程改革设立的综合实践活动是对活动课程的继承、发展与规范。当前全国上下积极推进以创新精神和实践能力为重点的素质教育，基础教育的课程体系亟待改革与创新，设置综合实践活动是应对这一需求的重要举措。

二、综合实践活动课程的意义

综合实践活动课程是一门综合性、实践性、活动性、开放性很强的课程，它是在教师引导下，学生自主进行的综合性学习活动，是基于学生的经验，密切联系学生自身生活和社会实际，体现对知识的综合应用的实践性课程。它旨在培养学生的问题意识以及良好的个性品质；增强探究和创新意识，学习科学研究的方法，发展综合运用知识的能力；推进学生对自然、对社会、对自我之间的整体认识与体验，发展学生的创新精神和实践能力。

（一）有利于促进学生素质教育发展

综合实践活动课程对于启发学生潜能，体验人生，关注社会，解决实际问题，培养创新精神和实践能力有着重大而深远的意义。

1. 提高学生合作意识和交往能力

在综合实践活动实施过程中，学生以小组活动为主要活动方式，活动为学生彼此之间的交往合作提供了机会、搭建了平台，学生在活动中分工合作，在小组学习共同体中学会与人相处，发展协作能力、体验共同进步，增进了合作意识；同时，综合实践活动将学生置于广阔的社会背景之中，主动学习、掌握与人沟通、交流、合作的技巧，这些能力的获得将使学生终身受用。

2. 增强学生自信心与社会责任感

综合实践活动开放的教学方式，为学生搭建了展现自我、发现自我、实现自我的舞台，每个学生都能在实践中充分发挥自己的特长，通过亲身参与和体验，学生在实践中得到了收获，并逐步发现了自己的潜能，从中获得了自信。综合实践活动课程的内容大多是与社会生活实际密切相关的课题，如环保问题、健康问题、百姓生活问题等等，引导学生对这些问题的探究，培养学生关心社会、关心生态环境、关注国家发展的社会责任感。

3. 激发学生创新潜能

在综合实践活动中，学生从日常生活中选取探究的主题，将所学的知识运用到实践中去，培养学生的问题意识，让学生去发现问题、解决问题，激发学生创新潜能。综合实践活动是"以学生的兴趣和直接经验，以学生生活密切相关的问题为内容，以研究性学习为基本学习方式"的新型课程。这要求教师引导学生按自己的兴趣、爱好自由选择要研究的问题。学生以小组或个体为单位，通过调查、了解、收集资料等方式分析问题、研究问题、解决问题。通过交流展示自己的研究成果。当有新的问题产生时便进入新的问题研究阶段，以"发现问题——分析问题——解决问题——展示交流、产生新的问题"为研究过程。因此，课程的目标定位在学生问题意识的培养上，这种生成性的活动课程，极有利于学生问题意识的培养。

4. 培养学生收集、处理信息的能力

当今社会是信息时代的社会。人们需要掌握大量的、准确的信息来随时调整自己的工作思路，确定自己新的工作目标。而以往的学科教学注重的是知识的传承，采用的是被动接受式的学习方式，学生无需寻找自己需要的资料与信息。久而久之，学生收集信息、利用信息的意识日趋淡薄。反之学生在综合实践活动的

过程中，为了完成某一课题，常需要利用多种手段、通过多种途径获取信息，并根据需要处理信息，恰当地利用信息，完成自己的课题。在这一过程中，学生收集和处理信息的能力自然会得以逐步提高和强化。

5. 促使学生的学习方式发生根本转变

综合实践活动课程的实施以主题活动为主要组织形式，它的实施使结论性学习变为过程性学习，学生在教师的引导下掌握探究的方法和要领，感受研究的乐趣，发展终身学习的愿望、创新精神和综合实践能力；学生开展当代社会调查，跟踪预测社会需要的发展动向；在日常活动中以及在实现自己目标的过程中能够获益的各种知识技能；在通过对自然、社会发展、自身需要研究的基础上，学生通过自主学习、探究学习、合作学习、体验学习，学习方式发生了根本转变。学习方式的转变，促使学生自由的发展，培养了学生丰富多彩的人格。

（二）有利于促进教师专业素养成长与发展

综合实践活动课程，对于转变教师新课程观念、提升课程开发能力、改变教学方式等方面都起到了较大促进作用。

① 有助于培养教师的课程意识。选题或选择活动内容成了教师实施该课程的首要任务，需要教师自主进行建构活动内容。综合实践活动课程的开发和实施，让教师在开发课程资源时具有全局观念，以学生为核心，做到"目中有人"，需要合理地联系各学科知识，开发关于同一主题上的各种课程资源，为学生构建真实的生活场景和多元的发展空间。

② 有助于提高教师的课程实践能力。在实践活动过程中，指导教师密切关注学生的需要和兴趣，自主地、灵活地引导学生选择活动主题或课题、安排活动过程。在指导学生的过程中，指导学生对问题探究和问题的解决，指导学生开展研究性学习和各种实践活动，提高了指导教师发展自我的实践能力、探究与问题解

决的能力。在综合实践活动中，学生面对着纷繁复杂的资料或信息，指导教师通过指导学生信息收、处理和加工，也让自己提高了自主获取信息、主动收集和处理信息的能力。在实践活动结束阶段，课程评价形式、方法、主体和目标多元，评价既注重过程又要关注结果。教师在这样的评价理念指导下，增强了课程评价的能力。

③ 有助于教师成为反思型的新时代教师。综合实践活动课程需要教师在课程实施与开发过程中不断分析和反思自身教学行为。指导教师的反思是以探究与解决课程设计、开发与实施的手段和技术为出发点，进行主题活动实施前、实施中、实施后的反思。在一次次的反思中，指导教师总结活动经验，吸取活动教训，产生新的问题，逐步形成反思的习惯，成为反思型新时代教师。

（三）有利于促进学校课程的创新与发展

由于综合实践活动课程没有传统的教材为依托，需要教师根据学生的兴趣、结合学校特色和当地课程资源，开发综合实践活动主题。给予教师丰富的创造空间，促进校本课程的创新与发展。

综合实践活动课程实施促进了学习型学校建立和校内组织文化教育变革。综合实践活动课程强调全体教师参与指导，并通过校本教研进行学习。不但要重视教师个人学习、个人智慧的开发，更强调合作学习和群体智慧（组织智慧）的开发。综合实践活动课程需要通过自主管理和反思来发现工作中的问题，并以开放求实的心态互相切磋，不断学习新知识，不断进行创新，从而增强学校快速应变、创造未来的能力。

实施综合实践活动课程促进了学校管理制度变革。综合实践活动课程实施与全面推进，需要一个相应的教学管理制度来支撑和保障，需要通过制度的重建来促进综合实践活动课程的建设。

如学生学业评价制度和成长记录袋制度，教师的《教师工作量制度》、《课程建设档案制度》、《教学研究制度》等。这些制度体现了以尊重人、信任人、激励人、发展人为出发点和归宿的人本思想，改变了以往家长式的管理方式，倡导民主、科学的教育管理机制，重建一种能够真正促进教师专业成长的考评制度，让广大教师和学生真正成为学校的主人，并在学校教学改革和教学管理中发挥主人翁作用。

第三节 综合实践活动课程的目的

综合实践活动课程是一种全新的教学方式，具有强烈的实践性、生活性、研究性；也是一种全新的学习方式，基本学习方式是实践性学习；它把学生的探究发现、大胆质疑、调查研究、实验论证、合作交流、社会参与、社区服务以及劳动和技术实践等作为重要的发展性教育活动。

综合实践活动课程旨在改变中学生长期以来一直恪守的被动地接受教师知识传授的学习方式，在参与课程活动中，培养一种主动探究并注重解决实际问题的学习方式，改变学生只是单纯从书本学习知识的传统习惯，通过学生自身的参与体验来了解知识的形成和发展过程，丰富他们的学历；改变学校教育始终围着考试转的局面，应该真正把教育的重心放在培养学生的创新精神、实践能力和终身学习的能力上。开设综合实践活动课的意义决不在新设一门课程，而是对传统教育思想和育人模式的重大挑战，它将是中国基础教育有史以来最深刻的革命性变化。

1. 培养学生合作、分享、积极进取等良好的个性与品质

每一个学生都有自己的需要、兴趣、特长和个性，都有自己的独特的认知方式和学习方式，每个学生的个性发展都具有独特性、具体性，他们的发展不仅仅是通过书本知识的学习而获得

的。学校课程应该为学生丰富多彩的个性发展提供机会，为学生自主发展创造条件。而学科课程以知识为中心，学生可以获得具有普遍性的知识技能，但在发展学生的兴趣爱好、体现学生的个性和差异性方面则不能很好地满足学生的需求。而综合实践活动课程却可以为彰显和发展每一个学生个性创造空间。

综合实践活动课程通过综合性的实践学习，改变学生单一的知识接受性的学习方式或生活方式，强调学生通过研究与实践学习，为每个学生创设了一个有利于沟通、交流、合作的学习情景。学生在活动过程中互相交流情感、体验，分享彼此的思考、经验，从而养成合作、分享、积极进取等良好的个性、品质。密切学生与生活、与社会的联系，满足每个学生多方面的发展需要是综合实践活动的基本出发点。

它的自主性、开放性等特征允许课程充分体现学生的经验和兴趣，这就为学生彰显和发展学生的个性提供了空间。"兴趣是最好的老师"，兴趣体现了学生独特的个性和发展的倾向性，这些应该在学校教育中得到保护。

综合实践活动课程正是在尊重学生兴趣爱好的前提下，允许学生选择自己感兴趣的研究课题和活动主题，选择适合自己的方式去开展研究。在这个过程中学生能够最充分地显示和发挥他的天赋素质，展示他们的聪明、才智，培养和发展自己的兴趣爱好。我们在实验区经常能看到：在活动过程中，擅说的学生采访，会写的学生编辑、撰稿，会画的学生负责美工，善于交往的学生负责联络、协调……每位学生的个性与特长都得到了充分地发展与展示。

不仅如此，学生对于他非常感兴趣的研究内容，即使现在因其知识、经验等方面的限制，研究得还远远不够深入，但在整个活动过程中一旦激发了学生对这个内容的浓厚兴趣，在今后的生活和学习中他还会继续研究和关注这方面的资料和信息，甚至这一兴趣极有可能发展成为将来他一生为之去追求的事业。

总之，综合实践活动课程为学生的成长打开了另一扇窗子，使学生的学习生活丰富多彩起来，为学生的个性化发展提供了空间和可能。

2. 培养学生发现问题、解决问题的能力，使学生获得亲身参与实践的积极体验和丰富经验

综合实践活动课程是以学生的直接经验或体验为基础而开设和展开的，学生们在实践活动的过程中，没有现成的资料可以借鉴，也没有老师随时随地的指导，大家必须充分发挥自身的最大潜能，开动脑筋、发现问题、解决问题。能够从现实生活中发现问题、提出问题，是创造的起点，不会发现问题就没有创造性。

同时，它通过多种途径为学生提供具体的现实的情景，使学生能走进社会、走进生活，引导学生开展丰富多彩的实践性学习活动，要求学生在"做"、"考察"、"体验"、"实验"、"探究"、"创作"等一系列的活动中发现和提出问题，在广阔的天地里去体验、去感知、去探究、去研究，从而更好地理解所学的知识，激发起探索和创新的欲望，并学会运用科学的方法，通过多种有效手段分析问题和解决问题，发展实践能力和创造能力。

综合实践活动通常围绕一个需要解决的实际问题展开。在活动过程中，通过引导和鼓励学生自主地发现问题和提出问题，并对提出的问题，形成自己的探究思路，并以自己的方式实施探究活动。对于小学生来说，对探究的问题做出简单合理的解释即可，对于初高中的学生还要对提出解决问题的合理策略，得出相应的探究成果。

新课程实施以后，学科课程的教学虽然也开始重视培养学生发现问题、提出问题乃至于解决问题的能力了，但学生在生活中发现的问题往往都是综合的，很难用一个学科的知识就能够解决，而这样的问题往往不被学科教师所重视，因而学生就很少有机会在教师的指导下去尝试解决。

从实验学校的反映来看，实施综合实践活动后，学生的问题意识普遍增强了。他们开始能够从日常生活中主动去发现问题、提出问题了，并对自己感兴趣的问题也开始运用已有的知识与经验，去寻找解决的方法了。

这种生活中问题的解决是锻炼学生学会综合运用所学知识去解决问题能力的极好机会。这种综合能力是现代社会发展所需要的，也是个人在现代社会中生存所需要的。综合实践活动的综合性、开放性给学生提供了解决现实生活中存在问题的机会和可能，学生在这个空间里可以尽情去施展和锻炼自己的才能。

3. 培养学生对自然、对社会、对自我之间内在联系的整体认识，发展对自然的关爱和对社会、对自我的责任感

综合实践活动课程超越书本知识学习的局限，最大限度地拓展学生的学习空间，倡导学生从生活、社会现实中提出问题，围绕人与自然、人与社会、人与他人、人与自我等方面，开展探究体验实验等学习活动，发展良好的情感态度和价值观。学生在实践活动中接触自然、接触社会、接触他人的过程，也就是认识自我，进而完善自我的过程。

参与社会实践活动，使学生们认识到自己也是这个社会的一分子，自己的一言一行，一举一动都会影响到他人，影响到这个社会。例如：浙江海盐县元济高级中学"杭州湾跨海大桥"活动小组在进行调查时，引起了许多市民的注意，他们不仅积极配合如实的填写了调查问卷，还写下了许多意见和建议，委托调查小组的成员们将这些问题向上级部门反映。同学们更加增强了社会责任感，坚定了主人翁的意识。

4. 给师生关系带来转变

新的课程理念要求在学校中确立新型的师生关系，构建和谐融洽的学习氛围。倡导建立一种平等合作、对话理解的师生关系，为学生的全面发展和健康成长创造有利的条件。相比在传统的教育中，教师控制的现象比比皆是，教师往往习惯于专制的教育风格，只要学生听话，不要学生有所创新。他们甚至对于学生

创新的火花感到恐惧，因为他们已经习惯于在几千年沿袭下来的"师道尊严"的保护下行使自己的权威，当他们感觉到自己的权威受到了挑战时，他们惶恐不安也就不足为奇了。

开设综合实践活动课程为师生平等对话撑起了一片晴空，为学生的和谐发展提供了更为宽松、自由的空间。在综合实践活动开放的情景中，建立平等、新型的师生关系是首要的。只有师生之间能够平等对话，教师才能走进学生的心灵；也只有平等对话，才能彼此欣赏、彼此接纳。在活动过程中，教师常常是和他所指导的小组的学生一起讨论题目，设计研究方案，确定研究方法。

教师的作用在于启发学生的观念，鼓励学生大胆说出自己的想法，帮助学生将研究进一步深入下去。教师逐渐认识到学生其实是有很多想法的，教师试着去倾听学生，引导他们，给他们表达自己想法的机会。学生开始喜欢和老师交流，愿意同老师分享自己的想法。许多教师在指导综合实践活动的整个过程中感受最深的就是，综合实践活动拉近了教师与学生之间的距离，促进了教师与学生的平等对话。

同时，教师已经开始学会欣赏学生，教师有了更多机会看到学生身上的每一个闪光点。以往，教师看到最多的是学生的分数，教师的注意力也往往集中在班内少数成绩优秀的学生身上。而综合实践活动课上教师看到了分数以外的东西，看到了学生所表现出来的创造力、智慧与热情。综合实践活动已经作为师生平等对话的起点，和谐融洽的师生关系正在形成。

综上所述，各所学校应该根据学校自身的特色，结合办学理念开设综合实践活动课程，引导学生主动参与实践，组织各种研究性活动，激发学生的学习兴趣，提高学生观察、分析和解决实际问题的能力，从而全面提高学生的综合素质。

第四节　综合实践活动课程的内容

普通高中综合实践活动课程包括研究性学习、社区服务和社会实践三部分内容。这三部分有着共同的课程目标和任务，但又各有不同的内容和要求。简单来说就是在教师的引导下，学生自主参与的综合性学习活动，从其中获得体验和经验，密切联系学生自身生活和社会实际，体现对知识的综合应用的实践性课程。它包括研究性学习、社区服务与社会实践、劳动与技术教育等领域，并渗透信息技术教育。

一、研究性学习

研究性学习作为综合实践活动的重要组成部分，强调学生通过实践，增强探究和创新意识，学习科学研究的方法，发展综合运用知识的能力。学生通过研究性学习活动，形成一种积极的、生动的、自主合作探究的学习方式。

研究性学习是指学生基于自身兴趣，在教师指导下，从自然、社会和学生自身生活中选择和确定研究专题，主动地获取知识、应用知识、解决问题的学习活动，研究性学习主要分为课题研究和项目设计两大类。课题研究是以认识和解决某一问题为主要目的，有调查、实验和文献研究等方式；项目设计是以解决一个比较复杂的操作问题为主要目的，包括社会性活动设计、科技项目设计等。

研究性学习的内容，既可以由学生自行确定主题或项目，也可以由教师提供选题或项目建议；要结合学生已有的知识基础和生活经验，重视与社会生活实际的联系，引导他们从自然、社会、自我等方面提出感兴趣的问题，进行探究。可以把科技小发明、小制作纳入研究性学习的范围；要注重与现代科学发展的联系，让学生了解一些当代科技发展的最新成就，启迪思维，激发探究热情；要加强与学科课程的联系，再学科知识的拓展和应用中生成研究性学习的内容，引导学生有效地应用各科知识。

研究性学习注重引导学生经历提出问题、确定主题、制定方案等过程，学习调查研究、实验研究、观察研究、文献研究等科学方法的基本规范和操作要领，养成探究习惯，形成科学的态度和初步的创新精神。

从学习内容看，历史上的"研究性学习"大多局限于某一方面内容，而且主要是理科的学科结构，这未免狭隘而且脱离学生生活实际，我们今天倡导的"研究性学习"主张从学生的自身生活和社会生活中选择问题，其内容面向学生的整个生活世界与科学世界，而不是把学科知识、学科结构强化为核心内容。从学习理念看，历史上"研究性学习"模式，只要找到了这个模式的共同模式，即可培养出"研究性学习能力"，我们今天倡导的"研究性学习"秉持不同的理念，认为每一个人的学习方式都捍卫其独特个性的体现，每一个人都有自己的"研究性学习方式"，课程应遵循每一个人的学习方式的独特性。

那么，依据什么来确定综合实践活动的主题呢？在我看来，主要包括如下方面：

1. 学生的愿望与兴趣

小学生求知欲旺盛，对周围事物充满了好奇心和探究欲。这就是探究的愿望。小学生的兴趣爱好正在形成中，虽然不够稳定，但也是推动学生进行认识活动、实践活动的内在因素。学生的愿望、兴趣是确定综合实践活动主题的最基本的依据和关键因素之一。主题只有符合学生的愿望与兴趣，学生才会有不断探究、参与的内在动力。

2. 学生的年龄特点和认识能力

小学生正处于生理、心理迅速成长的时期。其思维特点是以具体形象思维为主，同时抽象逻辑思维有了一定的发展。这种思维特点要求他们学习的内容以具体形象的事物为主。因此，小学综合实践活动应选择较为生动具体的主题以及相应的材料，如文字、图片、声音等，便于学生感知、理解和操作，让他们获得丰富的感性材料和直接经验

3. 知识经验

学生的知识经验包括生活经验和书本知识，这些都是学生进一步学习和实践的基础。根据建构主义学习理论，学生的学习是一个不断构建知识结构的过程。虽然综合实践活动不像学科课程那样注重基础知识、基本技能的掌握，但是综合实践活动教学也要以必要的知识经验为前提，因此，在确定综合实践活动主题时一定要考虑学生是否具有相应的知识经验。

我们的综合实践活动能激发学生主动生成强烈的求知欲望，主动获得一种探究问题、解决问题的过程以及过程中丰富多彩的、活生生的体验。学生将伴着浓厚的兴趣，投入到活动中去，会觉得快乐无比。我们要引导学生热爱生活，善于从生活中发现问题，并学会解决问题。

总之，综合实践活动是新世纪基础教育课程改革的一个新的领域，综合实践活动课程不仅给了孩子自主空间，也给了教师一定的机遇和挑战，作为教师，我们应该拓宽思路，转变观念，以求得真正的解放和发展。

新时期的研究性学习，既是一种新的学习方式，也是一种新的课程形态，更是一种新的教育理念。作为教师应如何指导学生进行研究性学习呢？

1. 精心设计选择课题，倡导研究性学习的目的是为了转变学生的学习方式，使学生的素质教育落到实处，研究性学习不是让学生学习多少知识，而是让他们能够学会发现问题，学会分析问题，并最终能尝试解决问题。因此，在开展研究性学习的过程中，一个深层的，而且也是首要的目标就是培养学生的问题意识。问题是课题的基础，课题是问题的深化，课题是由一些有价

值、有创造的问题进一步形成的。

2. 教师要引领学生精心设计研究方案，教学中要培养学生在开展研究活动之前先制定科学合理的研究计划，包括研究步骤、最佳方法、安全措施以及结论预测。

3. 教师要参与到研究过程中，教师是学生学习活动的合作者和亲密的伙伴，在研究性学习活动中，教师要参与到学生的学习活动中，并认真指导学生按研究性学习活动的程序和方法对问题进行有效研究。教师要随时把握学生的研究动态，及时给予激励或有效点拨。

4. 教师要重视对研究结果的分析归纳，很多教师往往学生探究一结束，马上就让学生汇报探究结果，其实观察有了结果、实验有了现象并不等于研究活动的结束，教师应积极引导学生在小组内进行讨论交流。

由此看来，我们今天倡导的"研究性学习"课程不仅仅是转变学习方式，而是"通过转变学习方式以促进每一个学生的全面发展。它尊重每一个学生的独特个性和具体生活，为每一个学生的充分发展创造空间。""研究性学习"课程因此洋溢着浓郁的人文精神，体现着鲜明的时代特色。

二、社会实践与社区服务

社会实践与社区服务是指学生在教师的指导下，参与社区和社会实践活动，以获得直接经验、发展实践能力、培养社会服务意识、增强公民责任感为主旨的学习领域。在综合实践活动中设置社区服务与社会实践作为课程的指定领域，使传统上以知识传授为中心的封闭的学校教育体制遭到了强烈的冲击，使对学生的知识技能，过程方法和情感、态度、世界观的教育超越了学校的围墙，得以和火热的社会生活紧密地联系起来。

社会实践与社区服务的内容主要包括以社会调查和考察为主的社会体验性活动、以社会参与为主的实践性活动、以社区服务为主的公益性活动等。其中社会实践还包括学校传统活动如军训、社会生产劳动、参观、社会公益活动等内容；社区服务包括拥军优属、敬老服务、帮贫扶困、环境保护、主题宣传、科普活动、定向服务以及维持交通秩序、支援农忙、扫盲辅导等其他志愿活动。

社会实践与社区服务的重点在于通过尽可能多地为学生提供体验和实践的机会，促使他们关心和了解社会，培养他们认识社会、探究社会问题的能力；培养他们的公民意识、参与意识、服务社会的意识、社会责任感和主人翁精神；培养他们善于沟通、乐于合作以及适应环境的能力；促使他们形成关心他人、诚恳助人、乐于奉献的积极态度和情感，养成综合思考问题的习惯和能力；使他们深入了解社会生活和社会环境，增长从事社会活动所需的知识，增强适应现代社会生活的能力。

社区服务和社会实践作为综合实践活动课程中的有机组成部分，是学生进行社会实践性学习、接触社会、认识和了解社会、增强社会实践能力和社会责任感的重要学习活动。随着中国经济的腾飞，科学技术的迅速发展，知识经济的加速到来，使学校在个人和社会生活中的作用更加突出。如何把教学活动与社会、现实生活有机地联系起来，让学生通过一种更新的、更有活力的、更开放的、更多元的教学活动，走出课堂，走进社会、体验生活、感受责任，是综合实践活动课必须完成的一个重要的教学目标。

如何在综合实践活动课中开展社会服务与社会实践活动呢？我认为，具体应从以下几个方面着手。

（一）教师观念的更新

教师观念的转变和实质上的重视是培养学生服务意识与社会实践的关键，长期以来，教师习惯了封闭式教学，而社区服务与社会实践要把学生从教室拉向社会，从以教科书为主转向通过自主探索与活动体验中求得提高发展，这对教师传统的教学方法和角色提出了挑战，这就要求教师必须更新教育观念，认识到自己所承担的义务和任务，积极学习，了解教学方向，努力开展社会服务和社会实践活动。

（二）改变教学方式，拓展发展空间

社区服务与社会实践要求学生在教师的指导下，走出教室，参与社区和社会实践活动，以获得直接经验，发展实践能力，而我们习惯了把学生锁在课堂内，困在书本里，学生不能完全感受到学习的丰富意义和价值。因此，改革教学方式刻不容缓，这就要求教师使用科学的、有效的、创新的教学方式，将学生引向社区、引向社会、引向未来。

（三）有计划地制定活动计划

每一学期要提前制定活动计划，向学生公布，让学生提前做好准备，社区服务与社会实践的基本内容，一般来讲，可从以下五个方面组织。

第一，围绕人的基本活动或社会运作的基本方式选择活动主题，如社会的生产、交换、消费等，政治机构的政治功能、经济机构的经济功能、家庭的功能、文化教育机构的功能等。

第二，围绕当前人类社会面临的共同问题和所发生的重要事件选择活动主题，如环境污染、能源危机、人口增长、经济全球化趋势以及战争与和平等。

第三，围绕社区群众共同关心的话题选择活动主题，如耕地减少、用水困难、交通堵塞、住房紧张、迷信抬头、养老与就业等。

第四，围绕主要的社会角色选择活动主题，包括公民、生产者、消费者、家庭成员、朋友、社团成员、自我等。

第五，围绕不断扩大的社区范围选择活动主题，家庭、邻里、社区、乡镇、县市、国家、全球等。

（四）要重视活动中每一个环节

第一，活动前要让学生提前准备，全面考察了解活动中所需的各种条件，确定参观、访问、服务的对象，要与参观、访问的对象提前取得联系，共同商议活动如何进行。第二，活动前让学生共同拟定具体计划，方案的内容要详细，为活动的顺利进行做好准备。第三，实施活动的时间、地点要以学生为主体，教师要及时了解情况，做好引导工作，还要注意与家庭、社区及时保持联系，因为，每一个活动如果没有家长和社区的大力支持，都难达到预期成效。因此，教师有必要让家长知道教学的动向，让家长成为每个活动的一分子。第四，每个活动，都要认真总结、鼓励和培养学生写调查记录和论文，教师要准确地给予指导和肯定。

（五）教师要认真做好评价

每一次社区服务和社会实践活动，教师都应该让学生进行总结，这种评价要从多方面进行，要从学生态度，活动过程体验，学生能力的培养，学生的活动中策划、参与、组织、表现、感悟等情况，多方面进行总结。我们必须认识到，这与前面的活动是密切相连的，这是活动的一部分，是学生思维升华、体现生成性的重要环节，也是使学生重新认识自己的重要环节。教师必须认真对待这个工作。

这个评价环节组织的形式是多样的，可以让学生自我进行评价，也可以小组内进行评价，教师也可直接参与评价。可以采用交谈式、填表式、小结式、档案式、评语式、推举式等形式，同时还可以采取各种活动，如：表演、成果展示，调查报告等形成展示活动成果，这些活动中，教师要注意多鼓励学生积极进取，充分施展学生个性和才能，努力营造活跃气氛，让学生乐于投入其中。

　　研究性学习、社区服务、社会实践总的目标是一致的，属于同一个课程领域，但各自的具体目标、内容、实施时间及组织方式等又不尽相同，因此，不能相互替代。学校可根据自身的条件和传统以及当地课程资源情况对三个方面进行整合与规划，还可以有效地整合班团队活动、校传统活动（科技节、体育节、艺术节等）、学生的心理健康教育、环境教育、科技教育、"绿色证书教育"等内容，构成丰富多彩、形式多样的活动内容，开发出个性化的综合实践活动课程。总之，我们要给学生一个宽松的环境，给学生自由，让他们在综合实践活动课这片沃土上，学会体验和获得经验，走向社会，走向人生，走向美好的明天。

第五节　综合实践活动课程资源的开发

　　伴随着社会的进步和课程意识的提高，课程资源的概念在不断地被加以丰富和发展以至日趋完善。迄今为止，学术界对课程资源的概念并无统一的定义，对课程资源最早的研究起于"现代课程论之父"拉尔夫·泰勒：（Ralph W. Tyler），他在 1949 年其著作《课程与教学基本原理》中明确提出"课程目标的来源包括三个：对学生的研究、对当代社会生活的研究及学科专家的建议"，把学生、社会、学科作为课程目标的三个基本来源，同时也是课程资源的重要来源，而且他也阐述了课程资源的利用问题"要最大限度地利用学校的资源；加强校外课程（the out－of－school curriculum）；帮助学生与学校以外的环境打交道"。

　　课程资源的概念综合起来可以概括为两种方式：第一种方式是从泰勒的经典理论出发，融合时代精神和社会需要，从课程目标角度提出课程资源的定义，认为课程资源的概念有广义与狭义之分。广义的课程资源指有利于实现课程目标的各种因素，狭义的课程资源仅指形成课程的直接因素来源。第二种方式是从课程实施角度提出课程资源的定义，具体来说一种是从整体的课程实施角度出发，即把课程资源认为是课程设计、实施和评价等整个课程编制过程中可资利用的一切人力、物力以及自然资源的总和，包括教材以及学校、家庭和社会中所有有助于提高学生素质的各种资源。这种角度的定义完全是为了某个具体学科服务，具有较大的针对性和指导性。

综合理解各种课程资源定义，所谓综合实践活动课程资源，就是有利于综合实践活动课程目标实现和保证课程实施质量的各种人力、物力、文化资源的总和。

重视课程资源的开发和利用是新一轮课程改革提出的新目标，其目的是要改变学校课程过于注重书本知识传授的倾向，加强课程内容与学生生活及现代社会和科技发展的联系，关注学生的学习兴趣和经验，适应不同地区不同学生发展的需要。

一、综合实践活动课程资源开发与利用的基本思路

1. 课程资源的查找

新一轮基础教育课程改革要求教师形成一种开放的、民主的、科学的课程资源意识，尤其对于综合实践活动这门学科更是如此，这种要求对以往的课堂教学将课程资源限制在教室、书本、教参、练习册以及其他教学辅助资料的思维观念定势和教学模式是一个极大的挑战。

教师除了有效地挖掘教材资源外，还要注意创造性地开发和利用其他教学资源，课程知识来源于生活，又应用于生活、社区、家庭中有大量的与教材相关的课程资源，如果我们在教学时能够合理利用，对激发学生的学习兴趣、拓展学生的知识面大有好处。

因此，课程资源意识是教师对课程资源的敏感程度，课程资源的查找要求教师具备一定的课程资源意识。教师必须正确理解

课程资源的内涵和外延，掌握课程资源的基本情况，实现课程资源的普查，即要清楚自己学校及周边地区有哪些课程资源可以直接用于教学，还需要哪些课程资源等等。综合实践活动课程是基于学生的直接经验、密切联系学生自身生活和社会生活、体现对知识的综合运用的实践性课程，显然课程资源是这门课程的根基所在，也是课程内容的重要源泉。

尽管现实生活世界里的课程资源无处不在，无时不有，但是这并不意味着可以信手拈来。这不仅是因为课程资源犹如深埋地下的矿产，需要用智慧去开采；还因为即使裸露在地面的"矿产"，同样需要用敏锐的目光去识别，特别是有些稍纵即逝的资源，更需要教师机敏地加以捕捉，这需要教师有一双能够剖析现实的敏锐眼睛，力求使表象提升到本质，在实现课程与生活相联系的基础上，挖掘人类文化中最宝贵的东西。

2. 课程资源的取舍

课程的取舍根据应是综合实践活动课程的指导纲要及活动主题的需要，也就是要适合课程的需要。就是面对纷繁复杂的课程资源要有取有舍，而不是兼收并蓄，而取舍的只有经过这种筛选，才能保证课程的基础性与统一性，同时还要注意这里只懂得"取"还是不够的，更重要的是要把取来的资源进行深加工，即下一番"去粗取精，去伪存真，由此及彼，由表及里"改造制作的功夫。只有经过这样的再创造，精选那些对学生终身发展具有决定意义的课程资源，使之优先得到运用，才能使课程真正建构在师生共同的世界里，真正变成属于学生自己的课程。

综合实践活动课程是师生在现实生活世界的共同参与体验的活动课程，而不是孤立于生活世界的抽象存在，这就要求师生共同去开发，去生成，去建构。从这个意义上说，没有课程资源的"开发"，就没有真正意义上的综合实践活动课程，没有课程，我们既无从"走进"，也不存在"实施"。

受长期以来应试教育的影响，一些教师不注意自身素质的提高，致使教师自身这一重要的课程资源得不到有效的开发和利用，课堂教学效率低。实际上，在新课程改革中，教师是课程实施的组织者和促进者，也是课程的开发者和研究者。教师自身素质的提高直接关系到课程改革的成败。因此，教师应注意自身资源的开发与利用。

课程资源是有限的也是无限的。说它是有限的，因为并不是所有事物都能够直接为课程教学服务；因为生活中课程资源无处不在，无时不有，关键是教师要能够发现、挖掘、利用。资源无限，贵在选择创意无穷。不论是选择还是创意都需要教师智慧的投入。

作为专业教师，应在新课程背景下确立课堂中强烈的课程资源意识、课程资源开发意识，有助于教师形成课程资源开发与利用的能力，利用课程资源。把执行新教材看作课程实施的一个起点，而不是终点，抓住机遇，接受挑战，用审视和探究的目光来对待这门新型课程，边质疑边探究，用心收集、捕捉、筛选与挖掘有利于促进学生进一步学习建构的生动情境和鲜活的课程资源，并据此来调整教学行为。

3. 课程资源的管理

在现实课程教学中，课程资源是有限的，但人的创造是无限的。有限的资源经过无限的创意可以生成充裕的课程资源。创造性应内含于课程资源开发与利用之中切教学活动的灵魂，也是课程资源开发与利用的灵魂。没有创造性，课程资源的开发与利用就没有前途。利用课程资源才能使课程资源化匮乏为丰富，化平淡为精彩，化腐朽为神奇。

各种课程资源的开发和利用是保证综合实践活动课程实施的基本条件。在积极开发和合理利用课程资源的同时，教育行政部门和学校要建立有效的课程资源管理体系，对已有的课程资源进行妥善、有效的管理。

（1）建立课程资源的采购管理制度

在充分考虑综合实践活动实施的实际需要的前提下进行课程

资源的采购，保证课程资源的采购做到公平、合理、节约；要对课程资源的采购进行有效的监督；对已购置的课程资源要登记注册，确保资源不出现不应该的流失和损坏现象；采购课程资源时要尽可能征求教师、学生和家长的意见。

（2）对现有课程资源要充分利用，要杜绝课程资源闲置的现象

学校的课程资源包括物质资源即各种学习、活动场馆，图书资料，活动设施等；人力资源即学校的全体教职员工；文化资源，即学校的传统大型活动及班团队活动等。这些都是开展综合实践活动的有利资源，学校应对现有资源进行统计、分类，保证其充分有效的利用。综合实践活动课程资源的开发首先应以开发校内现有资源为主，有些学校在没有充分了解综合实践活动需要的情况下而购置了教学设备，但长期不用；有些学校由于担心学生损坏设备而制定过于严格的使用制度，甚至停止使用某些功能，致使教学设备不能得到充分的利用，这些做法都造成了极大的资源浪费，在实施过程中应极力避免的。

（3）各种教室的管理

在学校中除了普通上课教室外还有图书室、实验室、活动室、阶梯教室等公共教室，这些教室因其功能不同在综合实践活动实施的过程中会有不同的用处，活动室、阶梯教室、体育馆等大型教室可以用作空间开放式活动；图书室可以用作资料查找活动；音乐室可以用作小剧本的创编活动等等。在综合实践活动的实施中这些公共教室的利用率是很高的，因而极容易造成"撞车"现象，学校可以采取相应的方式对这些教室进行适当管理、合理使用。比如由专门人员在每周末收集下一周各年级各班的公共教室使用需求，在充分整合的基础上制订公共教室使用安排表，在避免争抢的同时，也促进了年级、班级之间活动的整合，达到资源的优化利用。

（4）信息化课程资源的管理

信息化课程资源种类繁多，包括媒体素材、课件、案例、文献资料、网络课程、多媒体教学软件、模拟实际操作系统等等。其特点和优势是数字化、多媒体化、超文本化、共享性、扩展性和开放性。对学校而言，信息化课程资源在许多方面是节省教育成本、达到资源共享的有效手段。在综合实践活动开发的过程中，在进行已有信息化资源管理的基础上，可以由校信息中心负责新信息化课程资源的收集工作，把教师们自己开发、制作的信息资源（如图像资料、网络资源、课件等）纳入信息资源库中，一方面方便其他教师直接使用或进行参考，同时也有利于综合实践活动资料的丰富和收集。

（5）正确使用课程资源包

综合实践活动的课程资源包不同于学科教材，在综合实践活动的实施过程中，它应为教师指导提供指导手册；为学生活动提供背景材料；为学生活动提供方法引导。目前已有课程资源包的主要类型有："教材"类、"背景资料"类、"方法引导"类、"课例"或"案例"类。但究竟如何利用这种资源包，如何开发这种资源包，还有待于进一步研究探讨。无论如何，综合实践活动课程的实施都不能走向教师和学生围绕"资源包"在教室里"讲"或"教"综合实践活动的状况。根据学生实际和教师指导的需要，合理利用与开发指导性强、有针对性的综合实践活动课程资源包，防止综合实践活动流于形式或学科化的倾向是非常必要的。

（6）建立综合实践活动课程资源管理数据库

根据综合实践活动对课程资源的需求，对已有的课程资源进行合理妥善的配置，建立课程资源管理数据库，编制各种各样的《课程资源登记表》，把课程资源的类型、所有者、获取方式、开发动态和使用事项登记制表，分类存档，归类管理，以便查找和使用。资源库提倡资源共享，其目的在于使不同学校、教师和学生在不同的时空范围内实现资源共享，提高课程资源的利用率，降低课程资源开发的成本，避免不必要的浪费。在课程资源开发与资源库建设过程中应提倡学校之间、教师之间、学校与社会相关机构如各级教研部门之间密切合作，相互交流经验，共同探讨问题。同时又要尽量避免重蹈统一课程内容和教学模式的覆辙。学校、教师和学生在目标定位、内容选择、主题确定等方面应各有侧重和特点，突出不同类型不同水平学校的办学特色，反映指导教师的教学风格，体现综合实践活动课程实施的个性化、自主化特征。

二、综合实践活动课程内容资源的开发

1. 研究性学习

研究性学习的开放性、社会性和实践性等特征，决定了它的实施必然要求大大地扩展教育资源的开发利用范围。

（1）学校要特别注意发展校外指导教师队伍，构建起指导学生研究性学习的人才资源库。

学校开展研究性学习时，要从本地本校实际出发，充分开发利用各种教育资源，包括校内资源、社区资源和学生家庭中的教育资源。学校内部资源包括具有不同知识背景、特长、爱好的教师和职工，包括图书馆、实验室、计算机房、校园等设施，设备和场地，也包括反映学校文化的各种有形、无形的资源。社区教育资源中包括了各种公共文化设施、设备和场所，如图书馆、博物馆、纪念馆、展览馆等，包括高等院校、科研机构、企业事业单位、政府机关等。包括有不同知识背景、特长爱好、技能技艺的居民。学生家庭中也有各种可以支持学生研究性学习展开的人力、物力、财力资源。

（2）要支持和鼓励学校之间相互交流，共享校内外教育资源。地方教育行政部门应从实际出发，开拓思路，支持和帮助学校开辟校外学习、研究的渠道，发展教育系统与外系统的关系，

在创设有利于开展研究性学习的社会环境上发挥作用。地方和学校要为学生研究性学习活动，开辟比较稳定的参观、学习和实验基地。随着研究性学习的开展，学校可以根据校内外教育资源和本校的实施情况，总结积累有关材料，逐步构建有地区文化特点和学校特色的研究性学习内容系列；并为学生根据自己的兴趣爱好和自身条件，自主选择探究项目留有足够的余地。

研究性学习活动过程是学生，教师共同学习、探究的过程，也是合作、分享的过程。要通过不同的渠道和方式，使不同的学校，教师和学生在不同的时间、空间范围内共享资源。把开展研究性学习的内容、过程、操作要点和经验体会通过案例形式总结出来，并分别从学生小组、指导教师、学校管理等不同层面或角度予以反映，在实践中可以起到资源共享的良好作用。

2. 社区服务与社会实践

社区服务与社会实践本身的特点，决定了学生的学习场所必须从课堂走向社区、走向社会，学习内容的载体也必须从教科书转向丰富多彩的社区、社会生活实际。因此，如何有效地开发和利用课堂外的、蕴藏于社区、社会生活之中的课程资源，直接影响到社区服务与社会实践课程的有效实施。

课程资源的开发包括两方面内容：学校对社区、社会教育资源的有效利用；社区、社会为学校有效利用其教育资源创造条件。

（1）学校、家庭、社区及整个社会必须树立大教育观，把学生的成长看作是一种包括所有公民在内的社会责任，教师、学生、家长和社会都应把社区乃至整个社会作为学生学习和成长环境的一个不可缺少的部分来看待。

（2）学校应有效利用校外教育资源。社区是学生生活、成长的地方，学校应优先考虑社区教育资源的开发。应充分利用社区的各种有益场所、机构与环境，如科技馆、图书馆、少年宫、敬老院、孤儿院、车站、码头、公园、商店、工厂、农场以及社区其他的自然与人文环境，应充分联系社区中的各界人士，如学生家长、各行各业的劳动者、知名人士等，使他们都了解并关心社区服务与社会实践活动的实施。学校还可与有关部门合作建立相对稳定的活动基地，整合各种教育资源，并通过多种途径不断开发出新的资源。

（3）社会各界应了解本课程所需的教育资源，应制定相关制度和措施支持课程改革，支持社区服务与社会实践活动的实施，关心学生的成长，向学生开放蕴藏于学校之外的各种教育资源。

（4）学校应作好课程资源的储备和管理工作，加强课程资源库的建设，学校之间应加强联系，互通信息、互相支持，注重课程资源共享。

3. 劳动与技术教育

劳动与技术教育是一门综合性强、操作性强的学科。对于贯彻落实党的教育工作者方针，深入推进素质教育，重点增益学生的创新精神和实践能力，培养当代社会需要的高素质人才和创新型劳动者有着重要的意义。

综合实践活动中的劳动与技术教育应立足于时代的发展，强调劳动教育中学生丰富的情感体验，强调学生劳动观念、劳动态度、劳动习惯的养成，关注学生发展为核心的，以劳树德、以劳增智、以劳健体、以劳益美、以劳促创新的多方面的功能实现和劳动教育的多途径实施及多学科渗透。

发展技术教育是近十多年来世界基础教育领域出现的一个强劲的动向。传统上，将技术教育作为一种求职的途径，作为向社会提供基本劳动力的技能与知识的教育。除去传统上的意义以外，现在，技术教育有了新的内涵与外延，增加了新的成分，它还是新的社会成员的基本教养、基本思维方法，理解迅速变化的高技术时代的总体知识构架的关键因素。不具备当代技术基本知识和思想的人，他个人难以理解这个时代的变化，而社会前进的重大决策也失去估量决策利弊和推行正确决策的公众基础。这样，技术教育开始进入普通基础教育阶段，成为改革当代普通基础教育的一个重要方面。

劳动教育是我国基础教育中的一个极其重要的方面，对培养学生劳动观念、磨炼意志品质、树立艰苦创业的精神以及促进学生多方面的发展具有重要作用。但在实践中，有一段时间把学生参加体力劳动当成对学生进行劳动教育的主要方式，过多关注它的德育功能和对人的改造作用，以至于忽视了劳动教育内在的其他方面的教育价值。

劳动与技术教育中所包含的，既不是传统意义上的职业技术教育，也不是工科院校开办的高度专门化的专业教育，它是指在基础教育阶段普通学校进行的技术教育。我们的学生生活在科学技术瞬息万变的时代，不断变化的新技术对人类生产和生活的影响将更加广泛、深刻和迅猛。国际社会普遍认为，技术教育是未来社会成员基本素养的教育，是开发人的潜能、促进人的思维发展的教育，是人人都必须接受和经历的教育。它是区别传统教育与现代教育的一个重要标志，是现代教育具有"现代性"的重要支柱。揭开技术的神秘面纱，我们可以看到，技术世界蕴藏着丰富的教育价值。一项完美的技术作品本身就是世界观和方法论的统一，是历史与逻辑的统一，是科学、道德、审美也就是真、善、美的统一，也是人类认识世界和改造世界的统一。因此，技术教育对中小学生的发展有着广泛而又独到的教育价值。

学校是公共教育的主要机构，蕴藏着丰富的劳动与技术教育资源。各学科的教师，应结合本学科的教学，渗透劳动与技术教育的因素；学校可能拥有的工厂、农场、田地，是得天独厚的劳动与技术教育场所，应当得到有效规划和利用；学校的树木花草、建筑、橱窗以及教室的墙面、园地等的布置与维护，可以使学生获得劳动与技术教育的体验。此外，学校日常生活中的清洁卫生工作、教学具的收拾和整理、课桌椅的修理等都是实施劳动与技术教育的有益资源。

家庭是学生生活的主要场所，父母亲应是劳动与技术教育最早的老师。在小学生的自我服务劳动、家务劳动、家政常识以及最初的职业了解等方面的学习中，家长具有重要的使命。家庭生活中的洗涤、整理、小物品采购等都是富有劳动与技术教育意义的活动，家长应有意识地引导孩子认真地参与，并使孩子逐步养成良好的习惯；家庭生活中发生管道泄漏、器具损坏、家禽家畜栏破损等现象时，这也正是实施劳动与技术教育的良好时机，家长应该打消顾虑，放手让孩子去参与，去探究解决问题的方法。

社区是学生赖以生存的环境，是促进学生社会化的重要场所。当地社区所拥有的科技文化场馆、企事业单位、政府机构、社区组织、知名人士、名胜古迹、广播电视网络等都是劳动与技术教育的资源。在农村、果园、农场、花木基地等都是天然的劳动与技术教育资源，其教育价值应当得到充分挖掘；在城市、科研机构、高校、大中型企业的技术人员及先进设备更是劳动与技术教育的一支力量，应当通过多方面的工作和丰富多彩的活动使其劳动与技术教育的潜在功能得到充分发挥。

4. 信息技术教育

综合实践活动要把信息技术有机地融入综合实践活动的内容与实施过程之中。首先，信息技术领域是综合实践活动的重要探究内容，要做到信息技术内容与综合实践活动的其他内容有机整合。其次，在综合实践活动的实施过程中要积极运用网络技术等信息技术手段，以拓展综合实践活动的时空范围，提升综合实践活动的实施水平。国家将谋求建立"国家综合实践活动课程网站"，各地区、各学校要谋求建立局域网、校园网，为学生进行跨国家、跨地区、跨学校、跨班级的合作探究开辟空间，为教师进行跨国家、跨地区、跨学校、跨班级的合作指导提供条件。最后，信息技术手段的设计与运用要致力于为学生创造反思性的，自主合作探究的学习情境和问题情境，防止陷入纯粹的技能训练。

综合实践活动课程资源的开发与学校、社区的区域自然、社会以及人文资源相关，城市与农村学校的综合实践活动课程资源是有明显区别的，山区学校与沿海学校的综合实践活动课程资源也是不相同的。

因此，各所学校根据自身的资源优势，结合学校科技特色，地方特色，校本特色；以综合为特征，以实践为核心，以活动为载体；以塑造"学校文化"为主线，结合自己的办学理念，以科学发展观为指导，开发适合当地经济文化发展、培养实用技术人才的综合实践活动课程，通过让学生主动参与，亲自实践组织各种研究性活动，激发学生的学习兴趣，提高学生观察、分析和解决实际问题的能力，培养学生的综合能力，全面提高学生的综合素质，并形成学校办学特色。

第六节　综合实践活动课程管理

综合实践活动课程作为一门新兴的国家必修课程。而对综合实践活动的有效组织管理，我们的老师往往存在一些误区：有的教师片面的认为综合实践活动就是让学生到教室外、校外去调查、访问、考察活动。结果学生盲目活动缺乏真正的深刻体验；有的根据综合实践活动课时集中与分散灵活使用的原则，将综合实践活动集中在寒假开展，结果缺乏教师过程的组织管理；有的教师将活动全部教给学生干部组织，缺乏教师指导管理，是活动流于形式如此种种，导致综合实践活动有效性不够。因此，如何有效的组织管理综合实践活动成为一线教师们普遍关心的问题。

1. 制定学校综合实践活动整体计划，建立相应的管理机制和激励机制仅靠热情和抽象的理念是不够的，学校管理者应从几方面着手加强综合实践活动课程的管理。

（1）明确组织机构及其职责分工。要有校级领导分管此项工作，教导处设立"综合实践活动小组"各年级组建课程的教师指导小组，做到参与人员各司其职，也便于活动开展过程中各方面资源的统一调配。

（2）建立和完善相应的规章制度。如课程的时间管理制度，以保证综合实践活动课程时间不被随意挤占和挪用；教研制度组织教师集体备课，总结经验得失；活动档案管理制度，每次活动要记录档案，对活动的效果，安排的惯例进行评价。

（3）建立活动激励机制。教导处应将综合实践活动课程纳入常规教学成果奖惩管理中，与教师晋职晋级、职称评聘挂起钩来。

2. 科学开发、整体规划综合实践活动内容

一所学校要实施好综合实践活动课程，科学开发综合实践活动内容是关键。学校要对综合实践活动内容框架有个规划。如了解社区的基本设施与布局，调查社区的道路、交通状况。

一、如何有效组织管理综合实践活动内容

每次活动都要制定活动方案，让活动成员参与共同商讨完成，制定活动方案要关注活动成员的特点，根据他们的优势特长分配任务。教师要进行专业化分工，科学合理的分工，能有效提高综合实践活动的组织管理。加强教师的有效指导。包括从学生活动的主题，具体目标的设计，活动方法的实施，活动的必要材料和工具的准备。

中小学生社会实践活动的组织与管理的要求

（一）各学校要进一步提高学生社会实践活动重要性的认识，切实加强领导，要按照教育局制定的中小学生社会实践，制定本校，确定活动总量、内容及时间。要严格按照计划日程组织中小学生参加社会实践活动。

（二）各中小学校要认真做好学生社会实践活动的组织工作，要把学生的社会实践活动作为必修内容列入教育教学计划，切实

予以保障。学校要建立健全学生社会实践领导机构和管理机制，并指定专人负责。要以教导处牵头负责实施中小学生社会实践活动，政教处、少先队、团委协助做好各项工作。学校要制定学生社会实践活动评价细则，将学生参加社会实践活动列入每个学期学业成绩考核项目。

（三）切实加强中小学生社会实践指导教师队伍建设。学校要加强对全体教师的指导，牢固树立"人人都是德育工作者"的意识，积极参与学生社会实践工作。要选派政治素质好、责任心强、业务水平高的教师从事学生社会实践的组织指导工作。学校要把教师指导和参与学生社会实践活动列入教师工作量，纳入考核指标，记入教师档案，在职称评定、福利待遇等方面应享受与其他教师的同等待遇。市进修学校将对所有从事中小学生社会实践活动工作的教师专业化指导和培训工作，将举办指导学生社会实践活动的骨干教师培训班，提高教师的业务能力和专业水平。

（四）要形成学校、家庭、社会共同支持学生参加社会实践活动的良好育人环境。各学校要充分发挥家长委员会的作用，利用好家长资源，让家长关心、支持学校的实践活动。学校要积极动员各行各业为学生社会实践、劳动实习积极创造条件，提供学生课余生活和假期社会实践的资源。

总之，学习作为综合实践活动课程的主体管理者，应从制度建设和人员配置等方面加强对综合实践活动课程的管理，要从开发教学资源，实施活动到教学评价加强对综合实践活动的全过程管理，同时加强校本培训，提高教师专业能力，以确保综合实践活动实施的各个环节都落到实处和有效。

从某种意义上说，新一轮课程改革的核心其实就是一种课程文化的重建。无论是课程的管理、评价，还是实践中课程的个性化实施，说到底就是一种课程文化的培植、建构和发展的过程。一种文化的传承与发展，必须有它适合生长的土壤和环境，更要有一种富有使命感的文化自觉。走进新课程，每一位教育工作者都有基于自我实践场景的不同感受，这种感受和体验如果得到交流和碰撞，就会激起思维的火花，不同的课程文化便会在交流与碰撞中发扬光大。

综合实践活动课程作为一种基本的课程形态，它集中体现了我国基础教育新的课程管理和发展制度，也是最能反映一所学校在课程改革中课程文化的底蕴与发展趋势的。一言以蔽之，对综合实践活动课程的管理与评价，不能单就该课程本身来看待此课程，而应从整个课程层面，从宏观课程文化的建构层面来思考问题。以下就综合实践活动课程的管理与评价谈一些不成熟的看法。

（一）对学校管理者而言

1. 制定学校综合实践活动整体规划，建立相应的管理机制和激励机制。仅靠热情和抽象的理念，课程不会健康持久发展。学校管理者应从以下几方面着手加强综合实践活动课程的管理。

明确组织机构及其职责分工。建立起"学校—教导处—年级—班级"的管理流程。要有校级领导分管此项工作，在教导处下设立"综合实践活动教研组"，各年级组建该课程的教师指导小组，做到参与人员各司其职，也便于活动开展过程中各方面资源的统一调配。

2. 健全和完善相应的规章制度。

如指导教师责任制度、指导教师工作量制度、学生活动资源包和教师教学资源包制度等。

3. 完善教师的学习和教学研究制度。

学校要大力开展校本研修活动，提供环境和机会鼓励教师之间进行合作、交流和沟通，提供教师外出学习和培训的机会。中心校要制定全乡各学校的交流学习制度，并定期派人指导。

4. 切实解决好综合实践活动的师资问题。

由于综合实践活动课的多样化与综合化特点，期待由一两位优秀教师担任这门涉及四大领域、三个维度、两个主体的综合性课程是不明智的，仅由少数或专职教师担任全体学生开展综合实践活动课的指导任务也是不可能的。学校管理者应充分利用现有学校的教师资源，进行合理搭配、优化组合。目前比较先进的办法是：专职与兼职并存，班主任、科任教师共同参与，学校其他人员协助。学校还可利用社会教育力量，聘请一部分家长、有关领域的专家、校外辅导员、政府官员等，作为综合实践活动课程的校外指导教师。

5. 责任安全的管理。

安全问题是每一所学校的管理者必须时刻放在心上的问题。学校除了要制定学生活动特别是外出活动的相关制度外，还可以综合本课程特点开展一些有关生命、自然灾害、在危险情况下如何保护自己、了解各种安全知识等领域的主题活动，加强对学生的安全教育。

6. 建立综合实践活动的基地。

为配合本门课程的教学需要，学校可以结合当地的社区资源建立相应的实践基地，如福利院、烈士纪念馆等。

总而言之，学校作为综合实践活动课程的开发主体，需要明确学校在综合实践活动开发与实施中的责任与义务。综合实践活动是一门与学校的教育资源、学生所处的社区背景、学生个人的生活经验和生活背景紧密相连的课程，因而不可能出现"千校一面"的课程实施状况。作为学校管理者，应把综合实践活动课程纳入学校规划加以整体设计、系统规划，同时根据本校实际、立足当地组织力量进行开发与实施。学校应从内部管理制度、教师配备与安排、学生活动的时间与空间、与社区家庭的联系、校内外各种资源的利用等方面入手，对综合实践活动课程进行全方位的规划与实施。正是从这个意义上说，新课程的实施，是一种"学校文化"和"课程文化"的重建。

（二）对综合实践活动课程的教师而言

综合实践活动是一种"登山型"课程，学习过程好比登山，它是以"主题—探究—表达"为单元组织的课程，其价值在于登山的经验及登山过程的乐趣。学习者可以自己选择道路、自己选择方法，按照自己的速度去登山，过后还可以回味登山途中的各种经验。在整个课程实施过程中，学生自主选择活动的主题，自己选择活动的方式，自己选择合作的伙伴，自我评定和感受学习的成果。在这个意义上说，综合实践活动课是不能像学科类课程那样在课堂上"教"的，它必须尊重和充分发挥学生的主体地位，教师在整个课程的实施中只能是指导者的身份。指导教师的配备与管理，是摆在每一所学校和每一位学校管理者面前的现实课题。

1. 建立科学的指导教师管理制度

如前所述，学校的管理者和所有的教师都应当是综合实践活动课程的指导教师。指导教师一般兼有其他学科的教学任务，负担相对较重，如果不建立相应的激励制度，就会挫伤教师参与课程实施的积极性。同时，一个课题往往需要多个指导教师，组内教师往往因为责任不明而出现等待、推诿情况。为保证每位指导教师投入足够的时间和精力，做到责任分明、才尽其用，学校必须建立起科学的管理制度。

学校应根据教师的特长在自愿的基础上成立专门的教师小组，小组定期集体备课；组内教师合理分工，扬长避短；每位教师都应做好工作记录，记载自己的教学设计思想、指导内容、知识的更新情况和教学心得等，这些工作记录将作为教师考核的重要参考。

2. 出台课程质量的监督保障制度

学校应出台一套管理规范，建立起从校领导、教师直至学生本人的责任制度。其责任关系是：校长和学校课程开发领导小组

→教导处或课程开发办公室→年级组长→班主任和指导老师→学生项目负责人→学生本人。建立层层责任制：学生项目组负责人负责主持本小组日常生活和组内评价，及时向教师反映情况，督促组内同学的工作；学生本人要对自己的行为负责，与其他同学合作，做好自我评价。教师做好活动指导过程的记载，学校负责对教师进行评价。

3. 建立教师校本研修制度，提高教师的综合素质

学校可采取案例教学、观摩研讨、校际交流、辅导讲座、专家指导等方式开展研究，在实践中发现问题，在交流和研讨中找到解决问题的方法。

二、综合实践活动日常管理制度

1. 开学初，各组拟订学期研究计划。每学期开学的第一、二周，教科室要组织教师参加课题研究意向活动，成立项目研究组，各组研究计划要发布在校园网，经审核后开展活动。建议每个学期每位学生只开展 1~2 个主题研究活动。

2. 定期检查组内教师研究情况。各项目组组长要定期检查教师的研究再设计和反思，学生资料包建设情况等等。

3. 建立推门听课制。分管领导要组织相关人员随时听推门课，了解各组的研究动态，相关情况要予以公布。

4. 教师要积极参加校内外各项研究活动，完成一定研究任务。每学期每位教师或项目研究组至少要有一份完整的案例研究，一篇有质量的论文或研究反思。

5. 加强校园网的学习、交流作用。教科室定期发布学习文章供教师学习参考，各指导教师要将研究的方案、反思、论文和班级研究特色活动资料定期上传校园网。教科室将组织专人定期检查，及时公布。

6. 积极开展各类评选活动。研究过程中教科室还将组织教师参加优秀指导教师、优秀资料包、优秀案例、优秀项目研究组等

评选。在适当的时机，将推选优秀的指导教师参加市区综合实践活动学科带头人、骨干教师的评选。

第七节 综合实践活动课程的实施思路

综合实践活动的开展，旨在让学生获得亲身参与实践的积极体验与丰富经验。加深对自然、社会和自身内在联系的整体认识，培养他们对自然的关爱和对社会、对自身的责任。形成从自己的周围生活中主动地发现问题并独立解决问题的态度和能力。发展他们的实践能力和对知识的综合运用和创新能力。养成合作、分享、积极进取等良好的个性品质。

（一）综合实践活动的指导原则

综合实践活动的实施过程体现的是学生通过自主探究而进行的问题解决过程。这一过程虽然建立在学生自主性的基础上，但却离不开教师的指导。综合实践活动对教师指导的要求不但没有减弱，反而加强了。教师能否抓住时机对学生进行适当的指导是综合实践活动目标实现的重要条件。

面对学生的自主探究，教师指导常会陷入一种进退两难的尴尬局面，许多教师都反映"抓不住感觉"。事实上，教师指导是学生自主探究的前提和保证，学生开展的各项活动都是"在教师的指导下"进行的。综合实践活动是一门师生共创的课程，教师和学生既是课程的设计者、开发者，又是活动的实施者。综合实践活动虽然鼓励学生进行自主探究，同时也承认学生作为正在发展中的受教育的个体还离不开教师的指导。在实施过程中教师的指导常流于表面，只提示学生注意一些原则，而不能根据学生出现的具体问题进行有针对性的指导，这样做的结果就失去了教师指导的有效性，对学生无法产生实际的意义，进而也就无法纠正其行为。综合实践活动向教师提出的最大挑战就是正确处理学生的自主性与教师指导的关系，在支持学生自主性的基础上进行指导活动。为此，综合实践活动的教师指导应遵循以下几个原则。

1. 适切性

适切性指的是教师要根据现场实况把握好指导的时机，在恰当的时候给予恰当的指导。以往，教师是课堂教学的主宰者，教师可以根据自己的设计对学生进行指导，但是在综合实践活动中，学生是活动过程的主宰者，教师的指导计划必须依照学生活动的具体情况进行，所以教师必须抓住指导时机把握指导的方式。指导可以分为提前指导、即时指导和延后指导三种时机，提前指导指的是教师在活动之前给学生进行的有关活动目的、要求和技术方面的指导，这种指导有利于活动的有效开展。即时指导指的是教师在问题出现的第一时间为学生进行的指导，在活动中，学生们可能会普遍反映出某种目的、技术、价值观等方面的偏差，这时教师可以选择进行即时指导，以保证活动的合目的开展。延后指导指的是教师在活动结束后针对活动中出现的问题进行的指导，这种指导大多带有总结性，促进学生对活动的有效反思。

教师可以采取的指导方式也是多种多样的，可以是小规模的，即面向单个或部分学生，也可以是大规模的，即面向全体学生。在指导时，教师可以根据问题性质的不同，采用反思、讨论、指引以及宣讲等多种方法。

2. 针对性

针对性是指教师的指导一定要深入指向某种问题。这包含两个层面的意思：指向性和深入性。二者缺一不可。在指导过程中，教师常出现的问题就是进行了指导却又没指导清楚，教师常常觉得时间有限，因此指导时浅尝辄止，这样做不仅浪费了指导的时机，也没有成效。在综合实践活动中，学生的情绪往往很激动，指导如果没有指向性和深入性则难以引起学生的注意。只有一针见血地指出问题，才能起到预计的效果。在活动中，一旦教师发现问题觉得有指导的必要时，一定要指向专门问题，深入指导。比如学生出现了什么问题、属于什么性质、根源在哪儿、有哪些危害、是个别现象还是普遍现象、应该怎么改进等等。力求使每次指导都给学生以深刻的印象，都能取得成效。

3. 反思性

反思性是指指导应给学生留有反思的空间，促进学生由外向内的转变。学生对于教师指导的内容需要有一个消化、思考、反省以至转变的过程。教师的指导不是为了让学生表面上的、一时地接受和改变，而是要让学生内化到自身的思维过程中去。所以教师在针对某个学生（小组）的某个问题进行了指导后，应给学生一定的反思时间，让学生反思问题出现的原因和以后改进的方法。

（二）综合实践活动的指导要点

教师指导应抓住几个关键区，针对关键问题进行深入指导。

1. 关注对学生探究意识的指导

综合实践活动的课程目标之一就是培养学生的探究意识和探究精神，使学生在遇到问题时选择主动探究的行为，而不是等待教师的"答案"，因而教师应关注对学生探究意识的指导。培养学生的探究意识应注意以下几个问题：（1）对学生探究意识的培养应体现在综合实践活动实施的全过程中，而不只是在选择和确立探究主题阶段。教师们往往认为探究意识只存在于主题确立阶段，而余下的时间都是疑问解答阶段。事实上，探究意识存在于探究的全过程中，如果没有了探究意识就不会产生探究行为。没有探究意识的探究过程只能说是一种机械操作过程。因而，教师应把对学生探究意识的培养贯穿于综合实践活动的始终。（2）教师在指导时不能只关注思维的一重反思，而应关注思维的多重反思。培养学生的探究意识，不只在于让学生问"为什么"，还在于对"为什么"的连续追问，也就是思维的深入性和探究性。通过一个问题的提出与探究，引出多个问题。真正的探究过程应该是一个倒圆锥形的，不断深入的结构。（3）应协调思维的广度和深度的关系，在注重解决问题的全面性的同时，还应该针对某个具体问题做深入的探究，即既关注问题域方面的特征，也关注问题质方面的特征。

2. 关注对学生探究方法的指导

综合实践活动不仅关注让学生产生探究意识，还关注增强学生探究能力的发展。其中最重要的就是让学生会选择和使用各种探究方法以及记录探究过程。因而，教师在对学生的探究方法进行指导时，应关注：（1）指导学生对探究方法的选择，使学生能根据不同的探究问题选择适当的探究方法。（2）指导学生对探究方法的使用，使学生能正确、充分地使用各种探究方法。（3）指导学生正确、有效地记录探究过程。对探究过程的记录有四点要求：及时性、程序化、概括化、反思性。及时性能防止资料的遗忘，程序化能反映探究的程序，概括化能总结探究的结果，反思性能衡量探究的有效性及意义。

3. 关注对学生价值观的指导

在综合实践活动的进行中，学生的某些观点和态度常常会反映出其价值倾向，有些价值取向可能是有偏差的，需要教师给予纠正和指导。而这时候，教师千万不能因为害怕接近道德说教的嫌疑或因为不能打断活动程序而放弃了对学生价值观的指导。比如有的学生在谈到最佩服的同学时说："我最佩服某某，因为他家有钱。""我最佩服某某，因为谁都怕他。"对于这些话绝不能当作学生的幽默而一笑置之，它反映了学生对社会上存在的某些观点的接受和认同，此时可能并没有上升成为其人生观，但如果教师忽视了对学生的指导，则这种观点就可能存留下来，并真正成为学生自身的人生观和世界观。

在引导学生的价值观时，教师一定注意以下三点：第一，引导学生的价值观不等同于道德说教，让教师引导学生价值倾向也不是要求教师进行道德说教。道德说教是师生共同排斥的，但价值观引导并不只有说教这一种形式。正如前边所说，有时学生只是引述了社会上存在的某些观点，这些观点对他有影响，但并没有成为其行为准则。此时，教师并不需要以道德说教的方式来对学生进行劝导，而应该适当地引导学生对这个观点进行深入的剖析，探寻其产生的根源、背景及其影响，进而让全班同学对这个观点进行讨论，使学生在理解的基础上建立正确的人生观和价值观。

第二，对价值观的引导一定要抓住机遇，不能因害怕打乱现有环节而放弃对学生价值观的引导。学生含有价值倾向的观点往往在交流的时候出现，或者是个人交流，或者是小组交流。教师此时并不需要立刻打断学生，而应在学生阐述完自己的全部观点时，通过对学生交流的评价巧妙引入对某一价值观点的讨论。

第三，教师对价值观问题的讨论要有明确的倾向性。在学术上对价值观问题的讨论往往没有唯一的结论，而面对学生，教师应该有明确的倾向，指出学生应该怎样做，不该怎么做，所以教师在讨论后必须明确提出希望学生选择哪样一种价值取向。

（三）综合实践活动指导的具体方法

根据综合实践活动实施的过程，教师指导主要表现为面向主题确立、主题探究、总结发表各个阶段的指导。由于综合实践活动体现的是过程性评价的原则，指导的过程与评价的过程在时间段上是融为一体的，但为了表述的清晰，我们把学生评价的指导作为一个单独的体系来进行论述。

1. 主题确立的指导

主题确立的指导包括指导学生自主选题的方法和学生确定主题时教师指导的方法。

（1）创设问题情境，引导学生提出问题

学生发现问题，产生疑问，有探究的愿望是其选择主题的前提条件，因而在学生选择主题阶段，教师首先要创设一定的问题情境，激发学生的探究性思维，让学生产生问题意识，促进他们自己发现问题、提出问题。

教师创设问题情境可以通过多种手段来实现，比如，为了探究环境问题，教师可以：①通过资料展示方式，从本地的环境状况入手，为学生提供相关资料，引发学生的讨论；②通过实地考察的方式，参观、考察具体的环境或特定场所；③通过环境影响，提前几天在教室周围布置有关环境的新闻、图片等等。

（2）发散学生思维，引发脑力激荡

在提出问题期间，最重要的就是开阔学生的思维，让他们的头脑处于激越状态，教师应该引导学生不断地提出新的问题、新的想法，通过相互启发扩展问题空间。这一阶段并不把学生提出的问题作为其最终的主题看待，所以学生可以提出任何想法，相互之间可以有重合、有交叉，关键就在于调动每一个同学的积极性。比如：对于环境问题，学生可以提出探究水、空气、食品、垃圾等等。

（3）归纳问题，给学生思考的空间

探究主题确立需要一个思维沉淀的过程，在经历了脑力激荡之后，学生需要经过思考，对各个问题加以分析、判断，从而确立最终的探究主题。在这段时间内，学生还须要查阅一定的资料，教师不仅要给学生以时间，还要为学生提供相关文献资料和网络资源。

（4）指导学生确立主题

学生确立主题是其探究的开始阶段，主题的性质会直接影响到探究活动的质量与水平，因而，教师还要针对学生初步确立的主题加以指导。指导学生建立：①有探究可行性的主题。选择主题最重要的一点就是探究的可行性。主题探究的可行性受主客观两方面原因的限制：在主观方面，主题要符合学生的知识和能力水平；在客观方面，主题要符合学校、家庭、社区的探究条件，包括指导者的指导能力和一定的探究设备。②有探究价值的主题。虽然综合实践活动并不以真正的科学探究的视角来看待学生的探究，但是对于探究问题也应该有一定的选择，对于确实没有探究必要的主题，应指导学生进行问题的转换。如：对于"探究教学楼有几层"这样的问题，不是简单地让学生放弃，而是引导学生进一步思考"教学楼为什么这么高，是否能满足教学需要，如果不能该怎么办"等等。变无意义问题为有意义问题。关于这一点，教师一定要谨慎把握，因为学生看待问题的标准与成人的不同，切不可因为教师的主观因素而打消了学生的积极性。

2. 主题探究的指导

对主题探究的指导是综合实践活动指导的重要环节，在指导的过程中，教师不仅要关注于指导的内容，还要树立正确的指导意识，以学生的特点作为指导的出发点，以保证学生的自主性作为指导的原则。

主题探究主要表现为学生一系列的探究活动，教师所要进行的指导包含以下几个方面：

（1）对探究计划的指导

制定探究计划是学生探究的第一步，教师首先应对学生制定计划的情况进行指导，对探究计划的指导包含两个方面：制定计划方法的指导和计划制定过程的指导。两者虽然在时空上并不重合，但指导的原则和方针确是一致的。计划应表现出以下几个特征：

① 计划要切实可行。学生制定的计划应建立在对主、客观因素进行充分分析的基础之上，具有一定的可操作性。

② 计划应具体细致，对各项活动作细致的安排，便于在活动中有的放矢。

（2）对探究内容的指导

对学生探究内容的指导主要包括针对于学生探究内容的选择、理解、展开等方面的指导。学生对探究内容的选择和组织表现了学生独特的兴趣和爱好，同时受个人能力的影响，会出现不同的问题。教师应时刻关注学生的探究状况，给学生以相应的指导。教师指导应注意：①指导学生选择恰当的探究内容。探究的内容是否恰当是影响学生探究结果的重要因素，也是反映学生理解能力的重要因素。教师应及时关注学生对内容的选择，在学生出现偏差时，应根据学生的意愿选择更换主题或更换内容。②扩展学生探究的广度和深度。探究内容的广度指的是内容的范围，深度指的是内容的质量与水平。学生在探究的过程中，很容易出现问题域狭窄或流于表面的问题。教师应针对指导适度扩展探究的广度和深度。对广度的扩展事实上也体现着深度要求，比如对职业选择的探究，学生对原因的追问可能只限于"受个人爱好影响"，教师应引导学生追问，是不是还受家庭环境、社会环境、个人能力、朋友的意向等方面因素的影响，从而得出更为全面的结论。

（3）对探究方法的指导

对探究方法的指导包含怎样选择合适的探究方法和怎样运用探究方法两个层面。在指导探究方法选择时，教师应注意：①引导学生针对特定内容选择恰当的探究方法。方法只是手段，是为了取得有效的探究成果而采取的途径。是否适合适当的探究内容是方法选择的原则。教师在指导时应引导学生从"你想知道什么，可以通过哪些方法来获得"的角度来思考问题，而不是你用了什么方法，了解了什么信息。这不是一个文字上的游戏，而是目的与手段的问题、思维方式的问题。②指导学生充分认识探究方法的适用范围，不受自己思维定势的影响而限制了某个探究方法的适用范围。此时，教师应注意引导学生进行思维上的扩展，充分理解各种探究方法的内涵及其适用范畴。学生们一般使用的探究方法有调查法、访问法、观察法、资料索引法和准实验探究法（学生进行的不是严格意义上的实验探究，最多只能是一种准实验或前实验探究）。拿访问法来说，一般学生认为访问法适用于向某人了解某种不知道的信息，或某人对于某事物的看法。学生采用访问法时多是属于直接从被访问者中获得信息的情况，而事实上，也可以通过访问法间接获得对自己有用的信息，通过与被访问者的共鸣或通过被访问者的观点来启发自己。所以不只是在想知道自己暂不知道的信息时可以用访问法，在想了解别人对自己已知道的问题的观点时，也可以使用访问法。其他的探究方法也有类似的情况。

3. 总结发表的指导

总结发表阶段，学生的主要任务就是对探究成果进行发表，教师只起辅助的作用，保证学生的发表有序地进行。无论是班内发表、年级发表还是全校发表，教师所要进行的指导工作主要有以下几个方面：

（1）指导学生选择适当的发表内容

学生发表的内容应当是对主题探究过程的系统性的总结和对典型探究事件的展示，内容应体现一定的逻辑线索，重点突出。教师的指导应当关注发表内容的典型性和内容本身的逻辑性两个方面。在指导过程中，教师应注意鼓励学生进行自我决定，而不是以自己的标准来代替学生思考。

（2）指导学生选取适当的发表形式

学生的发表可以采用多种形式进行，而一定的发表形式适合于一定的发表内容，应做到发表内容和发表形式的有机结合。同时，学生的发表也可以结合多种形式。教师在指导学生选择的同时，也应该组织学生进行排练，增强学生的自信心，从而保证良好的发表效果。

（3）合理安排学生发表的程序

学生发表一般以发表会的形式呈现，发表会可以分别面对班级、年级和全校成员。在班级发表时，教师应该合理安排学生发表的程序，并列出发表程序单，尽可能使全体学生都能有发表的机会。在组织年级和全校发表会的时候，年级教师应做好班内同学和年级同学间的协调工作，搭配好年级发表的内容和形式，做到既能全面展示探究成果，又不出现内容的重复。

4. 学生评价的指导

综合实践活动的评价体现的是过程性评价的原则，对学生探究过程进行系统性评价。教师对学生评价的指导主要体现在以下几个方面：

（1）引导学生对活动过程进行自我反思

过程性评价最重要的特点就是学生对学习、活动过程的自我反思。学生在反思的过程中体味成功，发现问题，并将这种反思贯穿于活动的始终。就目前来看，我们的学生缺乏这种反思的习惯，或者说他们的反思只是处于一种潜意识状态，并没有上升为理性化的思考。教师的指导应关注于引发学生系统的反思活动，在每次活动结束后，引导学生对活动进行自我评价，养成自我反思的习惯。

（2）指导学生收集评价资料

过程性评价十分重视对评价资料的收集，通过收集活动中的过程性资料，使评价更加全面、客观。学生在活动前作的小计划和活动中的记录都属于过程性的资料，教师应该指导学生有意识地收集这些资料，从而全面反映学生探究的过程。过程性资料不仅包括学生最后形成的满意的作品，也包括那些学生修改过的、不满意的作品，从中可以评价学生的情感、态度因素。

（3）指导学生进行小组评价

学生在小组中活动，既要对小组成员进行评价，也要接受小组成员对自己的评价。教师在指导小组开展探究性活动的同时，也要指导小组进行评价活动。通过小组评价显示学生在小组活动中的表现、为小组作的贡献以及贡献的大小。对小组评价的指导要求使评价体现良好的评价秩序、有序的评价过程和尽量客观的评价效果。

（四）教师指导计划的制定

综合实践活动是各个探究活动的有机组合，从全过程来看，体现了对主题的有效探究。在实施的过程中，最重要的就是使各个探究活动达到自然、有效的衔接。为此，教师应制定统整实施过程的系统性计划，做到对实施过程心中有数，从而指导有方。

教师需要制定的计划有两种：一种是对学期主题探究的总计划，这种计划的制定一般以学年为单位集体制定，另一种就是教师个人制定的单元活动计划。

教师制定的计划应：

1. 具体、明确。计划必须细节化，而不能过于宽泛。细节化的计划有助于教师更好地理解、思考综合实践活动实施的整个过程，从而对实施目的和意义形成更深入的理解，同时细节化的计划有助于教师工作的有序开展。

2. 要留有弹性的空间。教师要做到对实施过程的整体调控就必须在计划上留有弹性的空间，以便针对某个具体进程适当延长或缩短相应的指导工作。

（五）综合实践活动的安全保障

安全保障是开展中小学生社会实践活动的前提条件。各学校要强化措施，确保活动中的师生安全。

1. 各学校要制定中小学生社会实践活动突发事件处理应急预案，指定专业队伍事先对中小学生社会实践活动场所的条件、环境、安全隐患等进行踏测及评估，活动期间要随时进行抽查监督，确保活动的安全。学校要牢固树立科学的安全观，要主动为学生活动创造良好的安全环境。学校要继续为学生参保校方责任险，事故责任的认定与理赔工作要由校办全权代办。

2. 各学校必须精心组织实施中小学生社会实践活动，要采取必要的安全措施，确保中小学生社会实践活动安全进行。学校要与活动场所、接送单位之间签订书面协议，明确各自的责任和义务，活动前要做好安全预案及安全隐患排查，做好各个环节之间的衔接与沟通工作。要做好活动组织前的师生安全教育和纪律教育，对带队人员进行必要的业务培训，明确每名带队教师的职责分工。

3. 实行安全员跟踪制度。各学校在活动中要指定安全员，专门负责安全事务的监督与协调。安全员由学校负责安全工作人员中选用。安全员要跟踪活动全程，及时纠正发现的安全问题，负责随时向上级部门汇报安全情况，可临时负责事故现场的处理与保护工作。中小学生在参加社会实践过程中一旦发生学生人身安全事故，学校必须及时逐级上报，必须在事故发生第一时间上报教育局，启动应急预案，进行紧急处理，力争将损失降低到最低限度。

4. 要加大安全教育的力度，增强师生自我安全防护意识。学校要在平时的教学中坚持开展形式多样的安全教育，把安全教育作为一项长期工作常抓不懈。在开展社会实践活动前，要协调好学校与学生、学生家长、实践基地等方面的关系，对学生进行有针对性的安全教育，教会学生掌握一定的自防自救知识。要抽调专门力量组织安全演练，培养师生员工应对各种危险情况，以切实有效地提高师生员工防范安全事故的能力。

实施综合实践活动课程的实施促进了学校管理制度变革；促进了学习型学校建立和校内组织文化教育变革。强调全体教师参与指导，并通过校本教研进行学习。不但要重视教师个人学习、个人智慧的开发，更强调合作学习和群体智慧（组织智慧）的开发。综合实践活动课程实施与全面推进，需要一个相应的教学管理制度来支撑和保障，需要通过制度的重建来促进综合实践活动课程的建设。

第八节 实施综合实践活动课程的评价

为进一步深化课程改革，推进素质教育，有效实施综合实践活动课程，综合实践活动课程的评价，要以学生发展为本的教育理念为出发点，关注每一个学生的全面发展、持续发展和终身发展；依据一切为了学生的发展的理念，注重评价对学生的促进和激励作用。

（一）综合实践活动评价的原则

综合实践活动课程的重点在于培养学生的态度和能力及学生的发展层次和发展水平上，特别关注学生参与的态度、解决问题的能力和创造性，关注学习的过程和方法，关注交流与合作，关注动手实践以及所获得的经验与教训。

综合实践活动是以学生参与多种活动的方式展开的，在学习的过程中，学生通过参与各种研究、参观、访问、社会实践等活动促进自身能力的发展。综合实践活动体现了不同于学科课程的评价原则，在评价过程中需要把握以下几个原则。

1. 过程性

所谓过程性就是指把评价与学生日常的学习活动结合起来，在学习的过程中对学生进行即时性的评价。这样做一方面能随时发现问题、查找原因，并予以解决，促进学生的发展，另一方面也有利于对比学生在学习过程中的成长和变化。因此，相对于学习结果来说，综合实践活动的过程更加重要。同样，综合实践活动的评价也应体现过程性。

评价的过程性原则要求教师的实施的过程中，随时关注学生的活动情况。一方面引导学生随时对自己和同学的行为表现进行评价，另一方面，引导学生注意搜集评价资料，包括学生在综合实践活动中制定的计划、自我评价、同学的评价以及形成的研究报告等等。

2. 真实性

传统学科课程进行的考试是一种虚拟的、非真实性评价。学生能解决问题，但我们并不知道他们能否真正理解学科知识并运用到现实生活中。这种分数评价体系忽视了现实生活情境的复杂性，忽视了对学生动手实践能力的考察，进而造成了学生的"高分低能"。

而综合实践活动的评价不是这样，所有的评价都是在学生活动的自然环境中进行，评价任务是学生真正要进行的任务，通过考查学生在活动中的真实反映来对学生进行评价。比如说想评价学生的动手能力，就真正让学生动手制作一个作品，例如"学校的绿化方案"、"社区宣传栏的设计"、"给家乡设计一座桥"等活动，通过学生设计的思路、手工的精细程度、工具的利用等各个方面来综合考查学生的动手能力。

3. 激励性

综合实践活动的评价不是把学生与他人进行比较，而是更重视学生的优点和进步的状况，重视对学生进步的肯定性评价。综合实践活动的评价要紧扣课程目标，做到因人、因题而异，多激励、少批评，注意个体的纵向发展，力求推动每个学生在原有水平上有新的进展，不用同一尺度对不同学生进行评价；鼓励学生发挥自己的个性特长，施展自己的才能，努力形成激励广大学生积极进取、勇于创新的氛围，不断促进自身的发展。

每个学生在参与综合实践活动的过程中，都会有一些成果，取得一些进步与发展，综合实践活动评价的目的就在于告诉学生他做到了什么，让学生感到成功的骄傲。对学生产生的问题不是进行批评，而是从肯定的角度出发提出改进的建议，鼓励学生迎接挑战。激励性评价常采用的句式是这样的"你这样做了，很好，说明你认真思考了，但是你……，如果能这样做就更好了。"

4. 全面性

综合实践活动评价的全面性体现为对学生发展的整体性评价。当今社会所需要的不仅是知识丰富的人，更是能力突出、心理健康、品德高尚的人。学生的发展包括知识、能力、态度、价值观的全方位发展。传统学科课程的评价往往只从知识的角度出发，考查学生知识掌握的程度，而忽视了学生发展的全面性，从而造成了学生仅偏重知识而能力不足或品德落后等严重问题。而综合实践活动评价则从整体性的角度出发，全面考查学生的发展。

5. 自主性

综合实践活动的实施要贯彻自主思想，要以学生自主发展为出发点，使学生的主体地位在教师的指导下，得到实实在在的落实。从一定意义上说，学生既是实践活动的参与者，又是活动的设计者和创造者，学生对自己的活动拥有第一发言权。因此，学生的自主评价是具有决定意义的。让学生学会积极的、科学的自我评价，应当成为综合实践活动实施的基本任务之一。

6. 参与性

综合实践活动的评价要注重学生亲身参与和学生的全员参与，强调课程计划规定的课时活动量的参与情况和参与态度的考核，同时重视学生自己参与评价。

（二）综合实践活动评价的内容

综合实践活动的评价包括以下几个方面的内容：

1. 参与活动的态度

主要考查学生对综合实践活动的积极性、专注程度；对周围环境中重要事情现象的关心程度、主动参与程度；遇到困难的坚持程度和意志力；完成任务的积极性、用心程度等。对学生态度的考察主要通过学生的在实际活动中的表现来评价，比如学生是否认真制定计划、是否积极参与小组活动、是否主动承担个人任务、是否积极吸取他人的意见等等。

2. 参与活动的能力

主要考查学生创新精神的发展；方法、技能的掌握情况；实践操作及发现问题、解决问题的能力。学生创新精神的发展主要通过是否自主地发现问题、提出问题、设计解决问题的方案、创造性地运用多种探究方法等方面来考察，也可以从多次活动的比较中获得其创新精神发展的状况。学生对方法、技能的掌握情况主要通过是否能够利用多种途径和手段获得资料，途径和手段运用是否恰当，是否能对资料做出有效的判断、筛选和整理等方面进行考察。实践操作能力主要通过学生是否能够有效开展探究活动，是否能够与他人合作、交流，是否能够有效利用现有资源等方面来考察。从学生探究的整体过程能考察发现问题、解决问题的能力的发展。

3. 评价能力

主要考查学生评价自我及他人的能力及其发展状况。自我评价能力表现为学生是否能够有效记录活动的体验，是否能对活动进行有效的反思，是否能够及时发现自己存在的问题等方面。评价他人的能力主要通过是否注意到他人在活动中的表现，是否注重倾听他人的汇报，是否能够提出有效的建议等方面来考察。

4. 最终成果

考查学生所取得的最终的研究成果，是否完整、恰当地再现了研究过程，观点是否得当，资料是否全面，结论是否清晰等。

（三）评价的过程

综合实践活动强调全程性评价，制订相应的评价方案，这个评价方案可以包括如下项目：评价内容（或指标）、评价时间、评价方式、评价主体等。

1. 活动准备阶段

在活动准备阶段，重点对学生选题的可行性和创新性、研究计划制订的合理性进行指导与评价，具体可采用预测、调查问卷、观察、自我评估、提问、开题报告会、评价量表等多种评价方法。教师和学生事先共同制定评价目标、评价指标、评价量表，要预先让学生知道如何评价。

2. 活动过程阶段

学生在进入综合实践活动的实践过程以后，主要对综合实践活动过程中学生遇到问题及解决问题的能力、遇到困难的坚持程度、参与活动的态度和情感体验、团体合作意识与精神等予以具体而详细的记录和及时指导，真实反映学生主动探究和学习的过程，提供反馈和调节、积累学生发展和进步的信息，让学生进行自我评估和调节。所采用的评价方法以随机评价和档案袋评价为主，具体可采用同伴评估、观察、与主题相关的知识讨论、提问、卡片、访谈记录、日记等方式。

3. 活动总结阶段

在这一阶段主要评价学生参与综合实践活动所取得的成果，分享学生的情感体验，展示学生的个性特点和团体的合作精神。具体可采用实物展示、情景表演、报告会、答辩会、学生自评、同伴互评、家长参与评价等，对学生综合实践活动结果的科学性、实效性，参与过程的自主性、合作性、创造性，参与活动的态度、活动中获得的收获和体验、实践能力的发展等多方面进行展示和综合评价。

（四）评价的方法

通过多种方法，从不同的评价主体搜集评价信息，向学生呈现评价结果，是综合实践活动评价的关键环节，也是容易存在问题与困惑的地方。指导教师平时要注意对评价信息的收集，积累评价的材料，才能够更全面地反映学生参与活动与发展的状况。常用的收集信息的方法如下：

1. 观察记录

综合实践活动的评价方式多种多样。但无论何种方式，其运用的先决条件为观察。观察结果的记录，可以按学生活动的顺序做实录，形成完整的原始资料；也可以事先把想要观察的事项列表，将观察到的有关事项做出标记；还可以将学生的行为事先制订一定的标准，直接将观察到的学生行为表现进行归类。

比如，对各个小组"合作交流"情况的观察，可以事先设计记录表，对观察结果进行记录。

2. 问卷调查

问卷是一种应用很广的调查工具，它通过被调查者对问卷问题的回答来反映出被调查者的某些特征。

教师可以通过调查问卷来了解活动前学生已有的知识经验，依此来设计活动方案，活动后还可以通过调查问卷来了解学生的收获和感受。老师可根据这一检测的结果，发现问题，了解学生，总结经验，调整自己的教学指导。可以有学生问卷调查和家长问卷调查。

3. 访谈记录（谈话法）

通过与被访者的口头交流，访问者把被访者谈话中流露出的各种有用信息记录下来，作为评价被访问者某方面特质的依据。在评价中应用的谈话法，往往表现为师生之间、生生之间的一种对话。首先，学生对于自己在活动中的收获、自己的作品或成果以及自己对班级和小组活动的贡献有解释权、表达权。

4. 档案袋评价法

综合实践活动的评价是一种过程性的评价，其中最重要的就是全面搜集实施过程中学生的各种表现，因而在综合实践活动评价中，最有效的评价方法就是档案袋评价。

　　档案袋评价又称学生成长记录袋，它是新一轮课程改革所倡导的一种重要的质性评价方法，也是当前综合实践活动中经常采用的评价方法。

　　所谓档案袋评价主要是指收集记录学生自己、教师或同伴做出评价的有关资料。通过学生的作品、反思、还有其他相关的证据与材料等，评价学生学习和进展的状况。档案袋可以说是记录了学生在某一时期系列的成长"故事"，是评价学生进展过程、努力程度、反省能力及其最终发展水平的理想方式。

　　档案袋中的内容虽然因拥有者和收集者的不同而各不相同，一般来说，档案袋有通用的形式，这样便于教师对学生的评价，也使档案袋更加规范、合理。档案袋一般要有：封皮、前言、内容、时间。

　　档案袋可以根据不同的需要与喜好设计不同的规格，主要有文件夹式、档案袋式和折叠式三种。

　　文件夹式是指以文件夹的形式存放资料。这种规格的档案袋的优点在于能反映资料存放的顺序，便于资料的取放，且可以随时更改资料的内容；它的缺点在于不利于存放大型的、立体的作品，如学生制作的手工制品，同时由于资料按页存放，不利于资料的展示。

　　档案袋式是指以档案袋的形式存放资料。这种规格的档案袋的优点在于有利于存放各种形式的资料，包括一些较大的和不规则的资料；它的缺点在于不利于保持资料存放的顺序，同时不便于资料的查看。

　　折叠式指把白纸折叠成类似手风琴的形状，以此来保存资料。这种规格的档案袋的优点在于便于资料的展示，形成自己设计与制作上的特色；它的缺点在于不利于资料的修改和保存。

　　由此可以看出各种不同规格的档案袋各有利弊，因而也各有其适用价值，三种规格可根据不同的需要同时存在。可以用文件夹式来收集文字资料，用档案袋式来存放手工制品，用折叠式来展示作品，总之，学生可以根据自己的需要自主选择。

在运用档案袋评价时，可以通过设计评价卡片的方式记录学生活动过程的一系列资料，从而展示学生参与综合实践活动的全过程。

档案袋评价的实施过程主要包括三个阶段：组织计划阶段、资料收集阶段和成果展示阶段。

组织计划阶段。这是档案袋评价的最初也是最重要的阶段，在这个阶段主要是做好评价的各项准备工作。

一是对档案袋的设计。主要包括：（1）确定评价的目的和目标，包括档案袋服务于什么目的，学生在收集档案袋的过程中要学到什么，在哪些方面取得进步等；（2）确定评价的内容，即档案袋要反映学生哪些方面的能力，通过何种方式实现等；（3）制定评价方案，即设计评价的总体计划；（4）制定评价的标准，包括档案袋内容的质量水平和等级水平的标准。

二是对学生进行档案袋收集指导。教师首先应就档案袋的内涵和要求向学生做详细的说明，使学生了解什么是档案袋评价，怎样进行档案袋资料的收集。一直以来，学生已经习惯了教师对自己的学习进行评价，他们一方面缺乏对学习过程的有效收集和反思，另一方面他们也愿意向老师展示自己最好一面的观念，而不愿意全面、客观地评价自己，害怕自己说自己的问题会影响教师对自己的评价。因而教师在实施前必须与学生进行相应的沟通，使学生首先了解档案袋评价对他们发展的意义，告诉他们收集活动资料的重要性，以及教师对学生自我评价的看法和教师最后的评价标准等问题。从而消除学生的顾虑，使他们能认真地去收集活动中的有价值的资料，从而确保档案袋信息的真实性和全面性。

另外教师还要对学生进行评价技能的训练。档案袋评价涉及许多学生从未接触过的领域，需要学生有自我评价技能、评价他人的技能以及信息收集和选择的技能。这不仅给学生提供了学习和发展的机会，更向他们的能力提出了挑战，而这些技能又是我们的学生最为缺乏的。因而，教师在关注收集状况的同时也应该加强对学生所需各项技能的指导，包括如何进行信息的选择，如何与他人进行讨论和交流，如何倾听，如何评价等。技能的指导和训练是一个持续不断的过程，教师应把握指导的时机。

资料收集阶段。资料收集阶段就是学生在进行综合实践的过程中，全面地搜集自己活动中的一切信息，并把它放入"档案袋"的过程。在这一过程中，师生应进行定期的交流，在交流的同时，教师对学生收集到的资料进行评价，并给学生以相应的指导。

成果展示阶段。在这一阶段主要有两个任务，其一是学生进行学习成果的展示，另一个是教师对每个档案袋质量的评价。

学生的成果展示可以分为两个层次，个人展示和团体展示。个人展示是指学生个体档案袋的呈现方式。在此，学生把自己的学习成果——解决问题的方式、小论文、手工制品等，还有完整的档案袋向全校学生或全班同学展览，展览品可以配有学生自己特色性的解说。

团体展示是指小组、班级或年级整体档案袋的展示。团体展示要求学生间的合作与协调，这不仅是个人行为更是集体的行为。师生可以共创展示的方式，采取汇报会、答辩会或小剧本等多种形式。

成果展示法是综合实践活动评价中最常用的方法之一。将学生的小制作、小发明、科技小论文、设计图片和书画作品等具体成果公布于展台，并通过演讲、报告、小剧本等形式现场交流，由成果本身展示学生通过活动所获得的价值。

展示交流既是对学生在综合实践活动中各种表现和活动成果的一个小结，也是一种师生之间、生生之间共同学习和交流的过程，是学生发现自我、欣赏别人的过程。活动主题不同，活动过程和方法也有所差别，展示形式也应多种多样。经常运用的有如下几种形式：

（1）充分利用教室，引导学生进行自我展示。

（2）开展成果交流活动，引导学生感受丰富的过程性体验。

（3）召开讨论会，引导学生将活动进行拓展。

（4）随机展示，满足学生对评价的需要。

档案袋资料的收集方法主要有三点：

一是过程收集指的是记录、收集学生在参与活动中的相关资料，从而全面展示学生参与活动的整个过程。这些资料包括文字资料，如学生确立的主题、对主题的思考、每次活动的记录表、调查表、访谈表等；也有图像资料，如学生在活动中的照片、录像等；也有实物资料，如学生制作的手工制品、设计的模型、剪报等。系统地收集这些信息，不仅是对学生学习过程的一个全面的展现，也是对学生能力的一种考验和锻炼，它能使学生有意识地思考活动的过程，从而养成随时收集资料的好习惯。这些资料同时也有利用于活动的开展，使学生能随时找到自己以往收集到的信息。

过程收集可以通过设计评价卡片的方式方便学习对过程资料的收集。

档案袋评价体现了对过程与结果的双重关注。既关注学生形成档案袋的过程，也关注学生档案袋的质的特征，关注学生所达到的发展水平。因而，在总结发表阶段，教师的另一个任务就是对学生的档案袋进行总结性的评价。

二是小组评价。进行综合实践活动需要大量的小组活动，因而小组成员之间的相互评价也是收集档案袋资料的一个重要的方式，通过小组评价，学生一方面评价他人，同时也接受他人的评价。这不仅可以提高学生客观、公正评价他人的能力，另一方面也有助于他们更加客观地看待自己在小组活动中的种种表现。

三是师生综合评议。师生综合评议指的是教师亲自参与到学生的评价活动中去，师生在评议中自由民主地发表自己的看法，可以自我反省、自我总结也可以讲出其他同学的进步以及他们存在的问题，学生也可以向教师提出指导上的意见，教师也可以将自己在指导活动中发现的问题和获得的体会告诉学生，最后在教师的指导下，师生合作做出评价结论。

第三章　学生综合实践技能

第一节　21世纪综合实践活动课程的实施现状

综合实践活动课从2001年被纳入新课程方案以来就引起了广大教育工作者的关注和担忧。自增设综合实践活动课以来，综合实践活动就成为国家新一轮课程改革的一大亮点，成为改变学生学习方式，培养学生主体意识，提高学生实践能力和创新精神的切入点。我们在全国教育科学"十五"规划重点课题《信息化教育环境中中学综合性学习的教学设计研究》的研究过程中，总结出了一些好经验，摸到了一些规律性的东西，但同时也发现了不少问题。

可以说，在新课改中，综合实践活动课程是反映并承载新课程理念最直接、最集中的一门课程，它完全打破了教学中单一学科体系垄断课程领域的现状，而另辟一个体系并在该体系中实践一种全新的课程的综合理想。因此，综合实践活动课程的实施，对学校教育而言是一个全新的领域，对教师而言是一个新的挑战。究竟这门新课程在全国实施的状况如何？存在哪些困难和问题？

（一）校长、教师和家长对课程的认同与支持

作为新一轮基础教育课程改革的具体实施者，校长等学校管

理人员和一线教师对综合实践活动课程的认识、理解与态度直接
关系到综合实践活动课程实施的水平与效果。大多数教师认为有
必要开设该课程，校长也认为开设该课是基于其能促进学生综合
素质的提高，但也有小部分学校是迫于国家规定才开设的。可
见，多数校长和教师还是比较认同这门课程的价值的。

1. **教师对该课程性质的认识**

教师对课程性质的认识直接影响到该课程的实施效果。在回
答这一问题时，尽管多数教师能够清醒地认识到这是国家规定的
必修课，所有的学生都应该参加，但也仍有不少教师认为它是一
门（国家的＼地方的＼学校的）选修课，学生可以选择参与。这
就不难解释为什么在一个班级中只有部分学生参与活动的情
况了。

还有一些学校把它与校本课程混为一谈，也有的把学校的德
育活动、科技活动当成了综合实践活动。可见，还需要加强对综
合实践活动课程的宣传、培训，让校长和教师充分地认识它的性
质和特点，从而更好地实施它。

2. **家长对该课程的态度**

综合实践活动课程的性质和特点决定了与其他课程相比，该
课程的开展更需要取得家长的支持与配合。

在问及家长对该课程的态度时，有些校长和教师认为家长支
持，也有不少教师不太清楚家长的态度，说明教师与家长的沟通
不够、家长资源开发得还不够。并且初中比小学家长反对者稍多
一些，这可能与初中升学任务更重有直接关系。可见，多数家长
还是支持该课程的，如果教师能够认同该课程的价值并和家长做
更多的沟通，还会赢得更多家长的支持。

（二）综合实践活动课程实施状况

对于综合实践活动课程实施的状况，我们主要从课程的规划
和管理、师资状况、课程开设、组织与指导、资源开发、评价及

实施效果等几个方面来反映该课程常态实施和有效实施的状况和水平。

1. 学校对综合实践活动课程的规划与管理情况

学校对综合实践活动课程进行整体规划与有效管理是综合实践活动课程常态实施和有效实施的基础和保证，它也从一方面反映了学校对这门课的重视程度。

纵观全国学校对综合实践活动的规划，多数学校制定了学校的整体规划，少数学校是各年级或各班级自行计划，还有一些学校没有任何规划，由教师依具体情况而定。可见，还有相当多的学校缺少对课程的整体规划，这就很难保证这门课程的常态实施，更不好说有效实施了。

至于管理状况，大多数校长承认学校还没有建立相应的激励制度，但半数校长认为学校都有一些激励措施。而教师的回答中有一些激励措施的学校数也低于半数，大多数学校只是领导口头上表扬一下而已。可见，多数学校还没有制定相应的制度或措施来鼓励教师参与这门课程的指导。

2. 师资队伍的情况

师资队伍状况奠定了课程的实施效果和水平的基础。

（1）教师队伍状况

全国开课学校教师队伍的专业素养的基本状况以及他们丰富的教学经验和一定的课题研究经历，这对于指导综合实践活动课程还是非常有利的。

综合实践活动课程实施需要组建一支专兼职相结合的教师队伍共同参与指导。全国多数学校已组建了一个专兼职相结合的队伍，但还有相当多的学校全部是兼职教师，也有个别学校全部是专职教师。

学校仅依靠一两个专职教师来指导这门内容广泛的课程是不现实的，而兼职教师没有更多的时间和精力用在这门新课程上，仅靠他们也会影响课程实施的效果。学校有必要配备一些专职指导教师，以少量的专职教师带动学校更多的兼职教师共同参与综合实践活动的指导才能达到最优状态。

（2）教师培训情况

大多数教师认为自己从未参加过任何培训，有的教师参加过市区级培训，还有的教师只参加过学校的培训。且只有很少部分的教师表示不需要培训，可见，大多数教师都需要不同内容和不同形式的培训。

3. 综合实践活动课程开设情况

（1）开设年级

大多数小学能够严格按国家规定在三至六年级开课，还有一些学校甚至从小学一年级就开课了，这说明这些学校对这门课程价值的认同。多数初中严格按国家规定在七至九年级开课，也有不少学校怕影响中考成绩而未在九年级开课。可见，初中的升学压力比小学对此课的影响大得多，这也说明了此课要常态实施，其评价也需要纳入升学评价之中才能引起人们的足够重视。

（2）开设方式

综合实践活动课程涉及的内容领域很多，这些内容如何体现在课程中在一定程度上也反映了学校对这门课程的认识和理解。从校长的回答来看，多数学校是四部分整合在一起开设的，这也是很多课程学者期望的。但仍有不少学校只开设了劳动与技术教育或（和）只开设了信息技术教育，而其他未开。也就是说，在大家公认的已开课的学校中，还有少部分的学校未开设"研究性学习"与"社区服务与社会实践"这两个综合实践活动指定领域的内容。这不同的开课方式与学校领导对这门课程内容领域的认识不同有关，也与学校的开课传统、师资专长、课时安排有关。

（3）每周课时

课时数是反映这门课程落实的具体指标。国家规定综合实践活动每周 3 课时，但只有很少部分是每周 3 课时，大多数学校少于国家规定的课时数。

　　落实到课堂中，由于学校开课的方式不同，其课时的使用也不尽相同，把劳动与技术教育、信息技术教育和综合实践活动分别单独开设并各占 1 课时的学校也确实为数不少。还有一些学校没有固定的课时数，一种情况就是学校实行的是弹性课时制，还有一种情况就是该课程开设较随意，随时可能被其他课取代。在仅有的课时中，还有一些情况是改上其他课，且初中比小学更明显。

　　这些情况都反映了综合实践活动课时开设不足、随意挪作他用，仅是课表中的摆设现象说明了当前综合实践活动课程地位低下、未受到学校的足够重视的状态。

4. 活动的组织与指导情况

　　活动的组织与指导情况在一定程度上能反映教师对综合实践活动理念和本质特征把握得是否到位。

　　在活动主题的选择、小组组建及活动实施的过程中多数教师能够尊重学生的意愿并做适当的调整和引导，但还有部分教师做得还不够，有"教"学生活动的倾向。多数教师重视对学生方法的指导，并采取集中指导或渗透在具体活动中指导，还有少数教师不重视方法指导，为活动而活动。

5. 对学生的评价情况

　　多数学校采取的是多元评价与多样化评价、形成性评价与终结性评价相结合的方式。多数教师对学生的评价即关注过程又关注结果，他们更加关注学生在活动中态度和体验及实践能力的提高，其次是学生表现出的创新精神和问题意识。这与课程所期待的目标还是十分一致的，说明多数教师在评价方面能够较好地把握综合实践活动课程的基本理念。但还有少数学校不做任何形式的评价。

6. 综合实践活动课程资源开发利用情况

　　综合实践活动课程的实施依赖于课程资源的开发利用，其课程资源开发利用的状况一定程度上也能反映课程实施的水平。

（1）资源开发

多数教师尽量利用学校的资源来开展实践活动，近半数教师侧重开发学校周边的课程资源及家长资源，可见，教师们的课程资源开发意识正在逐步提高，开始注重利用社会资源来开展实践活动了。

（2）资源包使用情况

调查表明，除了少部分学校未使用资源包外，大多数学校都使用了不同地方编写的资源包。这说明资源包是综合实践活动课程实施的现实需要，教师课程资源开发的能力还有待进一步提高。

7. **综合实践活动课程实施的效果**

本调查主要从学生对该课程的态度、学生的变化、教师专业成长、对学科课程的影响、学校面貌的变化等方面来反映实施效果的。

（1）学生对课程的态度

学生是否喜欢该课程，在一定意义上也反映了该课程实施的效果。学生大多因为可以动手实践，还有个别学生因为可以走出校门或不用考试等外部原因喜欢这门课程，可见，综合实践活动课程因其自主性和实践性而赢得多数学生的喜欢。

（2）学生的变化

综合实践活动的开设给学生带来多方面的变化，在学生的回答中，排在前三项的是：学习兴趣提高了、更喜欢探讨问题了、更愿意跟同学合作了。教师的回答中，排在前三项的是：合作意识增强了、实践能力提高了、更喜欢探讨问题了。可见，通过综合实践活动的开展，学生的问题意识明显增强了，学习兴趣和合作意识也有明显提高，学生在实践能力等诸多方面都有收获和提高。这也正是综合实践活动开设所期望的。

（2）教师的专业成长

综合实践活动课程的实施给指导教师提出了很高的要求，同时也培养和锻炼了一大批教师，使其迅速成长起来了。指导综合实践活动课程对教师的专业成长有所帮助或很大帮助。

（3）对学科教学的影响

综合实践活动的实施带来教师教学观念的变化及学生学习方式的变化，这必然也会影响到学科课程的教学。

（4）学校的变化

综合实践活动课程的实施给学校也带来多方面的变化。学生综合素质的提高是学校最认可的，其次是学校特色建设和校园文化建设等。扎扎实实开展综合实践活动的学校，其毕业的学生特别受到高一级学校的青睐，他们感到这些生源的综合素质确实较高。

（三）综合实践活动课程实施中的主要困难和需求

综合实践活动课程的开设是这次课程改革的一个亮点，同时也被教育界普遍认为是一个难点。在没有课标、没有教材、没有经验的前提下就让学校和老师去探索、去实施，的确为难了这些校长和教师们。他们克服了重重困难，但还有很多困难至今还在困扰着他们，请看调查的结果。

目前存在的最大困难是：外出安全难以保障、硬件设施跟不上和教师能力有限，其次就是没有教材、家长和社会不支持和上级领导不重视。

教师在指导学生开展综合实践活动时遇到的最主要困难，首先考虑的是缺乏资源，其次是没有时间和精力，再就是得不到有效的培训、无公平的评价和报酬等。

当然，国家政策上的支持以及肯定是对学校实施综合实践活动课程的最好保障。目前我国学校急需解决的问题，主要是培训教师、政策支持、提供课程资源、提供教材、加强督导等。教师急需提供的课程资源按其需要的程度依次是：实践基地、教师指导用书、配套硬件设施、案例集、学生用书、实录光盘等。

综上所述，可以认为综合实践活动课程的实施在我国中小学学校中取得了初步成效：课程开设的必要性得到了较为广泛的认同；课程在实施过程中的具体操作上基本符合综合实践活动课程理念和本质特征；课程实施的效果从学生、教师和学校的变化来看也较为明显。同时也存在许多值得探讨和解决的问题：对课程认识不统一造成设课混乱；课程管理制度不完善造成实施不规范；缺乏资源、缺乏培训、缺乏政策支持课程实施举步维艰，其实施的有效性亟待提高等。

第二节　学生综合实践技能的发掘

综合实践活动课程是从小学三年级到高中阶段的一门必修学科，它是在教师引导下，学生自主进行的综合性学习活动，是基于学生经验，密切联系学生自身生活和社会实践，体现对知识的综合应用的实践性课程。"教育要面向现代化，面向世界，面向未来。"未来世界是科学技术的竞争，是创造性人才的竞争。因此，从现在起我们就要注重对学生进行综合实践能力的培养，让综合实践活动成为学生成长的乐园。

一、动手实验，培养实践能力

在综合实践活动中，培养学生动手操作能力，结合自身实际生活去解决问题，小学生具有好奇、好动和具体、形象思维占优势的心理特征。根据这一特征，我有意识地引导学生动手实验，这对激发学生学习兴趣，深入理解知识，培养学生各种能力，使学生产生创新意识有着很重要的作用。

在课堂上，鼓励学生手脑结合，多官并用，学生动手操作活跃了课堂气氛，使学生在课堂上活起来，动起来，主动地动手、动脑、动口，让学生主动参与到教学活动中来，在参与中学会学习，学会创造。

1. 激发学生动手兴趣，点燃探知欲望

知识是探索的基础，兴趣是动手实践的"教师"，没有知识就无法去想象，无法去创造。培养学生的动手能力必须以兴趣为支撑点。动手能力的形成就是学生对外界客观的感受和体验。兴趣是促成学生动手能力的推动力，小学生的天性就是爱动手、爱收集，好奇心强。在动手能力形成时，兴趣起着重要的推动作用，学生的兴趣越浓，动手实践也就更顺心如意。因此，培养学生的动手能力，一定要先激发学生的动手兴趣，才能开发学生动手创新的潜能。

2. 培养学生敏锐的观察力

综合实践活动体验和经验都是通过观察、实验总结出来的。所以，敏锐的观察能力往往都自然而然地成为了动手能力形成的保障。因此，教师在实践活动过程中，指导学生细心的观察，教学生掌握科学的观察技巧，培养他们敏锐的观察能力，是形成动手能力的重要保障。

二、培养学生的口语表达能力

综合实践活动课为教师培养学生交流表达能力提供了一个较好的平台。在综合实践活动课中，刻意营造宽松愉悦的讨论氛围，鼓励学生大胆质疑，各抒己见，提高交流表达能力。口语表达能力，就是运用口头语言表达思想感情的能力。具体地说，口语表达是人们将自己的思维这种内部语言借助于词语，按照一定句式快速转换为有声语言这种外部语言的过程。在这个过程中，从思维这种内部语言到快速选词造句，到有声语言这种外部语言，必须十分快捷。

1. 激发学生"想说"的兴趣

俗话说："兴趣是最好的老师，我们从事各种活动，都是由一定的动机兴趣所引起的。教学实践证明：浓厚的兴趣是学习的催化剂，是开发学生智力，提高成绩的关键。学习兴趣是学生获取知识、拓宽眼界、丰富心理活动的最重要的推动力，是学习中最活跃也是最现实的东西。无论多么科学、合理的教学载体，或多么先进的教学方法及现代教学手段，如果学生根本不感兴趣，提不起精神，什么自主学习、自主探究，一切都是空话。

2. 给学生创造"说话"机会

生动、逼真的情境，能够调动学生内在真实的情感体验，激发学生表达的强烈欲望。教师在进行说话训练中，要营造一个和谐的语言环境，多表扬、多鼓励，消除学生的心理障碍，增强学生的自信心和表现欲，让学生大胆地积极主动地说。教师在课堂上要民主平等地对待每一个学生，用爱关心每个学生，重视每个学生的表现，鼓励学生的点滴进步。特别是对后进生，教师更应加倍呵护，应该允许他们失误，从实际出发，认真研究分析他们的知识缺陷，真心地帮助他们。

这就要求教师把放飞心灵的空间和时间留给学生，课堂上应该给学生一路绿灯，让学生学得主动积极，让他们多动口说，给他们创造一个自主发展的空间，使其个性得到充分地发展。所以，在课堂上要让每个学生都有说话的机会。可采取：自言自语，同桌互相说，小组轮流说，全班交流说等形式。

3. 让学生敢说敢问

学贵有思，思起于疑。要提高学生的口头语言表达能力，就应创设情境，营造良好的氛围，使学生敢说、敢问。培养学生的语言表达能力就要从培育问题入手，当学生提出问题，教师应让学生充分表达自己的意见，也可让其他学生来解决问题，从而达到语言表达能力的训练。

4. 让学生知道怎么表达

语言和思维是紧密相关的，说话训练过程也是思维训练的过程，在说话训练过程中都要善于引导学生理顺思维。教学中经常遇到学生不会表达或表达有困难的现象，学生的语言表达存在不少突出的"毛病"，影响了表达效果。有近义混用、褒义和贬义乱用等等，以致语意模糊乃至错误。

三、培养学生的创新能力

"创新是一个民族的灵魂。"激发学生科学创新精神和创造能力，意义重大而深远。我们要根据教学实际，开展以综合实践活动为核心的对学生创造能力的培养的实践活动。

学生是创新的主体，创新能力潜伏于每个学生之中。只有在适宜的环境和条件下，创新才会被激活，从而释放出来。学生创新能力的培养必须确立学生的主体地位，让学生的生命活力在课堂中自由发展。因此，课堂教学必须给学生创设一种和谐、自由、充满活力的民主氛围，使学生人人有独创性的主体积极参与课堂教学的全过程。

1. 营造良好氛围，拓展创新思维的空间

良好的教学氛围，不仅能促进求知欲的滋长，激发解决办法的兴趣，而且还会刺激新思维的开拓。因此，在教学中应改变以往的教学观念，重视营造良好的氛围，培养学生的学习兴趣和创新思维。

2. 培养学习兴趣，开导创新意识

兴趣是创新的源泉、思维的动力，是学习者内在的"激素"，教学活动中，教师应激发学生创新的兴趣，增强思维的内在动力，解决学生创新思维的动机问题。小学生有强烈的好奇心、求知欲，教师应抓住学生的这些心理特点，加以适当的引导，激发学生的求知欲，培养学生的创新精神。

激发学生的创新兴趣是提高学生创新能力的源动力和基础，而学生的创新兴趣是一个渐进的过程，需要不断培养。入情入境的教学能吸引学生的注意力，激发学生的学习情趣；能充分调动学生自主学习的积极性、主动性，让学生在数学课堂上敢想、敢问，通过想和问，一点一点激发创新兴趣。

3. 组织学生开展讨论，培养学生的创新思维

"讨论"是学生参与教学的一种重要方面，更是学生进行创新学习的重要形式。因此，在教学中应该注重引导学生开展讨论式学习教学。实践证明，开展课堂讨论，一方面可以发挥学生"群体"的学习作用，让学生获得更多的自主学习的机会与空间，同时让学生在讨论中互相启发、互相帮助、互相评价，从而学会合作、学会交流；另一方面，讨论可以使学生敢于质疑问题，敢于标新立异，敢于大胆求新，从而发展学生的创新思维，培养学生的创新意识和探索精神。

在组织学生开展"讨论"时，教师要做到善于引导，精心组织。在内容上，有的放矢，充分发挥民主性。我根据教学需要，结合学生实际设计讨论问题，以保证讨论围绕重点，抓住关键，言之有物；并注意引导学生在质疑问题中主动提出讨论问题，从而培养学生敢于发现问题、敢于提出问题的信心和能力。

4. 要让学生体验到创新愉悦

每一个学生都有展示成功的欲望，都想体验成功后的喜悦。为此，教师在教学中，应经常设法为学生安排"成功"的机会，是每一个学生都能够体验到成功的愉悦，感觉到自我的价值，品尝到其中的乐趣，进而成为创新发明的动力。

具体要坚持做到，凡是学生能够经过探索自己解决的问题，教师绝不代替；凡是学生遇到疑难问题时，教师不能轻易对学生所回答的问题或提出的想法做出否定的评价，更不能在学生答案不着边际时急于出面代替，而是适时给予鼓励、启发和引导，让学生品尝寻找正确答案的愉悦，养成积极探索的习惯，从而为培

养创造性思维打下良好基础。

课堂教学要创设一个民主融洽的课堂氛围，鼓励学生多思善问，教师不仅要想方设法创设发问环境，引导学生多思善问，而且要对学生的发问及时强化。有时候，学生的问题可能是幼稚的，或者是钻牛角尖的，甚至是错误的，老师也应一样关注，认真倾听，肯定其大胆的行为，找出其闪光点，然后，让学生探讨、辩论、集思广益，最后，归纳提炼出令人诚服的结论，这样，既保护了学生多思善问的积极性，也撞出了学生的智慧之火。总之，对于学生在学习中表现出来的独立性、恒心、一丝不苟等闪光点要给予必要的尊重，从而促进学生个性发展和创新能力的培养。

四、培养学生收集资料、处理信息能力

提高学生查找、收集、整理资料、处理信息的能力，是综合实践活动的显著特点之一。有效地利用身边的资源，引导学生在生活中找到活动的内容，从而开展切实有效的活动。

1. 收集信息

要确定明确的收集目标，在活动开始之前，教师要先告诉学生本次活动的目的，明确地告诉学生，我们要查找什么样的信息，让学生学会有针对性地进行信息的收集。然后，根据不同的问题，讨论不同的解决方案，比如请教相关专业人员、到超市现场勘查、查阅相关书籍、上网查阅资料等。

要进行收集方法的指导，在活动开始之前，和学生一起做了一个查阅计划，让学生根据自己的具体情况，选择恰当的收集方法：一是报刊书籍法，要注意了解资料的类型不能仅限于图书，查阅资料的地点可以是自己同学家、亲戚朋友的家、学校的阅览室、报刊亭、书店等，不能局限在自己的家里，先看看图书的分类；再看看书名，然后查找目录，快速找到页码；最后，记录下有用的信息。二是网络收集法，只要把想查找的内容的关键词输

入到搜索栏里，然后回车，就可以查找到相应的信息。这种方法非常容易掌握，而且省时高效。但是，在活动中，我们也要引导学生健康地上网、文明地上网，提高学生对网络内容的明辨是非能力和对不良信息的抗诱惑能力，养成良好的网络活动习惯。三是社会活动收集法，对学生而言，最好的收集信息的方法，还是社会活动收集法。只有让他们到社会上、社区里，亲自去听一听、查一查、看一看，亲自去感受、去体验，这样获得的信息才更深刻，才更有助于我们的学生和活动。

2. 分析和处理信息

收集完信息以后，我们会发现，在学生的信息中，会有很多重复的、与活动无关的、不完整的，甚至是错误的信息。这样的信息，给我们的活动带来了不少的麻烦。所以，作为教师，要重视指导学生学会利用适当的工具和技术整理与归纳信息，学会判断和识别信息的价值，这对我们的实践活动是非常重要的。

首先，引导学生与同伴进行交流，形成合作小组，达到资源共享。一个人的能力是有限的，所收集到的信息也是有限的。在分析和处理信息的时候，教师要积极创设交流、合作的氛围，让学生进行资源共享。要让学生把自己看到的、听到的、想到的通过各种形式与同学进行交流，得到新的收获。

其次，对收集到的信息进行分析、判断与识别。分析的方法大致是这样的：一是相同的信息应立即认可，例如，不少报刊同时出现相同的报道，这类信息的准确性较高，可以立即认可。二是不同的信息取权威性的意见。例如，网络上的信息，有时候虚假的可能性比较大，但报纸上、书籍上，相对而言就会比较可信一些；即使同样是书上写的东西，不同的出版社，可信程度又会有所区别。三是有争议的信息必须进行分析。对某些信息，不同的地方答案往往不尽相同，也可能这个同学收集到的结果是这样的，那个同学收集到的结果又是那样的，同学之间往往会出现争议。这时应多方查找资料，认真分析。如果是完全相反的信息，必须观察一段时间后再确认。遇到自己拿不准的信息，必须向行家请教。四是要注意有虚假现象的信息，应联系实际识别判断。

再次，对分析好的信息进行删除，删繁就简。信息分析完毕之后，我们就可以对他们进行删除的处理了。这一环节大致可以分为：删除重复的信息；删除错误的信息；删除对本次活动作用不大的信息。

最后，使用收集本、收集卡，对信息进行整理与归纳。对于已经通过分析的信息，我们就要指导学生进行整理与归纳，其中包括：收集的时间、收集的来源、相关的主题以及内容摘记等。同一个主题的内容要写在同一个地方。在内容的旁边，还可以写下自己收集信息之后的感悟。

五、培养学生合作交往的能力

综合实践活动课程倡导转变学生的学习方式，主张多元的学习活动，要求在课程的实施过程中，学生应乐于探究、主动参与、动手实践。在活动中，学生会根据自己的特点，自由搭配，设置小组，这样既能发挥个人的积极性，又能创造横向交流，团结合作的机会。同时在实践活动中使他们彼此的交往更加深入。

在学生的探究活动中，交流与合作就是指师生之间、生生之间对所探究问题的交流，并进行合作，共同完成探究任务。因此，科学探究的过程，为培养学生合作与交流能力提供了一个很恰当的氛围和平台。

综合实践活动课程强调，教学是教与学的交往互动，师生双方互相交流、互相启发、互相补充。合作不仅仅是课堂的一种组织形式，更是课堂中解决问题的有效策略和途径。在小组合作学习过程中，能创造和谐的气氛，促进小组成员之间和谐的、共同的完成各自任务，为养成健全人格奠定了基础。

在合作过程中表现出：当别人在发言时，认真倾听；在交流时，把自己的想法和知道的信息都说出来了；在活动中能否主动地承担活动项目；当别人需要帮助时，能提供热情的帮助；认真倾听别人意见与观点，分享集体的智慧；活动后参加整理材料，养成良好的生活、学习习惯。

在与同学的合作交流中，相互尊重，相互信赖，认真倾听他人意见，勇于承认自己的不足，有虚心向他人学习请教的良好风尚，能在合作交流中正确地评价自己和他人，学会分享他人成功的喜悦。能够在合作交流中明确自己的责任，并履行自己承担的职责。具有与他人进行合作交流的态度与能力。乐于参加集体活动，善于和他人合作。在合作学习中充分发挥自己的特长，为实现集体目标作出贡献。积极搜索资料，善于和他人分享交流，有无私的精神。

六、培养学生的质疑思考能力

学起于思，思源于疑。培养学生的问题意识，正是培养学生创新精神的起点。因此在综合实践活动中，教师应鼓励学生学会发现问题、提出问题。既要立足敢于质疑，又要引导学生提高质疑水平。有的课学生非常热烈地质疑，敢字当头，但是质疑的水平却很一般。

要紧紧扣住"发现问题、提出问题、解决问题"三大环节，把课堂空间还给学生，引导学生积极地感受问题、发现问题，大胆地提出问题，主动地运用已有知识和经验寻求解决问题的方法，使整个教学过程成为在教师主导下学生自主学习的过程，从而调动学生的主动性、创造性和培养他们解决问题的能力，促进他们的全面发展，让素质教育真正落实在课堂教学中。

首先要创设质疑时空，培养质疑意识。教师要通过自身的言行举止，激发学生，让学生敢问、善问，消除他们的自卑和紧张心理，让他们以轻松的心态投入到学习中，使他们思维活跃。平时的班队活动、少先队活动、公益活动、科技小制作等活动都应该看成是课堂教育。教学活动的延伸，要有意识地创设质疑的机会，逐渐形成氛围。让学生自由讨论，提出问题，想出办法，自解难题，自我教育，增强他们的主体意识，这些都成了课堂教学指导质疑的铺垫。

其次，引导学生质疑到位。当学生质疑的积极性被调动起来，他们的思维处于兴奋状态时，教师要因势利导，鼓励学生要围绕中心，从多角度、有顺序地提问，从而提高质疑的质量。由于质疑到位，解疑有序，学生质疑问题的积极性更高，教学效果也就不言而喻了。学生有胆量问并有了一定的兴趣后，并不等于就能问到重点处，问得恰到好处。关键在于让学生掌握基本方法，学会把学习过程中有价值的疑难问题提出来。

综合实践活动课给了学生发展个性的广阔天地，同时，它也点燃了学生求知的欲望和创新的火花。在组织活动过程中，老师作适当的引导，激发学生的求知欲。在学生自身经历的综合实践活动中，在"考察"、"实验"、"探究"等上述系列的活动中，发现、解决问题，体验和感受生活，发展实践能力和创新能力，提高学生的综合能力。

第三节　发掘学生综合实践技能的策略与方法

教育是培养人的社会活动，教育必须关心儿童所有的最充分的发展，而教师的责任则是创造能使每一个学生达到他可能达到的最高学习水准的学习条件，教师必须给学生奠定终生学习的基础，教师永远对所有学生负责。要努力培养学生积极的学习态度、善于与他人合作的精神以及高度的责任感和道德感受。因此，在发掘学生综合实践技能的过程中，有以下几方面：

一、课堂上创设操作情境，营造乐学氛围

心理学研究表明："儿童的思维是从动作开始的，切断了动

作与思维之间的联系，思维就得不到发展。"实践操作是儿童智力活动的源泉。由于综合实践活动课程具有较强的实践性，而学生的认识水平以具体形象的思维为主，要解决二者之间的矛盾，教学中，教师就应尽量多组织学生动手实践操作，获得直接经验，活跃思维，促进学生认知的发展。教学中，教师应根据学生好奇、好动、好胜心强等心理特点，有意识地为学生创设动手操作的情境，使多种器官协同获取知识，让实践操作成为培养学生创新意识的源泉，让实践操作活动成为学生探索、发现新知的重要手段，并使其在操作活动中萌发创造的火花，感受成功的喜悦。

二、课堂上引导实践操作活动，促进主动探索

在教学过程中，教师引导学生掌握知识的过程是把人类的知识成果转化为个体认识的过程。科学家的认识过程是一种创造新知识的过程，而学生的认识过程则是一种再创造知识的过程。教学中，如果教师能为学生创设一个良好的实践环境，让他们动手操作，加大接受直接经验的信息量，使他们在探索中有所发现、找到规律，并能正确运用规律去解决新问题，这样就能使学生在获取新知识的同时，也学会了学习。

例如在数学课堂教学中，教导长方形周长这一课时，教师可以提出问题，让学生积极主动融入课堂中，设置问题悬念，不立刻做出评价，慢慢带入，让学生对你所提出的问题自己思考，这时教师再渐渐教授知识，这样比直接告诉学生概念知识要有意义得多。通过让学生从活动中去发现、提出、解决问题，再用所学的知识解决生活中的问题，不仅使学生充分感受到了教材与生活的密切联系，还了解到知识在生活中的广泛应用。

三、让课堂实践活动载着学生的思维起飞

"手和脑之间有着千丝万缕的联系，手使脑得到发展，使它

更明智；脑使手得到发展，使它形成思维的工具的镜子。（苏霍姆林斯基）"中国有句成语叫"心灵手巧"，我认为在数学的学习过程中，这个成语改成"手巧心灵"更合适一些。因为实践活动能很好地把学生手的动作和脑的思维结合起来，以活动促进思维，调动学生各种感官参与学习活动。如在数学教学"数的认识"中时，让学生通过数小棒或圆片、拨数位顺序表的珠子等大量的具体学具的实践活动过程抽象出数的概念；教学"分数的初步认识"时，让学生通过折纸、画圆等实践活动方式主动认识分数。

四、让课堂实践活动走向校园实践活动

当实践活动内容在教室无法达到预期的教学效果时，就需要更大的空间，这时我们便可将活动空间自然延伸到校园之中。课堂难以描述解释的数学概念，通过校园实践活动来帮助学生建立概念，最后进行实地测量验证。也可以让学生之间进行小组活动讨论，生与生之间的交流可以达到综合实践活动的目的，促进学生之间的合作交流。帮助学生确立方向感，形成空间表象，到校园环境中亲身感受效果更好。

五、让校外实践活动成为学生能力发展的天地

教材知识来源于生活实践，又应用于生活实践。现实生活、生产中处处蕴涵着问题，把知识经验生活化，运用书本知识解决生活问题是学习的出发点和归宿点。实践活动是学生最喜爱的学习形式之一。创设并开展学生喜爱的学习活动，引导学生愉快地参与，才能让学生对生活中客观存在的大量现象给予应有的关注和分析，才能让学生用学到的知识去解决日常生活中的实际问题。可见，教师在吸取传统教学精华的同时，应大胆给学生创设实践情境，提供实践机会，应尽可能地把学生带到与课本相关内容的社会实践中去体验，将生活空间变成学生学习的大课堂，真

正还学生一个自主实践生活的大课堂。

在实施综合实践活动课程中，也可以通过让学生收集家庭生活中的开支情况来切实体会现实生活中的密切联系，了解知识在日常家庭生活中的广泛应用，让学生从小养成勤俭节约、合理安排开支的良好习惯。通过让学生真实记录自己家庭每天的开支情况，还可以把统计结果与父母、老师、同学进行交流，共同讨论"如何开支更合理"这个实践活动，同时在小组中谈谈"小调查的感受"。学生通过亲自参与这一系列的实践活动，不仅建立了学习的信心，激发热爱生活、热爱学习的情感，还提高了学生收集信息、分析信息的实践能力。

综上所述，综合实践活动让学生的综合素质及能力有了明显提高。综合实践活动解放了孩子的头脑，让他们能想、会想、敢想；解放了孩子的眼睛，让他们能看、会看、敢看；解放孩子的双手，让他们能做、会做、敢做；解放孩子的时间，让他们能学自己想学的东西。因此我们深刻地认识到：组织学生开展综合实践活动一定要注重趣味性、实践性和开放性的统一；一定要注重趣、动、活、广、激的有效落实；一定要让综合实践活动成为放飞学生潜能的天空。

培养学生的实践能力，综合实践活动作为一门实践性课程，实践应是在教师引导下的学生自主进行的一种批判性、反思性、研究性的实践，特别强调尊重主体。尊重主体，就要保护学生的学习兴趣和天生的求知欲。兴趣是最好的老师，它能激发学生的求知欲望，促进思维的活跃，保持学习的持久。

因此，综合实践活动的内容就应该是：学生真正感兴趣的，学生真正想了解的，真正能"吊"起学生"胃口"的，使学生一上综合实践活动课就来劲，就想跃跃欲试地去亲身体验。活动课中，我们对现有教材作适当改造，增加一些时代信息和与现实生活相关的信息，以促进学生综合地运用知识，创造性地实践知识。如开展一次《爱我家乡，护我小河》综合实践活动。在进行活动设计时，可以安排参观、访问、摄影、绘图等，将语文、社会、美术、法律、家乡环境调查等诸项知识与见闻有机地结合起来，并组织学生进行汇报交流。活动后，大家可以展开"如何保护环境"大讨论。

教师和学生积极参与，灵活运用在阅读中学到的知识，这样的活动，不仅有效地提高学生的心智和语言素质，而且得到了学法、知法、守法、用法的启蒙教育，培养了综合素质这样，孩子们就会高高兴兴地全身心地投入到主题实践活动当中，努力从生活中选取自己感兴趣的问题，进行自然的、综合的学习活动。这种学习完全是出于学生自己的兴趣和"个人意义"上的学习（主动地学），而不是老师要求他们去学（被动地学），这无疑有助于回归他们探索生活的美好天性。

培养学生动手能力，综合实践活动中"实践"即是强调"动"，强调"行"。让学生在实践中获得直接经验，获取第一手材料，更重要的是引导学生实现认识的第二次飞跃，即把获得的知识在实践中加以运用，"盘活"知识，通过实践使之再学习、再探索、再提高。要充分调动学生的活动积极性，让他们在"动"中学。

因此，教师应把知识传授和能力培养寓于活动之中。如开展一个"十个一"活动，要求每个学生"发一则现代科技信息"，"收集一条科技小常识"、"提一个科学小创意"，"写一则读书笔记或心得""编一份科技小报"等。在活动中，同学们可以通过各种渠道积极搜集现代科技新信息，收集科技小常识。每个同学可以做读书笔记，写读书心得，还可以亲自设计科技小报参加"六一"展评。此类活动，学生自己动手，不但学到了许多平时课堂上学不到的知识，而且使阅读和语言实践能力都得到了训练。学生通过开展这一主题活动，不仅锻炼了感觉器官，也锻炼了思维器官，最重要的是培养了与人合作、收集信息、学以致用等多种综合实践能力。

培养学生创造能力，综合实践活动由于具有内容的广泛性和形式的多样性的特点，适应了儿童群体智能的多元倾向和学习方式的多样性，能够让学生以自己喜欢的、擅长的方式学习。因此，在综合实践活动实施过程中，教师一定要注重实施开放性原则，真正让综合实践活动成为放飞学生潜能的天空。

为了培养学生实践活动的能力，结合地方实际，挖掘地方资源，可以开展以语文学科为主题的各种实践活动，来拓宽语文知识运用的时空领域，培养学生关注社会生活，关注大自然的情感。如"家乡的云蒙山"、"岱阳观的来历"、"给违规乱闯红绿灯者的一封信"等，让学生走出课堂，走向社会，开展调查研究实践活动，培养学生勇于探索、不怕挫折、敢于创新的个性品质。

人的创造力要在创造活动中表现出来。在语文综合实践活动课中，让学生通过多种感官交叉活动，通过"发展"途径进行"提高再创造"的训练，使创造潜能得到发掘，创造性思维得到发展。如语文综合实践活动课《找春天》：老师先带领学生到大自然中观察春天，寻找春天；然后组织学生说春天，画春天，写春天；最后在班里举行展示会。在这次活动中，学生积极参与，用自己最喜欢的方式进行展示。这样的语文综合实践活动，不仅训练了学生的观察能力，提高了口语交际能力，而且发展了学生的创造性思维，培养了创新能力。

培养学生实践能力，综合实践课要回归生活和社会，不能将学生老是圈在学校，而要以学生的活动和交往为线索，构建学校、家庭、社会三位一体，全面实施教育。引领学生走出校门，走进社会。在家庭、社区开展丰富多彩的活动，用自己的眼睛观察生活，用自己的心灵感受生活，用自己的方式去研究生活。因此，活动的组织形式要根据时空的特点，或班级，或小队，因地制宜。要通过各种生活体验活动，满足学生的天性，让学生在活动中获得快乐和愉悦的同时获得发展。例如：在教授综合实践活动课——《不断更新的通信家族》时，在教学过程中引导学生自主从身边熟悉的事物入手，留心观察社会生活中发生的变化，体会社会进步与发展给人们的生活带来的积极影响。通过简单的观察、调查、探究及搜集资料的能力，学会与同伴们讨论与合作。

在开展综合实践活动的过程中，学习是必要的，但如果把实践学习完全变成灌输式的文化学习过程，那么，综合实践活动也会名存实亡。在这一过程中，学生始终保持着学习的热情，正是由于正确处理了实践学习与文本学习的关系。从而使学生表现出了极强的求知欲望和解决问题的实践能力。在实际测量或估算中进行了一次研究性学习，学习过程是学生主动探究的，印象深刻，正是由于没有只是"纸上谈兵"，而是实实在在让学生去测量，去贴近生活，学习效果才十分明显。

培养学生自信能力，为了便于师生互动交流，在课堂座位的安排上随时进行调整。我们将传统的"秧田式"的课堂组合方式调整为小组式，并将小组的排列顺序设计成"U"形、梯形或者鱼骨形等。为了激发学生的兴趣，提高活动实效性，经常带领学生走出教室、走出学校进行实地教学。可以带领学生了解学校周围，让学生知家乡、爱家乡、建家乡，主题活动的目标也在激动、愉悦的氛围中得到了落实与升华。主题实践活动中，教师要注重学生个性的张扬，充分发挥每位学生的个性特长，提供展示其才能的舞台，使每一位学生在不同方面得到锻炼与提高。如学生发言可变举手点名式为站起来就说的自由式，有些行为规范可由语言表述改为模仿表演等，让学生在课堂上不受约束，有更多的自由发表见解，彰显个性的机会。这样既可愉悦学生身心，表现学生内心世界，保持学生积极乐学的情绪，又可活跃思维，恰当有效地实施德育。

综合实践活动，为沉闷的教改带来活力，让学生感受到了开放自主的痛快，让学生在实践中获得了感受，在实践中获得新知，也在实践中形成了意识，锻炼了能力，让学生的个性在实践中得到张扬，让学生的整体素质在实践中获得提高。给我们师生带来了要以活动促发展，让学生主动实践，主动探索，主动创造，大胆探究，敢于质疑。真正走进生活，亲近实践。

学生的能力，才是解决问题的关键和法宝。教育是培养人的社会活动，教育必须关心儿童所有的最充分的发展，而教师的责任则是创造能使每一个学生达到他可能达到的最高学习水准的学习条件，教师必须给学生奠定终生学习的基础，教师永远对所有学生负责。要努力培养学生积极的学习态度、善于与他人合作的精神以及高度的责任感和道德感受。为此，教师在教学实践中应当注重加强以下三个方面的工作：

1. 认真研究学生的实际能力

学生的实际能力就是指学生在学习新知识之前所具备的知识能力，这一点常常被忽视。众所周知，任何人在学习新知识时，旧知识更新总是参与其中，作用已有的知识学习新知，既提高警惕了课堂教学的科技含量，也消除了课堂上的无效空间，减少了学生的学习障碍。教学中，教师要重视培养学生的数学意识，特别是要有意识地培养学生从日常生活的具体事物中发现问题的能力；要认真研究学生学习新知识时已具有的能力，认真研究学生学习新知识的方法，以学法定教法。这样教学，起点低、层次多、要求高，适应了学生的实际认知水平。只有这样，课堂教学才能充分发挥学生的智利潜能，创造出适合每一个学生的教育。

2. 努力探寻学生的潜在能力

充分发挥学生的潜在能力是素质教育研究的重点。我们知道，学生是发展中的人，学习新知时所具有的能力就是学生的潜在能力。因此，在所有智力正常的学生中，没有潜能的学生是不存在的。课堂教学的关键就是要拓展学生的心理空间，激发学生学习的内驱力，发挥学生的潜在能力，促使学生积极主动思维，充分发挥其创造性和智力潜能。在教学中，是单纯地给学生现成的知识，还是为学生创设一定的问题情景，使学生有更多的机会去探索和思考，以便发挥其潜在能力，这是教学改革的核心问题，是要"应试教育"还是要素质教育的大问题。

只要学生学会了书本上的例题就可以自然而然地解决与之相似的问题。要能举一反三，就还需要学生有一个深入思考的过程，甚至要经过若干次错误与不完善的思考，这样才能达到一定的熟练程度。这更需要学生把书本上的知识内化为自己的知识。要达到这样的目的，教师在教学中要结合具体的教学内容，为学生提供独立思考的机会，给学生有充分的思考余地，让学生根据自己对问题的理解和思维发展水平，提出自己对问题的看法，不同学生的不同方法反映出学生对一个问题的认识水平。

学生学习时说出自己的方法，表面上看课堂教学缺乏统一性，但教师从学生的不同回答中可以了解学生是怎样思考的，在这样的教学过程中，学生能够养成一种善于思考、勇于提出自己想法的习惯，这对学生学习新内容、研究新问题是非常重要的。

相反的，在教学中，教师如果不给学生提供独立思考的机会，只是让学生跟着教师的思路走，一步一步引导学生说出正确的解题方法，虽然这样可以比较顺利地完成教学任务，但长此以往，学生就会养成惰性。所以，教师在课堂教学中要特别注意为学生创造更多的思考机会，充分激发学生的内在动机，努力发展学生的潜在能力，使学生在认识所学知识、理解所学知识的同时，智力水平也不断提高。

3. 注重培养学生的自学能力

自学能力是所有能力中最重要的一种能力。对于小学生来讲，最重要的是学会学习、学会思考、学会发现、学会创造，掌握一套适应自己的学习方法，做到在任何时候学习任何一种知识时都能"处处无师胜有师"。

在教学中，教师在学生掌握知识的基础上，培养、发展学生的思维能力。比如，教师可要求学生课前预习——学生把不懂的地方记录下来，上课时带着这些问题听讲，而对于在学习中已弄懂的内容可通过听讲来比较一下自己的理解与教师讲解之间的差距、看问题的角度是否相同，如有不同，哪种好些；课后复习——学生可先合上书本用自己的思路把课堂内容在脑子里"过"一遍，然后自己归纳出几个"条条"来。

当然，如果教师在具体的教学实践中能给每一个学生提供足够的时间和充分的帮助，那么每一个学生都能学会并达到正常的学习水平。其目的就是要努力创造条件，弥补缺陷，转变学生的状况，教学中，教师应注重因材施教，增加每个学生参与学习的机会，发展学的潜能，只有这样，才能真正使每个学生得到充分而全面的发展。

综合实践活动课是一种学生参与的活动，是在教师的指导下，自己亲自实践，在具体的实践过程中获取生活知识和技能经验。如何在设计综合实践活动课程中突出课程的教育功能呢？

把握课程的目标就要关注学生已有的生活经验和知识，关注学生身边的课程资源。对综合实践活动课程之价值和意义的不解，谜团一样浮在许多教师的脑海里。没有清晰的目标导引，便缺乏追求的志趣和动力，习惯了传统学术性教育目标的我国教育和我国教师，要在理解和接受一门价值和意趣都迥异不同的新课程，并不是一件容易的事情。

第一，良好的活动方案，主题、目标明确，任务清楚，形式合理。学生一般依据学校确定的综合实践活动领域和个性需求，确定活动主题，明确活动目标，并围绕主题设计活动的主要任务以及完成任务所采取的基本形式。

第二，要向学生进行方法教学，如，撰写计划的基本格式要提供给学生，并且要具体细致。制定活动整体方案时，要力求具体细致，如活动时间的安排，组织形式，人员的分工合作、活动内容，活动总目标和分期目标，都要一一细化，便于在活动中有的放矢。

第三，良好的活动方案，过程清楚，职责明确，自主管理。

活动组制定每一位成员必须共同遵守的活动规则，规定每一位成员的具体职责，自我管理，自我约束，相互提醒，成为活动方案的重要组成部分。

第四，要组织学生讨论每个小组的计划是否确实可行。有时学生确定的活动方案只是为了达到活动目的，而缺乏对主、客观因素的充分估计与分析，这样制定出来的方案不具有可操作性，无法保证活动的顺利进行。

因此，作为指导者的教师，要对活动从人力、物力、财力、时间等多各方面进行审视，并适时给予相应的指导。综合实践活动是跨学科、网络式的，它要求指导教师知识面广，实践能力强，能从多个角度看问题，这样，在制定活动方案时，学生有可能会设计邀请一些与活动有关的其他学科教师、社会人士、学生家长等做活动的指导者来参与活动。那么，在这些人士在时间、精力上能否保证，对活动的指导能否落到实处，这都需要考虑。制定活动方案时，要考虑在学生的能力范围内。制定活动方案，要关注小组成员的特点，根据他们的优势、特长分配任务。

总之，在综合实践课教学中，我们应多开展一些践活动，为学生提供一种开放的发展空间和发展机会。学生只有在这种开放的发展空间和实践机会中，才能获得书本上学不到的真实体验和情感。

第四节　发掘学生综合实践技能的注意事项

综合实践活动是一门直接影响教师的教学观念与方法、改变学生学习方式的课程，它是一门基于学生兴趣与直接经验，以发现问题、解决问题为目标，具有综合性、开放性、实践性、生成性与主体性的特点，其他课程无法取代的一门新型课程。笔者针对现实中存在的部分学校与教师对综合实践活动课程教师作用的错误认识，提出教师应具备的心理调适，规划与设计，组织指导、管理与协调，探究与解决问题，科研等五种能力。

随着活动过程的展开，学生在与教育情境的交互作用过程中会产生出新的目标、新的问题、新的价值观和新的对结果的设计，这些新的目标、新的问题、新的价值观和新的对结果的设计，都会给教师指导活动带来困惑，这就需要指导教师调适好自己的心理，认识到这些生成性目标与生成性主题产生的必然性，肯定其存在价值，并加以运用，从而将活动引向新的领域。

一、综合实践活动的能力

1. 规划与设计能力

综合实践活动为教师和学生提供宽广、自由的活动空间，以及广阔的活动背景。指导教师能够在这种广域的课程环境中自主地、自由地、灵活地引导学生选择活动主题或课题、安排活动过程。这就要求指导教师对综合实践活动的实施具有较强的规划能力和设计能力。

指导教师要善于根据学生的生活经验、已有的知识基础和特定的背景和条件，引导学生选择或自主提出活动项目、活动主题或课题，并合理地制定活动方案，保证综合实践活动得以顺利有效地实施。

社区服务与社会实践的实施过程活动设计时要考虑到以下几个方面：

（1）社区服务与社会实践活动应根据本课程的目标进行设计，兼顾知识与技能、过程与方法，特别强调情感态度与价值观，应注意学生生存体验的获得与增进，有助于学生全面、和谐的发展。

（2）活动设计应考虑为学生提供尽可能多的走出课堂、参与和体验社会生活的机会，为学生提供更宽广的学习与发展空间，让每一个学生都能得到实际锻炼。

（3）活动设计应围绕主题整合各科知识，帮助学生提高综合应用各学科知识的能力，使学生形成较完整的经验。

（4）活动可直接从社区服务与社会实践这一领域切入，但要注意把社区服务与社会实践、研究性学习和劳动与技术教育等其他指定领域的内容融合起来加以设计，体现综合实践活动的宗旨。

（5）设计出来的活动应力求生动活泼、丰富多彩，有助于调动学生参与的积极性和提高他们活动的兴趣。

（6）活动设计应考虑课程资源的特点、学校现有师资、设备、场所以及当地社区的其他条件，要充分利用或调动社会各界的力量。

从这些方面可看出这一活动设计需要指导教师有较强的规划与设计能力，统筹兼顾。

2. 组织指导、管理与协调能力

综合实践活动的实施涉及的因素相当复杂，它要求指导教师具有较强的组织与协调能力。指导教师要组织和管理好学生，引导学生组成活动小组，并协调学生活动中各部门的关系，通过与相关部门或人员的沟通，为学生展开综合实践活动创设宽松的活动时空，充分利用各种课程资源。

a. 组织指导能力，是指从对学生活动主题、项目或课题确定到活动过程、总结、交流，整个综合实践活动无不体现着教师的组织指导作用与能力。

在活动主题、项目或课题的确定阶段，教师应针对中小学生的文化、科学知识基础及其兴趣和爱好、学生所处的特定社区背景和自然条件，引导学生确定合理的活动主题、项目或课题。

在学生初次进行综合实践活动的情况下，教师可提供若干有益的活动主题、项目或课题，供学生选择。随着学生能力的不断发展，教师应放手让学生自主确定活动项目、活动主题或课题。在学生初步选择或自主提出活动项目、主题或课题后，教师要引导学生对活动主题、项目或课题进行论证，以便确定合理可行的活动项目、主题或课题。

当活动主题、项目或课题确定后，教师要指导学生制定合理可行的活动方案，培养学生的规划能力。规划和设计活动方案，也是学生能力发展的过程。

在活动实施阶段，教师要组织指导学生进行资料的搜集。针对学生的实际和相关的课程资源，在活动开始阶段，可以结合实例对学生进行一定的基础训练，帮助学生掌握利用工具书（如索引、文摘、百科全书等）、使用视听媒体、做笔记、进行访谈，对资料做整理和分类等方面的技能。在具体的活动过程中，要指导学生有目的地收集事实材料，指导学生运用调查、观察、访问、测量等方法；要指导学生写好研究日记，及时记载研究情况，真实记录个人体验，为以后进行总结和评价提供依据。引导学生形成收集和处理信息的能力。

在实施过程中，教师要及时了解学生开展活动的情况，有针对性地进行指导、点拨与督促；要组织灵活多样的交流、研讨活动，促进学生自我教育，帮助他们保持和进一步提高学习积极性；对有特殊困难的小组要进行个别辅导，或创设必要条件，或帮助调整研究计划。教师要在实施过程中实现从知识传授者到学生学习的组织、指导、参与者的角色转变。

在实施过程中，教师要注意争取家长和社会有关方面的关心、理解和参与，开发对实施综合实践活动有价值的校内外教育资源，为学生开展活动提供良好的条件。还应指导学生注意活动中的安全问题，培养学生的安全意识和自我保护能力，防止意外的事故发生。

在活动总结阶段，教师应组织指导学生对活动过程中的资料进行筛选、整理，形成结论，指导学生撰写活动报告，并进行不同方式的表达和交流。在总结时，要引导学生着重对活动过程中的体验、认识和收获进行总结和反思。

b. 管理与协调能力，管理能力是指综合实践活动的基本条件有组织机构、职责分工、教师教学与学生活动等，这些方面都需要规范管理，需要指导教师制订一系列的制度，确保活动的顺利开展，所以教师的管理能力至关重要。协调能力分为两方面：

一是小组活动需要协调，综合实践活动一般有全班活动、小组活动和个人活动等几种组织形式，主要以小组活动为主。小组活动是综合实践活动最基本的组织形式。鼓励初中学生以小组合作的形式，开展综合实践活动。小组的构成由学生自己协商后确定。小组成员的组成不限于班级内，为使实践与探究走向深入，允许并鼓励各班之间、不同年级之间，甚至不同学校、不同地域之间学生的组合。所以需要教师进行协商，协调好学生的分工组合及各部门的关系。

二是人与人之间的关系需要协调，综合实践活动是教师、学生，甚至家长共同参与的活动，指导教师不仅要协调学生与学生之间的关系，还要协调教师与家长、教师与教师之间的关系，只有协调好这些关系，才能做到通力合作，确保活动的成效。

3. 探究与解决问题的能力

综合实践活动的实践性特点要求指导教师具有较强的实践能力。指导教师自己要学会问题探究和问题解决。只有教师具有问题意识、具备探究的能力，才能较好地指导学生开展研究性学习，较好地指导综合实践活动。

指导教师要注重在指导学生的过程中，发展自我的实践能力。让教师自身与学生在综合实践活动中一道成长。

影响当前国内外基础教育的教学实践的教学观的三个主要核心观念之一是把教学看作是学生在教师引导下进行的反思性的、批判性的、探究性的活动。

批判教学理论深受弗雷尔思想的影响。弗雷尔在他的名著《被压迫者的教育学（PedagogyoftheOppressed）》中认为：教育是一种反思性实践。批判教学理论以此为基础，认为教学是一种

"反思性实践"。教学作为一种"反思性实践"，应具有五个方面的内涵：其一，反思性实践的构成要素是行动和反思，因而课程本身是通过行动和反思间的相互作用构成的整体，教学则是批判性反思性实践的展开过程；其二，反思性实践是在真实的而非虚假的世界中发生的，从而课程设计与教学实施必须在真实的而非虚假的学习情境中与学生一起建构；其三，反思性实践是在相互作用的世界中、社会和文化的世界中进行的。这要求课程设计与教学实施体现社会实践性，必须在整个生活世界中展开教学活动，而且其中师生在活动中应是平等的；其四，反思性实践的世界是有意义的建构性的世界，而不是纯自然的世界。在课程学习中，对学生来说，所有的知识只有通过反思才能作用于学生的生活，才对人生具有建构意义；其五，反思性实践表现为一种创造意义的过程。意义的创造并不意味着创造性思维的结果，而是意味着对个体生成和发展的人生价值意义。批判教学理论是以整体哲学观为基础的，反对教学过程中要求学生对教材内容完全地进行接受性的学习，要求学生通过反思、批判的方式进行自我意义的生成与建构。

教学作为一种文化传承的活动，其根本目的不仅仅是为了让学生去接受这些文化，而是为了通过对文化的反思来形成自我对人与自然的关系、人与他人或社会的关系，以及人与自我关系的理解和把握，是一种文化再生产的活动。教师与学生的双边活动，不应是教师教给学生文化的活动，而是教师引导学生通过对文化的反思而建构意义的活动。在意义的重建过程中，探究是最基本的活动方式。因此，纯粹的以接受为主的认知性活动，不是教学活动的全部内涵。诚如古罗马教育家普鲁塔克所指出的那样：儿童的心灵"不是一个需要填满的罐子，而是一颗需要点燃的火种。"要点燃儿童心灵的火种，仅有知识接受性教学是远远不够的。

在社会变革日益剧烈、生活方式的转换日益频繁、价值观念日趋复杂的今天，基础教育的教学更应引导学生通过反思和探究，来引导学生追求有价值的可能生活。这也是世界各国基础教育的教学比以往任何历史时期更注重培养学生的探究能力和创新精神的基本原因。因而，在教学本质观上，从认知性活动向探究性活动的转向，是教学本质观转向的第一个基本特征。

而综合实践活动是最具探究性的教学活动之一，它需要我们关注学生的生存方式和学习方式，它强调学生通过探究性学习、社会实践性学习、体验性学习和操作性学习等多种实践性学习活动，对课堂教学空间和教材加以拓展，改变学生在教育中的学习方式和生活方式，学生的探究发现、大胆质疑、调查研究、实验论证、合作交流、社会参与、社区服务以及劳动和技术实践等作为重要的发展性教育活动。

还有，"问题解决"是综合实践活动的目标要素。综合实践活动课程的实施，强调发现学生在自己的生活中发现问题、解决问题的能力，学会认知、发展学生的动手能力，养成探究学习的态度和习惯。不过，发展学生探究问题和解决问题的能力，教师是关键，因此，综合实践活动需要教师具有较强的探究问题和解决问题的能力。

4. 科研能力

如果说教科研是学校实现可持续发展的源动力，那么教科研也是课程得以可持续发展的源动力。

综合实践活动是一种开放的实践性课程。它的实施过程，就是教师和学生在现实的教育情境中不断地创生新的教育经验的过程，就是学生的知识与技能、过程与方法、情感态度和价值观基于活动而不断生成的过程。综合实践活动的课程实施过程，就是学生在生动的、具体的、综合的自然情境、社会情境和教育情境中亲历、实践、体验和发展的过程。综合实践活动无论从活动内容、活动的实施、还是活动过程，亦或活动评价看，都需要教师和学生站在科学的角度来审视。

学生活动主题的选择、目标的确定、活动方案的撰写，实际上就是课题研究的雏形，教师如果不具备一定的科研能力，就无法对学生进行科学地指导。像某老师指导的"食海拾趣"这一活动，教师指导学生"学做金华小吃"、"采摘乡间野菜"、"采访路摊食客"、"设计文化小店"、"演绎餐桌故事"、"制作美食展报"等活动，如果教师没有一定的科研能力，学生就无法设计出较科学的活动方案，整个活动也就不可能那么顺利的开展。因此，综合实践活动离不开教师的科研能力。

当然，综合实践活动教师应具备的能力很多，这里笔者仅选择当前综合实践活动中体现得较为明显的五种与大家共鸣。

二、有效指导的前提条件

前提一：深入解读综合实践活动课程

面对一门新型的课程形态，我们首先要做的是去了解它、认识它，而不是急匆匆地去执行它。很多一线的教师因为对综合实践课程的理念、性质、目标、活动类型等各方面不了解，而将综合实践活动课上成一般的学科综合性学习课或是脱离了综合实践活动的主题，代替学生去实践，造成了对课程的误读，严重影响了这门课程的发展。对于每一位要接任综合实践活动课的老师都要先认真研读一下《综合实践活动指导纲要》和《基础教育课程改革纲要》。这是走进综合实践活动课程的第一步。

学校也好，教师也好，不要吝啬把时间花在学习理论上，没有理论的指导，我们的具体实施将只是空中楼阁，经不起推敲。我们可以认真地思考以下：为什么这门课程开设三年来，并没有引起广大学校和教师足够的重视，也没有取得突破性的进展呢？很大程度上是我们的学校和教师对这门课程的认识不到位，学习的层面太狭窄。单单让教师去观摩几节开题课，是远远不够的。开题课的确精彩，但如果只把眼光局限在开题课上，那真正的综合实践的魅力将被磨灭。我们学校和教师需要的是对这门课程系统和全面的解读，只有真正领会课程的精神，才能使综合实践活动一路精彩下去。

前提二：正确定位自身角色

教师的角色定位影响整个综合实践活动课程的开展。综合实践活动本质上虽然是学生自主性教育行为，但活动是师生互动、共同发展的过程，离不开教师积极主动的参与。《综合实践活动指导纲要》也指出"教师要对学生的活动加以有效指导"。教师既不能'教'活动，也不能推卸指导的责任、放任学生，而应把自己的有效指导与学生自主选择、主动探究相结合起来，促进实践活动有效开展。教师必须要明确自己在综合实践活动中是积极的组织者、参与者和引导者。教师在综合实践活动中起到的作用可从以下几方面来阐述：

1. 营造活动环境

激发探索欲望，这是把学生引进这门课程的第一步。

2. 组织合作学习

引导研究方向，这是顺利开展这门课程的关键所在。

3. 关注个体差异

满足不同需要，这是这门课程深入人心的法宝。

4. 推动积极评价

发展学生智能，这是这门课程继续深入的前提。

教师要发挥自身在综合实践活动中的作用，正确认识自己的角色，才能更好地进入角色，扮演好角色，使这门课程开展地更顺利、更深入、更有效。

前提三：要讲究指导策略

一门新鲜的课程形态对学生有无穷的吸引力，学生的好奇心会驱使他们很快地进入角色，然而这门课程对他们来说是陌生的，他们无法用以往的学习方式来达到目标。这时的他们最需要教师及时的点拨和启发。教师要研究学生的心理特点和认识水平，研究各种类型的活动的特点和需求。科学地确定综合实践活动的指导策略，是实现其教育功能的重要条件。讲究指导策略，要求教师的指导要有针对性，注意讲求指导的实效。根据学生的实际给予指导。

前提四：要设计与制定教师活动方案，增强教师指导的计划性

目前，因为在综合实践活动实施过程中的教师的指导规范还尚未形成，教师的指导还带有很强的随意性，缺少计划性、系统性和规范性。教师对这门课的指导大多从自身的理解出发，没有一种规范，经常是碰到一个问题解决一个问题，因为事先没有预案，有时会被所遇到的问题弄得非常被动，在情急之下没有经过仔细思量就对学生进行指导，这样的不成熟的指导对学生来说未必是好事。所以作为综合实践活动课的教师必须制定一套教师指导方案（这方案中应包括整个学期的指导方案和学生活动主题的具体指导方案）。教师只有对整个学期的指导有一个整体的设想，才不至于忙于应付和接招。胸有成竹的指导才可能是有效的。增强教师指导的计划性有利于明确教师的指导任务，提高具体实施的效果。

教师要提高指导的有效性，除了注意这四个前提外还要考虑下面几个问题：

一要适时指导。适时指导指的是在综合实践活动过程的不同阶段，针对不同的目的和任务，教师要履行不同的指导职责，做出有效的指导行为。

二要适度指导。指导是要的，但要掌握好"度"。切不可事无巨细，一一指导，那就失去了指导的真正意义。教师要善于发现学生在实践活动中的困惑和困难，在突出学生主体地位、兴

趣、爱好和需要的同时，加强指导的针对性和实效性。

三要适当指导。教师要根据活动的任务和活动内容，适当地采取指导形式。合适的指导才会有相应的效果。

当教师深入解读了综合实践活动课程的内涵，明确了自身在课程实施中的角色，也掌握了一定的指导策略，并对整个学期的有了全面的计划后，教师的指导就有了理论依据，有了方向。那么教师在具体的实践活动中该如何开展有效的指导呢？

三、具体指导策略

一是指导学生选题

课题的选择要考虑是否与学生生活和学习直接相关，是否是学生感兴趣的话题。教师在指导选题时一定要把学生放在首位，不能将自己主观的想法强加给学生，而应结合学生的知识基础和年龄特点以及学生的生活环境等方面来确定课题。在选题阶段，教师要善于观察学生生活，捕捉实践契机，要有极强的问题意识和探究精神。创设情境，让学生发现问题，并引导学生从问题中选择适合自己的课题。任何可以挖掘的活动教师都应该紧紧抓住。

例：在一次描写校园景象的作文中，发现许多学生跑来问老师学校里各种植物的名称，原来他们对学校的植物了解甚少。教师立刻意识到这是一个非常好的实践活动，随即就开题将题目确定为"认识学校的植物"，学生在这个大课题的指引下，提出了自己想要研究小课题：A 学校里有哪些植物，数量有多少？B 这些植物有什么特点？C 这些植物的生长条件有哪些？D 为什么有些花有香气，而有些没有等等。

学生有探究兴趣才是实践活动顺利开展，有效开展的前提。所以教师在选题时一定要从学生的角度出发。随着学生实践能力的提高，教师要引导学生自主确定可行的有价值的活动主题，不断体现学生在综合实践活动中的主体地位。

教师指导选题，选对题还仅仅是走出了实践的第一步。

二是指导设计活动方案

一个好的活动方案是活动顺利，有效开展的前提。在确定主题后，教师要着手指导学生设计合理、科学、有可行性的活动计划。活动方案设计，包括研究的问题、活动的时间、地点、人员、方法、活动步骤等。

1. 在设计活动方案之前，教师首先要指导学生建立学习研究小组。在综合实践活动中合作是非常重要的，一个课题的实施是需要多人共同努力的结果。

2. 在学生自行设计活动方案时，教师要加强引导和点拨，确保学生研究的问题是有意义的，采用的方法是可操作的、是合理的。

3. 指导聘请指导师。学生毕竟还是学生，他们的阅历、知识经验都是有限的，在活动开展中，肯定会碰到许多无法解决的问题，需要成年人的帮助和指导。所以当学生在设计活动方案时，教师要提醒学生，从他们自己的研究主题出发，选择合适的人当自己活动的导师。

三是指导活动实施过程

在活动的进行过程中，教师要及时了解学生活动的开展情况，有针对性地进行指导与督促，要组织灵活多样的交流、研讨活动，促进学生自我反思、修改或完善自己的活动，为下一步活动提供依据。

1. 提供活动开展的条件

在活动的开展中，教师要为学生的活动提供物质条件，如场地条件、查阅资料条件和学校所能提供的工具、材料等。这是活动能开展的基本的保障。

2. 指导学生搜集材料，筛选材料、形成结论

在活动的开始阶段，教师应结合实例对学生进行一定的基础指导，引导学生通过多种途径来收集信息。帮助学生掌握利用工具书、视听媒体、做笔记、进行访谈等方法搜集资料，然后根据主题整理和归纳资料。在大量的资料中筛选可用的素材。这种筛选能力的培养有助于学生在信息化时代对信息的准确把握，而不至于面对繁杂的信息失去自己的主见。有了材料的支持，学生要学会运用自己掌握的材料进行推理、分析、概括，形成自己的想法，得出结论。

3. 指导学生记录活动过程中的体验和感受

任何活动过程的意义都胜于结果的意义。活动中的点点滴滴对学生来说更有记录的价值。活动中的困惑也好、欣喜也好，成功也好，挫败也好，学生的心理经历了丰富的体验，学生的能力得到了发展。这才是真正的综合实践活动。引导学生及时记录活动中的感受和体验，为以后的总结和评价提供依据。

四是指导学生展示成果

经过一段时间的研究学习，学生们形成了自己对某一主题的想法，形成了自己的结论。这时正是指导学生展示学习成果的最佳时机。如何展示？当然不能少了教师的指导。不管是展示的形式和展示的内容选择都要恰当。教师要让学生明确展示的形式要符合自己的主题、还要自己最擅长的，要引起其他人的注意。展示过程中，对一些细节的问题，教师也要及时地指导，让学生把自己的实践活动的收获以最佳的效果展现出来，让学生在展示中充分体验成功。

要一路延续综合实践活动的精彩，离不开教师全程的有效指导。教师是综合实践活动中不可代替的独特角色。教师有效指导的程度，直接关系着这门课程的发展，关系着学生的发展。所以，担任综合实践活动课的老师要想方设法让自己的指导更加有

效，给我们的综合实践活动插上飞翔的翅膀，飞得更高、更远。

第五节　对学生综合实践技能的思考与认识

实践教学是学校实现培养人才目标的重要环节，它对提高学生的综合素质，培养学生的创新意识和创新能力，以及使学生成为一个复合型人才都具有特殊作用。《高等教育法》明文规定："高等教育的任务是培养具有创新精神和实践能力的高级专门人才"，"本科教育应当使学生比较系统地掌握本学科、本专业必需的基础理论、基本知识，掌握本专业必要的基本技能、方法和相关知识，具有从事本专业实际工作和研究工作的初步能力"，而学生时间能力的培养、学生基本技能、方法和相关知识的训练就是靠实践教学来保证的。但是，由于我国高等教育是计划经济体制的产物，即便在今天，计划经济体制对高等教育的惯性作用依然存在。在传统的高等教育中，不重视理论与实践的结合，更不可能特别关注学生观念、能力、创新等综合素质的培养和提高，因此，在教育教学中就容易忽视实践教学环节，实践教学一直以来就是高校人才培养的一个薄弱环节，并且存在着一系列问题，这些问题反过来又制约了实践教学的发展。本文试图分析高校实践教学存在的主要问题，并针对现有问题提出相应的对策。

一、实践教学的现状

目前实践教学基本上都依据专业教学计划来组织教学工作，实践教学环节主要包括实验、课程实习和毕业实习3个方面。实验大多是结合理论课程开设的，而实验课也只是在教学计划规定的时间内进行。实验方式大多是由教师先讲，学生按照教师的布置或者指导书上的步骤，按部就班，完成实验操作。实验内容一致，结果唯一，学生虽然也参与了实验教学活动，但实质上是处于被动接受的状态，他们学习的主动性、积极性受到一定的限制，同时还为一些不能主动参与实验的同学提供的方便。在这种模式下，虽然也强调实验能力的培养，但这种实验能力是被当作技能并以"知识"的形式加以传授，从而导致学生缺乏"创造性"应用能力的培养。

（一）实践教学中存在的问题

1. 教学方法陈旧

虽然学校在教学内容、课程体系、教学方法等方面进行了一系列改革，但总体而言，培养模式仍然较单一，管理过死，条条太多，严重影响学生的积极性、主动性和创新性的发挥。不少教学内容陈旧落后，某些已经随着科技的发展失去原有价值的内容，仍然在我们教材中占有一定的地位，而某些正在转化为新的知识体系的科学前沿的知识，却仍被我们置于教学大门之外。另外，单一化、灌输性教学方式，仍然是主要的教学方式，师生之间很少交流。

2. 对实践教学重视不够

对实践教学重视不够主要表现在两方面：一是由于受传统"应试教育"思想的影响，长期以来形成"理论教学体现学术性，实践教学是理论教学的一个环节、一种补充"的认识。认为实践教学仅是作为理性认识的验证而依附于理论教学，学校教育质量的高低，主要看学生掌握理论的水平，而实践能力则无足轻重，对课程实验、实习的学时越压越少。二是由于实践教学较理论教学难度大而有畏难情绪。实践教学不但需要教材，而且需要实物；不但需要与校内各部门打交道，而且还要协调校外有关单位。教学组织工作较复杂，从实验设计、实验准备到实验报告批改，特别是野外教学生产实习，除去学生方面难于管理的因素外，其衣食住行安全保障及实习大纲的检查指导都要详细安排，同时还要协调好与实习单位的关系。所以有个别教师怕麻烦就轻避重，甚至干脆不搞实践教学。因此，在实验、实习时只是走过场，不愿动脑筋，更不愿动手，应付过关了事。

（二）高校实践教学改革的对策

针对高校实践教学中存在的问题，应该从以下几个方面进行努力，从而切实提高实践教学的效果。

1. 切实转变观念、提高认识水平

高校实践教学不是无关紧要，不是无足轻重，更不是可有可无。要搞好实践教学，高校领导和教师必须认真学习教育部有关文件，深入领会党的教育路线、方针、政策，切实转变观念，提高深化高等教育改革，培养创新人才的自觉性、紧迫性的认识；激发积极性，迸发创造性，把实践教学的各项工作搞好。

2. 完善实践教学体系，更新实践教学内容

高校应积极鼓励和组织专家教授根据社会经济发展的新形式、新政策以及科技发展的新成果制定科学合理的培养方案或者教学计划，处理好理论教学与实践教学的关系，设置具有层次性、渐进性、可操作性的实践教学内容，完善实践教学体系。根据实践教学需要编写实验大纲，实验教材或者其他指导实践教学的资料。在实践教学的过程中，注重按照社会对各类专业人才的就业素质要求、区域经济发展水平及时调整和拓展实践教学内容。

3. 加大投入，加强实践教学设施建设

实践教学效果的好坏在一定程度上取决于实践教学设施的优劣。提高实践教学效果，必须加大投入，加强实践教学设施建设。因此，高校必须加强实验室建设，为实践教学提供良好的硬件条件；高等学校的有关职能部门要把好关，要根据学校的开课情况做好实验室建设规划，提前落实教学保障的各项措施。要千方百计提高实验室的利用率，避免资源闲置和浪费；可以通过校

校合作等形式，搞好实验室资源的综合利用，实现资源共享。同时，通过校企合作，厂校联合，学校与地方政府，其他社会组织协作等形式，建立数量充足，专业对口，互利双赢的校内外实习基地，使实习基地成为学生实践教学的重要平台。

4. 改进实践教学的手段和方法、加强实践教学师资队伍建设

高校应引导教师开展实践教学的研究，鼓励教师进行实践教学手段和方法改革，让重视实践教学的观念深入人心，把重视实践教学的措施落实到实处。在实践教学师资的培养上采取切实可行的措施，提高教师实践教学的质量和水平。对所有刚走上讲台的年轻教师进行教师职业知识与技能培训，以使他们树立职业观念，具备职业道德和技能；给教师提供各种继续受教育的机会，为教师了解和吸收新科研成果提供方便；积极创造条件，让部分教师定期到有关部门、公司、企业挂职锻炼，为教师进行科研和社会调查研究提供机会；改革实践教学工作量的计算办法和酬金计算标准，吸引广大教师尤其是高职称教师参与指导实践教学；聘请知名高校实践能力强、理论水平高的教授作为兼职教授，定期对教师开设讲座，提高年轻教师的实践教学水平和理论水平；聘请企业、事业单位或其他部门实践能力强的专家与高校教师一起共同担任学生实践指导老师，提高实践教学效果；通过学生参与教师科研或者从事毕业设计等形式锻炼学生的实践动手能力，同时促进教师指导实践教学水平的提高。

5. 加强监控、建立科学的实践教学考核评价体系

针对高校普遍存在的忽视实践教学监控的现象，必须采取切实可行的措施将实践教学置于有效的监控之下。这既是对过去"重理论轻实践"、"重活动开展轻活动建设"现象和行为的一种校正，也是遵循教育规律，贯彻"理论联系实践"教学原则的重要体现。重视和加强实践教学，还应该建立一套科学的评价体系。这个体系不是孤立的，而是与理论教学评价体系紧密联系在一起。这个体系应该正确处理理论教学效果评价与实践教学效果

评价的关系，也应该体现实践教学评价体系独特的特点，反映实践教学评价的一般规律。

二、学生综合社会实践活动的思考与实践

(一) 学校综合实践活动反思

《新课程标准》指出："要积极开发并利用校内外各种资源，让学生通过实践，增强探究和创新意识，学习科学研究的方法，发展综合运用知识的能力，增进学校与社会的密切联系，培养学生的社会责任感。"学校应充分开发利用各种教育资源，包括校内资源、社区资源和学生家庭中的资源，拓展综合实践活动的实施空间。

但在我们平时的教学中，虽然进行了这方面的探索，但由于多方面的原因使得综合实践活动课的开展面临很多困惑，遇到了很多的阻力。

1. 课程的开设形同虚设，虽然有些学校的课表中安排了诸如：地方课程、研究性学习、信息技术等课程，但这些课程的开设都因为在"应试教育"指挥棒的指挥下，这些"非主流"课程通通给"主流"课程让路。使得这类"非主流"课程的开设流于形式，成了应付上级检查的摆设。

2. 课程的开设得不到家长和社会的认同，综合实践活动课的开展能够培养学生诸多方面的能力，但这些能力的提升并不是短时间内能看到的。如果让学生花过多时间、精力去做与升学、成绩看似无关的事，家长是不会认同的。家长不认同，课程的开展、活动的开展就不能得到长效的发展。

综合实践活动是新课程的核心课程，这门课程既不是课外活动，也不是活动课程，而是通过教育交往为中心的活动，其强调的是学生的积极参与，重视的是学生的体验、感受，以学生兴趣和内在需要为基础，以主动探索为特征，以实现学生主体能力综

合发展为目的。没课程的大环境，学校如果冒险坚持开设这门实践课程，就要承受来自社会、学生家长甚至社会舆论的极大压力。

一位教育专家说得好："再好的课程，如果不去实践，那么，你永远走不进这门课程。再难的课程，只要我们热情地参与进去，就会有丰厚的回报！"

（二）学生综合社会实践活动的探索形式

为了全面贯彻党的教育方针，坚持以人为本、德育为先，全面推进素质教育，让学生接触自然，了解社会，拓宽视野，丰富知识，提高社会实践能力和综合素质，减轻学生过重课业负担，培养学生兴趣爱好，丰富学生的课余生活，使广大中小学生在社会实践中，提高创新精神和实践能力，树立学生社会责任感，学生实行综合实践活动的探索起着至关重要的作用。

中小学生社会实践活动主要包括开展"爱国主义教育基地学习活动、综合实践基地校体验活动、社会服务和调查、农村社会实践活动、军政训练、走进大自然活动"等内容。各学校要因地制宜，创新活动手段和方式，充分发挥中小学生参与社会实践的主动性和积极性，构筑全员参与、全面系统的社会实践平台，实现社会实践工作的常态化、机制化。

1. 开展爱国主义教育基地学习活动。根据各省各市的地方特色，学校要充分发挥周边爱国主义教育基地的资源优势，结合相关书籍，以研究性学习或班团活动的形式，组织学生利用各种法定节日、传统节日、历史人物和重大历史事件纪念日等，走进爱国主义教育基地，接受革命传统和民族精神教育，增进爱国情感，提高道德修养。

2. 开展综合实践教育基地体验活动。各学校要充分利用教育局综合实践教育基地校，有目的地组织中小学生到实践教育基地参加社会实践活动或进行素质教育拓展训练，培养学生自立、自理、自救、自护的能力。综合实践教育基地校将结合不同年级的学生设置合理的综合实践课程和拓展训练项目，提高综合实践课程的实效性。

3. 开展社会（社区）服务和调查活动。学校、家庭、社区三结合是提高德育工作实效的重要途径，各学校要主动加强与社区和家庭的联系，组织学生到社区开展文明创建、交通协勤、公益劳动等志愿者服务和调查活动。通过融入社会、接触生活，增加对社会的认识与理解、体验与感悟，不断增强社会责任感。各学校要积极探索学生社会实践活动的新途径和新方法。初中和高中要鼓励学生多参加社会服务和调查活动。

4. 开展农村社会实践活动。农村社会实践活动主要包括参加农业生产劳动实践体验和现代农业考察，学习掌握基本的农事操作技能；了解传统农业和现代农业科学知识，学习党和国家关于农民、农业、农村的政策，考察改革开放以来农村建设的新面貌。（高中阶段的农村社会实践原则上安排在高二年级，要列入教学计划，其中 1/2 以上时间应安排学生参加农业生产劳动。初中和小学 4~6 年级在校期间，都要到教育局实践基地进行社会实践或考察活动。（具体活动时间另行安排）

5. 开展中小学生军训活动，加强学生体质和体能训练。学生每天一小时的体育锻炼时间，做好体育、艺术活动，切实提高学生的体质和体能，掌握两项体育技能和一项艺术技能。在军事技能方面，高中学生军训要根据教育部、总参谋部、总政治部印发的《高级中学学生军事训练教学大纲》的要求，通过军事训练与教学使学生掌握基本军事知识和技能，增强爱国主义信念、国防观念和国家安全意识。高中一年级新生和中等职业学校新生原则上均应参加军训，高二、初中和小学学生必须把参加国防教育与训练作为必修课。（各学校每学年至少开展一次国防、民防教育活动的实践体验活动。）

6. 开展走出校园、走进大自然体验活动。各学校要遵循学生成长规律，依据学生年龄、生理、心理特点，有计划地合理安排踏青、远足活动，让学生走出校园，走进大自然，感受家乡的美丽。进一步丰富学习生活、增长知识、陶冶情操、减轻学习压力和课业负担，使学生更加热爱生活、热爱人生。（各学校每个学年度必须组织一次体验大自然的活动。）

当然，在实施综合实践活动中，应该注重从实际出发，引导学生积极参加社会调查、志愿者服务和生产劳动等为主的社会实践活动，提高学生综合实践技能，在实践中努力应用书本知识为农村和农业服务。

第六节　综合实践技能教学的重要性

随着现代教育科学的不断发展，教育的内容和手段不断更新，实践教学越来越成为全面实施素质教育，培养学生实践技能，创新能力，科技素质的一个重要部分，是教学中一项不可缺少的环节，是任何教学手段都无法代替的。本文将对实践教学的目的特点及目前存在的问题进行粗略的探讨，以期有所收益。

实践教学要培养创新人才，培养学生探索知识、发现知识的能力。同样，实践课堂的教学不仅要让学生学到一定的知识，更重要的是要让学生能够自己去探索知识、发现知识，具有自我教育的能力，具有分析问题、解决问题的能力，从而能让他们在不断尝试，不断错误和不断修正错误的过程中进行知识的探索。

对于实践教学来讲它涉及两个方面的内容，一是理论知识，而是实践操作，两者是相辅相承的，结合的好，教学会如虎添翼，而且使学生拉进了理论与实践的距离，把理论知识和实践一体化，易于突出所学专业的重点便于学习。下面从以下几点来阐述实践教学在教学中的作用。

1. 实践教学作为一种独特的教学形式它应具有的以下几个

特点：

①学生主要是通过实践活动进行学习，增强了学生的感性认识，拓宽了学生将所学的理论知识与实际相结合的学习途径，即动手又动脑是学习的能动过程。

②以学生的全面发展为本，突出了学生的主体地位。学生是实践教学的主体，在实践教学中具有能动性，对实验加以理解和体验，都成为实验教学资源开发的重要组成部分。

③通过实践教学使学生更直观地了解了所学的理论知识，引发学生的创新能力。因为实践是科学的基础，是科学发展的动力源泉，是解决学生学习兴趣低下，知识面窄，发现问题、分析问题与解决问题，以及动手操作的能力的关键，所以实践教学在现代教学中占有重要的位置。

④通过实践教学使学生对知识、技能和能力达到了统一性和实用性。

⑤推动了学生探究性学习和合作性学习，树立了学生的合作精神和科学的价值观。

2. 实践教学的教学目的是为了检验学生所学理论与方法，采用相应手段，按照实际工作的要求进行实际教学的教学活动，是掌握基本技能的必要教学活动。为了使学生达到实践教学的目的我们应做到以下几点。

①常规管理与学生养成教育相结合，对违反实践操作的行为不只是简单地批评和教育，而是要求学生认识到错误，让他们意识到问题的所在，培养学生良好的行为习惯和责任心，培养学生的公德意识与素质教育接轨。

②通过实践教学的全过程，让学生在获取或巩固理论知识的过程中，理解和掌握运用观察和实践的手段处理问题的基本技能，培养学生敢于质疑和探究的品质，端正学生严谨、求实的学习态度，培养学生良好的习惯，树立学生不懈的求知精神，培养学生的观察能力、思维能力和实践操作能力，激发学生的学习兴

趣和学习动机，培养学生的创新精神和创新能力，培养学生的社会意识和合作精神，提高学生的综合素质和科学的价值观。

③根据实践的内容，确定假设与研究的因素。确定分析指标、分析方法，激发学生对该学科的学习兴趣及能动性，创新能力及解决问题能力的提高等。采取通过书写或讨论的形式，对比分析写出实验报告。通过撰写实验报告，使学生进一步熟悉、掌握思维能力、创造能力及分析问题的能力。

④综合实践活动的本质就是让学生在实践活动中去体验、去建构知识，去运用已有的知识解决问题。信息技术为学生提供了极为丰富的电子化学习的资源，学生通过相关信息的收集、处理、交流从而获取知识，从而突出了学生的主体和自主参与学习的过程。

3. 实践教学存在的问题

实践教学增强了学生的感性认识，拓宽了学生将所学理论知识与实际相结合的学习途径，但是在运作上也存在着这样那样的问题，目前存在的问题主要有以下几点。

①缺乏资源共享意识，造成资源的浪费。学校实验室基本上都是以院、系为单位，有时宁可不用，也不会给其他部门使用，这样造成了资源的极大浪费，也不利于学生在较短的时间里全面掌握基本技能和基本方法。

②有时实验项目缺乏与企业和公司的合作，即便是该实验项目很好，但缺少资金设该项目无法继续，从而打击了学生的积极性。

③在传统实践教学中的练习法也因为信息技术的引入而发生了巨大变化，网络使得在线练习成为可能，并形成交互，这更强调环境建构的作用，而不仅仅是传统情况下由学生机械的作练习题。

上述情况亟待改变，以提高实践教学在社会中的应用，当前应做好以下几个方面的工作。

①在传统实践教学中，谈话法是教师根据已经积累的知识和经验提出问题，并要求学生回答，通过师生间的对话交流，引导学生独立思考，以获得实践课程的知识和巩固知识的方法。信息技术条件下，教师在实践课程进行中的实现形式更加多样，教师可以利用即时通讯软件，实现实践教学的即时评价，也可以进行以班级为单位让学生畅所欲言，以得到更好的实验教学。但更多的是利用邮件形式，与学生进行个别交流。教师还可以将实验谈话的规模加以夸大，让学生通过电子公告板的形式，实现师生间的双向交流。

②将综合实践活动课程场地置于社会大系统中，并按照社会积极的发展全面系统地进行实践教学内容的设计，包括实践理论的专业层次和动手层次的要求，力求所选的资料具有代表性、全面性、合理性。改进资源投入方式，已达到控制实践趋势的最优化。

③加强自主合作与参与的教学方式。合作与参与教学方式在今天尤为重要，因为教育是一长期积累和持续发展的过程，通过学校与企业、公司建立合作关系，不仅提高了实践的效率解决了一些资金问题，而且可以指出学校教学中的不足。

综合上述，传统的实践教学方式和手段，已越来越不能满足现代教育的需要，信息技术革命向实践教学方式提出了挑战。面对信息技术带来的机遇和挑战，实践教学方式未来所面临的发展方向主要是社会化、产业化。

在实践活动课的教学中，就应该坚持以人为本的育人原则，充分发掘每个学生的综合实践技能，让学生通过观察、操作、分析、讨论、交流、合作等学习方式，引导学生自主学习，激发学生的学习兴趣，促进学生主动富有探索精神的学习，使学生是成为学习的主人。

第七节　综合实践课程新课标

随着高中新课程改革的推进，对今天的高中教学，特别是教师的专业成长既是强大的机遇，又是一个前所未有的挑战。实践活动正是从现代教育的高度，让学生在一个更广阔的空间学会独立、学会生存、学会创造、学会做人。综合实践活动是国家规定的必修课程，是本次课程改革的一个亮点。但由于综合实践活动没有统一的教材、没有专门的教师队伍、缺乏成型的教学模式，老师们在实施过程中面临许多困难，感到无从下手，使得综合实践活动一直缺乏生机与活力。

新课程标准指出：要积极开发并利用校内外各种资源，让学生通过实践，探究和创新意识，学习科学研究的方法，发展综合运用知识的能力，增进学校与社会的密切联系，培养学生的社会责任感。综合实践活动课程注重教育与现实生活的联系，它强调的是学生的亲身经历，重视的是学生的体验、感受，以学生兴趣和内在的需要为基础，以主动探索为特征，以实现学生主题能力综合发展为目的。

新课程把实践活动放在了突出的位置，可以这么说，实践活动是培养学生综合教学的能力的途径。如果我们教学忽视了实践或者实践不到位，那么学生学到的知识就不能形成技能，教学便成了无本之木，无源之水。

综合实践课教师，必须不断进行教学反思，不断探索和学习新的、适应现代课堂教学要求的教学方法和手段，以提高课堂效率，体现教学的应用性原则，经过新课改教学实践，总结了可以激发学生学习兴趣，提高课堂效率的方法：

1. 培养思维的独创性。综合实践活动要以活动促发展，让学生主动实践，主动探索，主动创造，大胆探索，敢于质疑，善于发表新见解。综合活动内容，放开手脚让学生走出课堂，走向社会（社区），走向大自然，自己去调查、考察、访谈，收集整理资料，研究或写研究报告。真正在综合实践活动中全面提高人文素养。如教学《告别不良饮食习惯》这一课，我就让学生带着想知道生活中有哪些食品的问题，分组到附近的超市、商店、菜场去采访调查。通过学生亲身经历真实的调查过程，采集到真实的数据、资料。从而使学生有了更多的感性认识，为以后的身体健康，吃什么食品更好打下了扎实的基础。

2. 兴趣教学激发创新意识。在综合实践课教学中，教师要从学生的生活实际和心理需求出发，通过多种途径用科学的方法去激发和培养学生的学习兴趣，引导他们积极、主动地参与学习过程，并逐步使学生原有相对浅显的、短暂的间接兴趣发展为比较稳定的科学志趣。在上《欢乐卡通地带》一课时在教学过程中设计了让学生模仿自己喜欢的人物，要求是动作、语言都要像，还让学生自己制作头饰、物件等，想模仿得像就要多练习，内容上包含诸多的知识，目的是让学习者在娱乐中汲取知识。当然，教师也要在其中扮演角色，引导学生完成任务。这次的设计十分的漂亮，十分吸引人，班主任老师也对这节课十分感兴趣。生动的情节，让孩子们在快乐中学习，学习效率大大地提高。为了激发学生学习的积极性，在教学中，尝试设计的各种不同环节，调动学生学习的积极性，提高课堂学习的效率和质量。

3. 营造氛围赏识学生。学会赏识别人是一个人成功的必要条件，那么要做一位成功的教师也必须学会赏识你的学生。我们在教育教学中应贯彻以赏识为主的原则，因为它是比惩罚更有效的教育教学措施。对性格内向，不爱表现自己的学习要鼓励、称赞。在课堂上要让每位学生都能得到锻炼，及时鼓励，启发学生，发言声音洪亮、大胆，课堂发言是锻炼的好机会，不要怕，大家说的都非常好，让学生在学习上多些自信，教师有了对学生的希望，也就等于给了学生希望，充满希望的师生会因和谐而形成一股强大合力，加强师生合作，激起学习热情，使教学双方在和谐愉快的课堂气氛中完成共同的教学任务，从而很好地提高课堂效率。

4. 提高实践能力让学生经历探究和体验。综合实践活动面向每一个学生的个性发展，尊重每一个学生发展的特殊需要，其课程目标、课程内容、活动方式等方面都具有开放性特点。综合实践有很多的实验课，教师不仅要开足用好教材中所规定的实验，还要开动脑筋，因地制宜，通过增加实验次数来增加学生的动手机会，这是激发学生学习兴趣的有效途径，对提高学生的学习兴趣，提高课堂效率有不可低估的作用，对掌握好综合实践知识能起到明显的作用。

综合实践活动以贴近学生现实的生活实践、社会实践、科学实践为主题的课程内容，为学生开辟了一条他与生活中其他事件交互的通道。作为教师要从实践出发，关注学生的实践生活，提高学生的实践水平，发展学生的实践能力，使学生在实践中体验、感悟、获得经验，学会生活，学会交往，学会学习，学会做人。课堂是变化多端的，"书是死的，人是活的"，教无定法，决定一节课效率高低的因素还有很多，怎样备好课、怎样才能使学生更好地发挥创造的潜能、怎样进行有效课堂管理、课后的综合实践活动小组选择那些活动内容辅导会更好等，只要我们勤思考、多探究、多实践，课堂效率就会有不同程度的提高。

如何组织开展生动活泼、具有创新性内容的实践活动，通过丰富多彩的实践活动，培养学生的创造品格、创新能力与优良个性，让学生真正通过主体的自我选择、自我塑造、自我发展、自我实现，最终全面提高素质，获得健康成长，成为今天教育的重要课题，也引领我们进行深入的思考。综合实践活动的设计包括以下几个方面：

（一）设计综合实践活动主题要鲜明

对于今天的综合实践活动，首先要注意选题，对它的实施与效果起关键作用，这就要求所选课题须贴近学生实际，使研究有一定的活力和潜力。活动课题的确立，应在教师的指导下由学生自己来完成，只有这样，活动才具有生命力和活力，学生才能带着浓厚兴趣去研究。

高中学生多数是寄宿式学生，以校内开展以研究性学习为重点的主题活动。研究性学习课题可分三类：一是生活类课题。教师要引导学生把贴近生活的问题转化为课题，推动和促进课题的研究，扩充学生的知识储备，从而为社会的改革和发展服务。如"学生上网情况的调查"、"学生早恋原因的调查"、"高中生特殊心理分析"等课题，都来源于学生的生活之中。二是社会类课题，学生通过对自然、社会的调查，发现和掌握解决矛盾与问题的方法，形成怀疑和探索的初步能力，如"调查网络污染问题"、"抽烟有害健康"等课题，都很具有社会性。三是学科延伸类课题，学生在学科学习中碰到的当堂不能解决的问题，或者在学科学习中能够让学生的思想产生火花的问题，都可以作为学生研究性学习的课题。

课题确定下来以后，就制定出详实可行的实施方案，组织学生收集资料信息（包括上网搜集、查阅资料、社会调查、实地考察、动手实验等），然后对收集到的资料、信息、数据进行分析、整理、加工，提取有利的信息进行研究。

（二）积极培养学生在活动中的兴趣

著名的心理学家皮亚杰指出："少年儿童是有主动性的人，他们的活动受兴趣和需要的支配，一切有成效的活动必须以某种兴趣做先决条件。"因此，激发学生浓厚的参与欲是综合实践活动实施的首要步骤。

1. 为学生积极思考创设有利环境。

情境创设的方式多种多样：可根据学生学习、生活中普遍存在却熟视无睹的问题引导讨论，通过组织参观访问或引导观察、实验，创设生动有趣的问题情境引发学生思考，从中发现并提出问题；也可以即时捕捉一些突发性问题进行探究如《学生网瘾形成的危害》探究活动前，教师特别提醒不同类型的学生（一个曾经有过网瘾经历经过精心改造过来的学生），请学生谈谈"自己的认识"。学生喜恶分明，这个学生怎么痛改前非，最后留下悔恨的泪。这时，教师引导学生自己去弄反思网瘾的危害。这样，为学生提示了问题导向，使学生形成强烈的求知欲。可见，对高中生而言，情境的创设，主题的选择都要贴近学生实际，切入口要准确、具体些，这样更能做好学生的思想工作。

2. 以学生的主体地位，尊重学生自主选择从深层次思考，"选择"是对人本身的一种尊重，也是"以人为本"思想的体现。参加实践活动，要充分尊重学生自己的意愿。学生根据自己的兴趣爱好选择活动的内容；根据学生的选择，学校统筹安排，制定活动计划、培养目标和活动措施。让学生在一个宽松的、富有情趣和活力的氛围中参与活动，使每个人都获得全面自由的发展，成为社会、自然和自己的主人。

开展实践活动中，教师要以平等的态度热爱、信任、尊重学生，强化学生的主体意识，满足其创造欲望。教师要真心实意地把学生当作活动的主人，让学生解放学生双手、大脑，唤起学生的创新意识，这是学生创新精神形成的强劲动力和深厚土壤。

3. 让兴趣给学生插上智慧的翅膀。

通常以学科教学为依托的综合实践活动小组，能更好地拓展学生的活动空间，使学生在富有情趣的活动中获取知识，发展能力，张扬个性。如书法、网络计算机等活动小组会极大地提高学生的学习和探求兴趣。教师可根据每项活动的性质和学生的实际定计划、定目标、定内容，让学生学"宽"学"深"，学"实"学"活"

（三）让学生在活动中能够不断成长

强调学生亲身经历并获得参与活动的发展性体验是综合实践活动课程的价值追求。教师要鼓励学生走出课堂，走出学校，到大自然、到社会中去实践和体验，从实践活动中获得一种感受，明白一个道理，养成一种品质，学会一项本领。如：组织学生深入贫困同学家中，体验生活；举办春游，引导学生关注生态环境，树立人与自然和谐发展、保护地球环境的文明意识，做一个文明的中学生。

人的成长过程是人格、学识、能力和修养诸方面不断完善的过程。实践活动为学生展现了生动、鲜活、充满生机和意蕴的学生生活，也为学生全面地发展创造了条件。有效的实践活动定会促使学生树立远大理想，确立正确的人生观和价值观，帮其磨炼坚强意志，形成健康品格，增长技能才干。正确评价每个学生，最大限度地发挥学生的潜力，使他们有能力、有素质靠自己的力量成长和生存。

反思我们的实践探索，我们获得了一些真切的体验。但困惑一路同行，探索在线，我们的目光将看得更深、更远。只要我们坚持扎实有效地开展实践活动，让学生在参与中生趣，在思考中创新，我们的实践活动就会不断提高，在曲折中前进。

新课标下的综合实践课展示了教师不同以往的课堂教学结构设计，创设教育情境，调动了学生的积极思维，主动参与到课堂教学中来，使课堂教学收到了预期的效果。

就学生而言，综合实践课创设的教学情境和氛围，学习方式的改变激发了学生的学习兴趣，给学生提供了展示自我的舞台和实践、创新的机会，还增强了自尊与自信。

转变学生的学习方式，让学生个性自由飞扬。综合实践课让学生自我设计的记者应聘会，很大程度上有自己的生活体验，综合实践活动课符合综合性学习所强调学生的自主学习、合作精神和研究能力，学生通过实践，增强探究和创新意识，学习科学方法，发展综合运用知识的能力，形成一种积极的、生动的自主、合作、探究的学习方式。

这种学习方式不同于以往的学生学习的方式，在以前的教学活动中，课堂过多地被教师占领，甚至于一言堂，时间一长，学生感到过枯燥，没有意思，本来生动丰富的知识在一些死板的模式下，变得令学生反感，兴趣消失。而现在放手给学生，让他们利用自己喜欢的方式、自己的智慧和经验，去自主自觉地学习，不仅会提高学习兴趣，还会使学生内在的潜能最大限度地发挥出来，让他们在创造中取得成就感，置身于快乐之中。

让学生亲身经历实践体验，为其将来走向社会奠基的有效方法。综合实践活动是基于学生的直接经验、密切联系学生自身生活和社会生活，通过更多地直接接触大量的生活实践（包括模拟实践），以提高实践能力。它以学生的经验和生活为核心，强调学生的亲身经历，要求学生积极参与到各项活动中去，体验和感受生活。

综观多年以来的教学课堂传授内容，多以书本知识为主，学生大多只是思想上的接受，而很少进行实践操作。所以有人说中国培养出来学生多数是"高分低能儿"，有相当一部分人在生活、实践能力上欠缺。我们开展的综合实践活动课给学生带来了广阔的充实及展示的空间，通过自主选择活动内容或方式，自主组织人员，搜集人信息，采访人士，展开活动，获得一手资料，最后以说、写的形式，展示自己的成果。这样不但能培养学生的自觉学习的能力、提高学生的人文素养和口际交际能力，还能够锻炼学生各种实际生活能力，为自己走向社会打下坚实的基础。

就教师而言，新教材的综合实践课给略显死气的语文课堂带来很多生机，而更多的是给教学工作者带来的思考，促使教师要不断更新观念、提高自身的综合素质。

教师的角色发生着变化。教师长期以来高高在上的"传道、授业、解惑"的地位发生变化，教师失去了对学生学习内容的权威和垄断，从知识的传递者到学生学习的促进者、组织者和领导者，教师是积极地旁观者，给学生心理上的支持，注意培养学生的自律能力。教师甚至可以成为学生的朋友，成为他们的合作者。

　　课程由封闭走向开放，师生共同成长。课程不仅是文本课程，而更是体验课程，不再只是特定的知识的载体，而是教师与学生共同探求新知的过程。学生同样是课程的有机构成，同样是课程的创造者和体会者。教师走入学生中，与他们一起研究、学习、成长，加强双向融合，使知识得以提升。新课程改革给教师带来了"课程创生"的机会，课程改革告诉我们"再也不能把教材当圣经"，教师在完成教学目标的过程中，可以从课堂实际出发，选择适合自己及学生特色的教材，或者对课程有自己的独到的创新。一家"言"的时代早已过去，知识的多元性和思维的发散性要求教师有一个开放和民主的胸襟，综合实践活动课在民主教学方式中的自省和开放精神也已经给我们带来了一些很好的启示。学生的智慧结晶展示，往往会令教师大有收获。

　　创造着一种和谐发展的师生关系。综合实践活动课给学生创造支持性的宽容性的课堂氛围，使教师把鼓励带入课堂，把尊重带入课堂，把信任带入课堂，把理解和宽容带入课堂，让学生在尊重和信任中增强自信，获得成就感，在理解和宽容中得到成长的快乐。在一次次的实践活中建立一种自由、民主、尊重、信任、理解、宽容的师生关系。这种师生关系能够让学生充分显示自己的才华，张扬自己的个性。从而让他们感受到自我的价值，在学生阶段就有一种能主宰自己与社会的人生体验，为将来走向社会积累经验。

　　课堂模式要因课的内容而宜，不能一成不变。一直以来我都在思考这个问题，我上初中时，语文教师几乎每一篇文章都会带领学生彻头彻尾地分析，而作为学生的我并不是很喜欢这样的模式。如今，我做了语文老师，也很难改变这一上课方式，难道语文教师一定要节节课都去分析课文，非得把一篇文章弄得支离破碎，学生要在老师设置的一系列问题下去学习语文，时间长了，学生的学习兴致势必会受到影响。我们可以准备分析课，也可以上文学欣赏课，也可以有当堂作文课，但不能大多数情况下都在上同一模式的课型。综合实践课给我们的课堂带来了活力。

让学生成为课堂教学的主人。教师的主导地位可以不变，但必须保证学生主体作用的真正发挥，一节课不可能是教师一个人展示的舞台，如何让学生在课堂上成为真正的主体，教师必须有一个宏观的把握。教师应当通过科学的设计，很好地引导学生进入角色，让他们淋漓尽致地表现自己。当然也可以给他们更多的机会，甚至可以让他们自己设计，自己做老师来给同学讲课。把课堂勇敢、科学地交给学生，给他们提供一个广阔的"学习"舞台。学生只有真正参与到课堂中来才能实现教学效果的最优化。

要以"不变"应"万变"，教师要不断更新自己的知识结构。对于教师而言，无论进行怎样的课改，而最终不应该变的，仍然是孜孜以求的学习精神，学生可以变，教材可以变，时间可以变，而唯一不能变的是教师应当具备的一种以不变应万变的能力。如果我们都仅停留在自己原有的基础上，就不可能面对那些日新月异的知识更新。综合实践课虽然强调以学生为主体，但教师的主导作用永远不能忽视，学生在自主学习或者是展示的过程中，肯定会遇到一些事先无法预料的问题，这时如果教师没有一定的知识储备，是很难发挥教师的主导作用的。

除此以外，教师还应当具备"随时更新知识的能力"，"适应并改变学生的能力"，更重要的是具有一颗科学育人的爱心。新的课改是一次对传统教育的革命，它打破传统教育原有的单一、教条的教学模式，构建以人为本、百花齐放的新型教学体系；它变沉闷、闭塞的课堂为欢声笑语，使课堂充满自由、民主、和谐的氛围；它更注重的是学习过程以及学习过程中自主探究、合作交流的情感体验；它还注重在学习过程中培养学习和生活的品性，以及适应社会的能力。

新课改新理念，感受课改新思维，使用课改新教材，尤其是综合实践课给人一种焕然一新的感觉。不但给教师带来了新的体会和思考，而且对今后的教学和学生的学习都会有所帮助。

第四章　学生自主探究学习

第一节　学生自主探究学习概述

《基础教育课程改革纲要（试行）》在"课程改革的目标"中明确指出："改变课程实施过于强调接受学习、死记硬背、机械训练的现状，倡导学生主动参与、乐于探究、勤于动手，培养学生搜集和处理信息的能力、获取新知识的能力、分析和解决问题的能力以及交流与合作的能力。"这就说明新课程改革正大力倡导自主学习、探究学习和合作学习。那么什么是自主学习、探究学习和合作学习呢？

"自主探究性学习"是指教学过程是在教师的启发诱导下，以学生独立自主学习和合作讨论为前提，以现行教材为基本探究内容，以学生生活实际为参照对象，为学生提供充分自由表达、质疑、探究、讨论问题的机会，让学生通过个人、小组、集体等多种解难释疑尝试活动，将自己所学知识应用于解决实际问题的一种教学形式。

一、自主学习方式的特点

1. 有目的的学习，也就是"想学"学生在学习活动之前，学习者自己确定或者参与确定学习目标。可能是学生认为非常有趣的内容，也可能是对自己有意义的内容，这是学生自主学习方式的动力源泉。自主学习目标可以是学生课堂上要学习的内容，可以是课堂学习过程中生成的问题，也可以是学生在生活中遇到的问题。

2. 有选择的学习，也就是"会学"

学生在确定了学习目标之后，会根据实际情况自己制定学习进度，可以是课堂上，也可以是在课后。而且学生自己选择解决问题的方法，可以是查阅资料，也可以是动手实验，还可以是同学之间或与老师进行讨论。

3. 有独创性的学习，也就是"能学"

学生积极发展各种思考策略和学习策略，在解决问题中创新学习。

这里所说的自主学习是指教学条件下学生高品质的学习，是能有效地促进学生发展的学习。大量的观察和研究充分证明，只有在如下情况下，学生的学习才会是真正有效的学习：感觉到别人在关心他们；对他们正在学习的内容很好奇；积极地参与到学习过程中；在任务完成后得到适当的反馈；看到了成功的机会；对正在学习的东西感兴趣并觉得富有挑战性；感觉到他们正在做有意义的事情。

教师在教学中能激发学生强烈的学习需要和兴趣，带给学生理智的挑战，能联系学生的丰富的已有的经验，给学生足够的自主空间，足够的活动机会，让学生直接参与体验，主动学习。教师必须掌握一些具体的促进学生自主学习的方法，在这方面，齐莫曼和里森伯格的建议值得我们学习和借鉴。

激发学生的内在学习动机，保护学生的好奇心和求知欲，培养学生学习科学的兴趣，最大可能地创设让学生参与到自主学习中来的情境与氛围。例如学生在学习了噪声的危害之后，向老师提出了一个问题"噪声有没有好处呢？"在这种情况下，我们应该先表扬学生能用辩证的思想看问题，然后提示学生可以查阅相关资料或者通过上网查询的办法自己解决这个问题。这样做不仅是对学生的一种鼓励，而且还交给了学生自主解决问题的办法，在以后有类似问题时，学生会主动采用自主学习的方式。

注重学习策略的教学，（1）结合教学内容，尽可能多地传授给学生各种一般性的和具体的学习策略。例如在自主学习摩擦力之前，引导学生讨论应该从哪些方面来认识一个力，不仅能帮助学生确定自学摩擦力的方向，而且让学生学会一种认识力的方法。自主学习之后应及时组织学生交流自主学习过程中的体会，总结自主学习方法，这也是掌握学习策略的好时机。（2）要提供多个范例，讲明策略适用的范围和条件，并给予学生充分的策略练习的机会，使之熟练运用。例如在学习了摩擦力之后，学生总结学习力的方法，在以后学习其他力时，都可以引导学生自主利用以前学习摩擦力的方法进行学习。

指导学生对学习过程进行自我监控，随着自主学习机会的增多，学生对学习过程的自我监控就变得重要起来，教师要对学生进行方法上的指导，提示学生及时进行自我监控、自我反馈、自我调节。例如学生在学习电学的时候，我们应该交给学生连接电路的方法和注意事项，同时让学生形成一个习惯，在闭合开关前，必须检查电流的连接是否正确。交给学生一些判断电路故障的方法，当电路有故障时学生能够自己排除，这就是一种自我监控。

自主学习强调学生自学，多方获取信息，费力费时多，学生负担加重，所以并不是所有的学习阶段都适合自主学习。在学习阶段的初始期，培养习惯，了解学习规律，获得学习方法。随着学习的不断深化，教师的作用逐渐减小，学生的自主参与逐渐增多，当学生养成了较好的学习习惯，掌握了学习规律，获得足够的学习方法的基础上适当的进行自主学习。

《基础教育课程改革通识学习读本》中认为："自主学习是指学生个体在教师一定程度的引导下，自主确定学习目标、制定学习计划、选择学习方法、监控学习过程、评价学习结果的学习。所谓探究学习即从学科领域或现实社会生活中选择和确定研究主题，在教学中，创设一种类似于学术（或科学）研究的情境，通过学生自主独立地发现问题、实验、操作、调查、搜集与处理信息、表达与交流等探索活动，获得知识、技能、情感与态度的发展，特别是探索精神和创新能力的发展的学习方式和学习过程。合作学习是指学生在小组或团队中为了完成共同的任务，有明确的责任分工的互助性学习。"而且，《通识读本》中还指出："自主学习（意义学习）是相对于被动学习（机械学习）而言的，是指教学条件下的学生的高质量的学习。而合作学习是针对教学条件下学习的组织形式而言的，相对的是'个体学习'。探究学习（发现学习）是相对于接受学习而言的。"

在国外，自主学习思想一直受到心理学和教育学的共同关注。但是，20 世纪中叶以后，由于信息加工理论心理学迅速发展，维果斯基的语言自我指导理论在西方得到了认可，人本主义心理学的开始兴起，心理学领域的这些发展从不同角度推动了对自主学习的理论阐述或者实践研究。

在众多西方学者对自主学习的界定中，其中最有代表性的是美国自主学习研究的著名专家、华盛顿城市大学的齐莫曼（B. J. Zimmenrman）教授。20 世纪 90 年代齐莫曼在广泛吸收前人研究成果的基础上，建立了一套具有代表性的自主学习理论。齐莫曼认为，当前学生在元认知、动机、行为三个方面都是一个积极的参与者时，其学习就是自主的。具体来说，如果学生自己能够主动、灵活地应用元认知策略，能够自我激发学习动机，能够对自己的学习行为积极地做出自我观察、自我判断、自我反应，那么他的学习就属于自主学习。他进而又从学习动机、学习方法、学习时间、学习的行为表现、学习的物质环境、学习的社会性等六个方面对自主学习的实质作出了解释。他认为，自主学习的动机应该是内在的或自我激发的，学习的方法应该是有计划的或已经熟练到自动化程度，自主学习者对时间安排是定时而有效的，他们能意识到学习的结果，并对学习的物质和社会环境保持高度的敏感和随机应变能力。

通过对国外自主学习的实践研究的考察，我们不难发现，虽然研究者们的出发点不同，具体的促进学生自主学习的方式也千差万别，但总有些大体相同的内容，如注重教师的引导；注重给学生创设主动、积极求知的氛围；强调学生自己获得知识；教给学生具体的策略，让学生不断尝试；让学生学会自我监控；注重学生的自我评价、反思与自我强化等，尤其是斯金纳行为主义提出自主学习包含自我监控、自我指导、自我评价和自我强化这四个过程和开发出的自我记录技术、自我指导技术、自我强化技术，以及齐莫曼把自主学习分为：计划阶段、行为、意志控制和自我反思阶段的研究对本课题都有借鉴作用。

我国很早就有关于自主学习的思想，强调所学应是通过自己的思考获得的。这一点在很多教育家的思想中都有体现。如孟子主张学习必须是通过自己刻苦钻研，自求自得，才会心有所悟，深入心中，通达到愉快的境地，将来应用于实践，便会如泉水左右逢源，取用不竭。所谓"君子深造之以道，欲其自得之也，自得之则居之安，居之安则资之深，资之深则取之左右逢其源，故君子欲其得之也。

我国对自主学习的系统研究，始于 20 世纪 80 年代。许多学者作了研究并在一些地方进行了实验，取得了一定的成果。在1979 年前后，我国就出现了不少以指导学生自主学习为目标的教学实验，如：上海育才中学段力佩等人总结的"读读、议仪、练练、讲讲"八字教学法；中科院心理研究所卢仲衡主持的"自学辅导教学"实验研究；辽宁盘锦二中魏书生实施的"六步教学法"实验；上海嘉定中学钱梦龙进行的"导学教学法"研究等。所有这些教学实验都把"自主学习"作为教学的主要环节，明确把培养学生的自主学习能力和发展学生的智力作为主要追求目标。

20世纪90年代以后，随着我国教育改革的进一步深入，特别是随着主体性教育理论的逐步确立和完善，自主学习的重要性引起了我国教育理论界和实践界的广泛关注，在继承我国古代自主学习思想和借鉴国外自主学习理论的基础上，也明确地提出了自主学习的概念，并对自主学习进行了深入系统的研究。

如卢仲衡的《自学辅导心理学》，邱学华的《尝试教学法》，李敬尧、韩树培的《导学式教学体系》。余文森教授认为，自主学习是指学生自己主宰自己的学习，与他主学习相对立的一种学习方式。

董奇、周勇认为，自主学习可分为三个方面：一是对自己学习活动的事先计划和安排；二是对自己实际学习活动的监控、评价、反馈；三是对自己学习活动进行调解、修正和控制。自主学习有能动性、反馈性、调节性、迁移性、有效性等特征。

靳玉乐主编的《自主学习》（2005.11）一书，根据自主学习的范围，将自主学习分为广义和狭义的自主学习。广义的自主学习是人们通过各种手段和途径进行有目的、有选择的学习活动，从而实现自主发展。它包括学校教育、家庭教育、社会教育和个体自主学习在内的一切有目的、有选择的学习活动。狭义的自主学习是学生在教师的指导下，通过能动性、创造性的学习活动，实现自主性发展的教育活动。也即，狭义的自主学习是指学校教育，包括了教师、学生、教学内容、教学环境等四个教学要素。通常所说的"自主文学"指的是狭义的自主学习。

庞国维从横向和纵向两个角度来定义自主学习。从横向角度是指从学习的各个方面或纬度来综合界定自主学习。具体地说，如果学生的学习动机是自我驱动的，学习内容是自己选择的学习策略是自主调节的，学习时间是自我计划和管理的，学生能够主动营造有利于学习的物质和社会性条件，并能够对学习结果作出自我判断和评价，那么他的学习就是自主的。从纵向角度界定自主学习是指从学习的整个过程来阐述自主学习的实质。如果学生在学习活动之前自己能够确定学习目标、制定学习计划、做好具体的学习准备，在学习活动中对学习的进展、学习的方法做出自我监控、自我反馈和自我调节，在学习活动后能够对学习结果进行自我检查、自我总结、自我评价和自我补救，那么他的学习就是自主的。

新时期赋予自主学习以新的含义，新课程倡导的自主学习方式，不只是一种学习能力，更是一种学习习惯、学习品质、学习意志。

从以上综述的研究成果来看，许多研究者围绕着这一主题做了大量的理论探讨和实验研究，取得了丰硕的研究成果。但是，大多的国外研究偏重理论，没有对自主学习过程进行详细的描述，没有从动态角度阐述自主学习的内在机制，已有的研究成果还不能很好的为基础教育提供切实的理论指导和支持。

国内的研究多数是在自主教育改革实验中，从教学模式、教学结构等方面探讨自主学习，对学生自主学习能力培养方面缺乏比较全面深入的研究，许多中学教师对如何在教学中有效的培养学生的自主学习能力仍然存在认识以及实践操作上的不少误区与困惑，针对初中思想品德教学学生自主学习的实证研究还很少。今后的研究应该更加注重实证性的研究，和学科教学紧密结合起来。不应泛泛而谈，应当提出具体操作程序，使得研究成果能够切实被运用的到教学中去。

随着科学技术的不断发展，社会对人才的要求不断提高。这就要求我们的教育教学必须从过去那种把教科书视为学生的全部世界，转向充分发挥学生的主体作用，让学生通过主体参与，体验知识的发展过程，从而获得一系列经验、体会和情感，进而培养和训练创新精神，形成新能力，塑造一个健康的积极向上的、适应时代要求的人格。而传统的教学是以教师为中心，学生只相当于知识信息的"接受器"，教师的任务是"传道授业解惑"，

"学问"只在教师那里，学生只是被动的"求学"，导致学生的个性得不到发展，分析问题、解决问题的诸项能力不强。当今，要适应时代的需求，学生必须需要一种主动的思维，需要多种渠道获得信息的意识和能力，需要对多学科的知识加以综合运用，需要从实践中提取出有价值的问题并在实践中寻求答案，这些就需要学生在探究中学习。

探究学习是一种以问题为载体，以主动探究为特征的学习活动，是学生在教师的指导下，在学习过程中自主发现问题、探究问题，获得结论的过程。经历探究活动以获得理智和情感体验，建构知识，解决问题的方法，这个过程有助于学生尝试研究的过程，体验创造的激情，培养质疑的精神，发展创新的能力。研究性学习是进行探究活动的主要学习方式。探究活动应贯穿于学生整个的学习过程。

自主探究学习即从学科领域或现实社会生活中选择和确定研究主题，在教学中创设一种类似于科学研究的情境，通过学生自主、独立地发现问题，实验、操作、调查、信息搜集与处理、表达与交流等探索活动，让学生经历知识的发生和发展的全过程，使学生获得知识、技能、方法，发展情感与态度，特别是探索精神和创新能力的发展的学习方式和学习过程。

通过探究过程可以获得理智和情感体验、建构知识、掌握解决问题的方法，这也是探究学习要达到的三个目标。

探究过程中可以提高学生的以下能力：

1. 综合能力：在具体的探究性学习的各课题中，会涉及许多跨学科的知识，都是学生书本上学不到的东西。

2. 学以致用能力：在具体研究中，探究性学习的特点是不在乎要研究出什么成果和创造出什么成果，重在让学生在研究过程中获得亲身体验、研究方法，帮助学生在以后的工作中更快适应社会需要，明确向什么方向去创新，怎样创新，怎样将智力转化为有用的研究报告或可行性计划等直接有用的东西。

3. 实践能力：设计合理的实践活动方案、观察记录现象、进行数据处理、通过分析推理获得结论的全过程是实现探究学习的重要途径，学生通过亲身经历和体验简单的实践活动，经比较、判断形成有关的认识，逐步改变"记、背、练"的学习方式。培养学生科学的人生观、价值观、世界观。

随着课程改革实验的不断深入，新课程所倡导的自主学习、合作学习、研究性学习三种学习方式，已经深入到学校的教育管理、教师的教学过程及学生的学习过程之中。

第二节　学生自主探究学习的必要性

传统的教学方式中，学生是教育的对象，学生的发展是被动的，发展目标，发展目的，发展方向，学生心中没有底。学生只是栓着绳索的羊，教师牵到哪，学生就跟到哪。在这种情况下，教师的"教"与学生的"学"无法拧成一股劲，削弱了教育力量。"自主学习"是学生通过自学、探索、发现来获得科学知识的新型教学方式。

它强调学生是学习的主导者，学生可以自主安排学习内容、学习方式、学习目标，学生对整个学习过程是心中有数的。学习是学生自己的事，学生以极大的热情投身到整个学习过程中，有明确的目的、方向，在自觉状态下主动学习，会收到事半功倍的效果。老师因为大的太多在有些事上有自己独立的思想，与同学的思想碰撞较大，事实可以证明，只有给学生足够的时间进行备课，学生的课堂无论是讲课还是感想都是可以使课堂变得更好的！

传统学习方式过分突出和强调接受和掌握，冷落和忽视发现和探索，从而在实践中导致了对学生认识过程的极端处理，使学生学习书本知识变成仅仅是直接接受书本知识（死记硬背书本知识），学生学习成了被动地接受记忆的过程。这种学习窒息人的思维和智慧，摧残人的自主学习兴趣和热情。它不仅不能促进学生发展，反而成为学生发展的阻力。是把学习建立在人的客观性、受动性、依赖性的一面上，导致了人的主动性、能动性、独立性不断被销蚀，严重压抑了学生的学习兴趣和热情，影响到了新生一代的健康成长，已到了非改不可的地步。

《基础教育课程改革纲要（试行）》最先提出了转变学习方式的任务，"改变课程实施过程过于强调接受，死记硬背，机械训练的现状，倡导学生主动参与，乐于探究，勤于动手，以及交流与合作的能力。"就是要转变这种被动的学习状态，提倡以弘扬人的主体性、能动性、独立性为宗旨的自主学习。因此，培养自主学习能力成为课程改革的首要目标。

以往的应试教育注重的是教师的教，教师是教学活动中的主体，而学生只是教学活动中知识的接收者，处于不利的被动局面，这样的教育不利于学生的全面发展。逐步改变以教师为中心的局面是各门课程都面临的新问题。

现在所提倡的新课程改革，其核心环节是课程实施，而课程实施的基本途径则是课堂教学。能促进学生主体性发展，培养儿童积极健康的生活态度和生活情感的一堂课，不应该再是单纯的教师讲、学生听，教师灌输，学生被动接受的教学过程，而应该是以学生为主，教师、学生、教材三者互动的过程，提高自主学习、自主解答为主，这也是必要的，但不等于教师一讲到底，不等于学生被动一问一答地随教师"走教案"，而是要能在教师的宏观调控下，有微观自主权，有对外部信息的自主选择和对外部信息独立内部加工的可能性。在"运用观点"时，学生自主学习的可能性更大一些，但自主不等于自由放任，教师要精心设计，加强针对性和启发性，将学生中的突出表现及存在的问题、实际生活中需要解决的问题、指导学生实践的问题等等，设计成辨析题，或设计成主体参与型的实践活动，让学生充分讨论，自主选择最满意的答案。引导学生在理解道德观点的基础上联系实际，进行道德判断，评价他人或自己的行为，进行必要的行为训练。精彩的思想品德课往往是在这一环节上形成高潮的。只有这样，既有自主学习时间、学习机会，又有自主学习活动的高质量，才能使学生活动真正成为学习的主体，才能使学生在活动中学会参与、学会选择、学会自主学习和发展。

要改变学生的学习方式，变被动为主动，必须充分发扬学生的自主学习精神，并通过勤于动手、乐于探究的多种形式的科学探究活动，培养获取知识的能力，体验科学的过程和方法，主动地搜集和分析各种信息，善于与他们交流和合作，培养一定的创新精神和实践能力。因此，教学过程中组织好科学探究活动至关重要。问题是科学探究的出发点，是开启任何一门科学的钥匙，没有问题就不会有解释问题和解决问题的思想、方法和知识，所以说，问题是思想方法、知识积累和发展的逻辑力量，是生长新思想、新方法、新知识的种子。

从本质上讲，感知不是产生学习的根本原因（尽管学生学习是需要感知的），产生学习的根本原因是问题。没有问题也就难以诱发和激起求知欲，没有问题，感觉不到问题的存在，学生也就不会去深入思考，那么学习只能是表层和形式的。一方面强调通过问题来进行学习，把问题看做是学习的动力、起点和贯穿学习过程中的主线；另一方面通过学习来生成问题，把学习过程看成是发现问题、提出问题、分析问题和解决问题的过程。这里需要特别强调的是问题意识的形成和培养。问题意识是指问题成为学生感知和思维的对象，从而在学生心里造成一种悬而未决但又必须解决的求知状态。

每个学生的举止不一，说话、提问的风格不一，增加了课堂的新奇感。课堂上，学生对知识的好奇是一方面，而对课堂的其他因素的好奇、亲近感也能够促进学生的好奇和兴趣，进而喜欢上某学科的学习。从课堂上的笑声，从课堂上的小手林立，从被提问学生的人数，我看到了这样的教学，学生是欢迎和喜欢的。不管是形式，还是其他的什么。这样的课堂比教师的"一言堂"来得实在而生动，在热闹中，在学生的表演中，学生学到了教师教学知识以外的更多的知识。

问题意识会激发学生强烈的学习愿望，从而注意力高度集中，积极主动地投入学习；问题意识还可以激发学生勇于探索、创造和追求真理的科学精神。没有强烈的问题意识，就不可能激发学生认识的冲动性和思维的活跃性，更不可能激发学生的求异思维和创造思维。总之，问题意识是学生进行学习特别是发现学习、探究学习、研究性学习的重要心理因素。

（一）培养自主学习能力是社会发展的需要

面对新世纪的挑战，适应科学技术飞速发展的形势，适应职业转换和知识更新频率加快的要求，一个人仅仅靠在学校学的知识已远远不够，每个人都必须终身学习。终身学习能力成为一个人必须具备的基本素质。在未来发展中，我们的学生是否具有竞争力，是否具有巨大潜力，是否具有在信息时代轻车熟路地驾驭知识的本领，从根本上讲，都取决于学生是否具有终身学习的能力，使学生在基础教育阶段学会学习已经成为当今世界诸多国家都十分重视的一个问题。正如联合国教科文组织出版的《学会生存》一书中所讲的："未来的文盲不是不识字的人，而是没有学会怎样学习的人"而终身学习一般不在学校里进行，也没有教师陪伴在身边，全靠一个人的自主学习能力。可见，自主学习能力已成为 21 世纪人类生存的基本能力。

同时作为教育者，我们更清醒地知道在当今知识大爆炸的时代，任何教育都不可能将所有人类知识传授给学习者，教育的任务必然要由使学生学到知识转成培养学生的学习能力，培养学生的学习能力是学习的本质。

（二）培养自主学习能力是课程改革的首要目标

《基础教育课程改革纲要》在谈及新一轮课程改革的具体目标时，首要的一条是："改变课程过于注重知识传授的倾向，强调形成积极主动的学习态度，使获得基础知识与基本技能的过程，同时成为学会学习和形成正确价值观的过程"这一目标使"改变学习方式，倡导自主学习"成了这场改革的亮点。

传统学习方式过分突出和强调接受和掌握，冷落和忽视发现和探索，从而在实践中导致了对学生认识过程的极端处理，使学生学习书本知识变成仅仅是直接接受书本知识（死记硬背书本知识），学生学习成了被动地接受、记忆的过程。这种学习窒息人的思维和智慧，摧残人的自主学习兴趣和热情。它不仅不能促进学生发展，反而成为学生发展的阻力。是把学习建立在人的客观性、受动性、依赖性的一面上，导致了人的主动性、能动性、独立性不断被销蚀，严重压抑了学生的学习兴趣和热情，影响到了新生一代的健康成长，已到了非改不可的地步。基于此，《基础教育课程改革纲要》提出要"改变课程实施过于强调接受，死记硬背，机械训练的现状，倡导学生主动参与，乐于探究，勤于动手，培养学生搜集、处理信息的能力，获取新知识的能力，分析解决问题的能力，以及交流与合作的能力。"就是要转变这种他主的、被动的学习状态，提倡以弘扬人的主体性、能动性、独立性为宗旨的自主学习。因此，培养自主学习能力成为课程改革的首要目标。

目前，随着新课程改革的深入进行，新教材的广泛使用，我们体会到课程改革为培养学生的自主学习能力提供了条件和操作平台，同时培养学生的自主学习能力也成为课程改革对教学提出的要求。在新教材中，有很多部分是要求学生去自主探究，去收集整理分析资料，自主地去获取新知识，去分析解决问题等，这些都要求学生有较高的自主学习能力。那么，怎样使学生学会自主学习，提高学生的自主学习能力就成为教学中有待解决的问题。

（三）培养自主学习能力是学生个体发展的需要

科学技术的发展，不仅丰富了知识的内容，而且提升了知识更新的速度，同时，也改变着知识传播的方式与途径，一个人仅仅靠在学校学的知识已经远远不够，学习不再受时间、空间的限制，终身学习成为社会发展对个人的必然要求，正如联合国教科文组织出版的《学会生存》一书中所讲的："未来的文盲不是目不识丁的人，而是没有学会怎样学习的人。"学习自然也就变为学习者主动的行为，其学习效果的优劣又取决于学习者自主学习能力的强弱，作为教师，我们应清醒地认识到，学生的长远发展离不开自主学习能力的培养，自主学习能力是个体走出学校后采取的主要学习方式，而没有自主学习能力，个体的终生发展会受到极大的限制。

首先，自主学习提高了学生在校学习的质量。经过检验，高成绩的学生也是自主学习能力较强的学生，因为自主学习能够促进学生对所学内容的深度理解，符合深度学习的特征。

其次，自主学习能力是创新人才必备的基本功。据我国学者调查研究，在1992年"中国大学生实用科技发明大奖赛"中获奖的学生的学习活动都具有很强的独立性、自主性、自律性，表明学生的创造性与他们的自主学习是密切相关的。也正如著名的数学家华罗庚的论述一样："一切创造发明，都不是靠别人教会的，而是靠自己想，自己做，不断取得进步。"

再次，自主学习能力是个体终生发展的需要。自主学习是个体走出学校后采取的主要学习方式，而没有自主学习能力，个体的终生发展会受到极大的限制。

（四）培养自主学习能力有助于提高课堂学习效率

学习效率的提高是实施素质教育的关键，更是课堂教学所必需的。课堂上的自主性学习并非独行其事，而是指学生不盲从老师，在课堂前做好预习，课堂上热情参与，课后及时查漏补缺，充分发挥主动性、积极性，变老师要我学为我要学，摆脱对老师的依赖感。真正意识到学习是自己学来的，而不是教师或其他人教会的，自己才是学习的管理者，这些有助于提高课堂学习效率。

教师培养学生自主学习能力可以提高学生的学习效率和学习效果。自主学习是通过学生自己确立学习目标、自我监控、自我克服困难等手段来实现的。其最大的特点是学习者本人极强的求知欲，学习目标明确，能选择合适自己的学习方法。在学习过程中采取自觉主动的态度，课前充分预习、发现问题研究问题，课堂中认真听老师讲课、积极参与发言、解决问题，课后自觉概括知识要点、循序练习和及时复习并纠正学习过程中所出现的错误，客观的评价学习效率。同时在学习过程中不断地勉励自己、挑战自己、不断地利用各种学习资源汲取更丰富的知识，学生具有了这种自主学习能力，就可以提高自己的学习效率和学习效果。

教师培养学生自主学习能力能磨炼学生的意志。学习，不是一蹴而就的事，需要顽强的意志和毅力，因为在学习的过程中不断会遇到困难和受到挫折。而自主学习能力恰恰具备了克服困难的坚韧性。即在顺境中能够排除各种干扰，坚持学习、持之以恒；在逆境中不怕苦，不低头，勇闯难关。这样的自主学习的过程，也是锻炼学生意志的过程。

总而言之，教师在教学过程中，应该有步骤、有计划培养学生自主学习的能力，只有这样，才有可能培养学生具有良好的学习习惯，最终养成学生们的终身学习能力。

第三节　学生自主探究学习涉及范围

随着经济社会的发展和科学技术的不断提高，各行各业对个人素质的要求也越来越高，这种变化直接决定了对基础教育产生深刻的影响。因此，"学校教育就是知识教育"的传统教育观已经不能适应社会与科学技术发展的需要了，这就要求我们教育工作者要重新认识教育过程，改革教育观念，探索适应形势发展变化的教育体制、教育内容和教育方法。

探究式学习正是与现代教育相适应的一种学习模式，与传统教育方法不同的是，它能够充分发挥学生的主动探究意识，激发学生的热情参与氛围，给学生以更大的自我空间，让学生在主动探索获得知识，提升能力。下面本人就结合语文教学对"探究式学习"的特点和形式谈谈自己的粗浅认识：

1. 学生自主进行学习，可以使他们有兴趣、有信心地去主动探索和解决问题。

"探究式学习"强调的是学生的自主学习活动，由学生自己设计并控制学习的整个过程。如在语文课堂教学中让学生体会文章的感情时，我们既可以让学生用"抓重点词，问为什么"的方法来体会，又可以通过"抓重点句子，读出感情"的方法来体会，学生可根据自己的实际情况来选择学习的方法，设计并控制学习的整个过程。这种学习方式充分体现了对学生的思想观点的尊重和鼓励，使学生能够以小主人的身份投入到学习当中去，增强了他们的学习兴趣，培养了他们主动探究和解决问题的信心和能力。

2. 学生通过亲身实践获得知识和技能，可以巩固他们对知识的理解和应用。

"探究式学习"和"发现学习"相似，是把学生视为"小科学家"，让他们通过自己的亲身实践获得知识，而不是将现成的结论直接灌输给学生，让他们生硬的去理解和掌握。如在小学六年级下期语文基础训练有一道社会实践题：让学生调查"人与环境"的关系问题。在这个学习过程当中，学生不仅可以通过曾经在课本中学过的间接经验，如《黄河是怎样变化的》、《只有一个地球》等课文中介绍的知识，来了解环境问题，还可以通过自己的实践活动如上网查询、到图书馆翻阅资料、去走访有关的单位和人员等来了解人类生存与环境变化的问题，从而认识人们的生活与环境息息相关，体验环境为人类带来的利益以及人们破坏环境造成的恶果。这种学生通过自己的实践探究获得的知识，不仅能够增强他们的理解和记忆，巩固学习成果，而且能够让他们在以后的生活中更容易地应用到保护环境的实践中去。

3. 教学从封闭走向开放，实现了课内与课外、校内与校外的联合。

"探究式学习"是一种开放性的学习形式，它不局限于一门学科或几本教科书里，也不局限在教室或学校里。学生可以走出课堂，走出校园，到社会中去探究和发现，用自己的眼睛去了解社会，用自己的感知解决问题，从而认识到他们的态度、行为和决定能够对社会产生影响。如进行"社会用字情况调查"、"人与环境问题调查"、"下岗情况调查"……这一过程不但可以让学生将从课堂里学到的知识综合运用到实际生活中去，还可以通过开放教学的方法，让学生走出课堂，走出校园，开阔学生的视野，加深他们对社会的了解，有助于陶冶他们的情感，澄清他们的价值观。当学生在复杂的社会中亲身接触到各种或善或恶的现象时，他们会用自己的头脑和心灵去分析、去鉴别，在这个过程中，逐步形成稳定的价值判断，从而在各种问题面前作出自己的选择。

正是因为"探究式学习"有着以上特点，所以在具体实施的过程中，有着自己独特的活动形式，本人认为主要有以下几种：

1. 小组活动

人数较少的小组学习是学生最喜欢的，因为它不仅能使学生相互学习，更能够最大限度地增强学生的参与性和学习的灵活性。在小组中，每个人都是学习活动的共鸣者和引发者，当学生和同伴一起学习时，会觉得比较安自由，不受约束。在小组活动当中，学生一方面可以学习如何有效地表达自己的观点，并使他人接受和采纳自己的主张；另一方面，他们也可以学习如何倾听他人的见解，借鉴他人的观点来提高自己的认识。此外，在小组活动中，学生还可以尝试以宽容的态度与同伴求同存异，携手合作以实现小组的学习目标。

2. 脑力激荡

"脑力激荡"就是针对某一主题，让学生充分发表自己的观点，集思广益，找到最正确的答案。同一般讨论相比较，脑力激荡更加自由，更加灵活，每位参与者都有权利充分发表自己的观点。在语文教学中，它的主要规则包括：当有人发言时，其他同学必须认真倾听；任何人都不许对他人的发言作好坏、正误等评价；只要没有其他人发言，你可以随时发表任何见解。这种形式尤其适用于对语文学习中诸如"谈谈你的体会"、"说说你的感想"、"讲讲你的观点"、"说说你读懂了什么"等一些主观性比较强的问题的理解上。由于发言者不必考虑自己的见解是否正确，因此可以确保每个人充分发现自己的意见。在这种自由环境下，一个人提出的哪怕是很不成熟的观点也可能激发同组其他同学的思维，在广泛讨论、集思广益的基础上，最终会产生一个代表本小组的一系列新的、正确的想法。

3. 角色转换

这种方式也经常应用于语文的教学实践活动当中。当学生开展语文实践活动时，在他们先期通过观察、阅读、实地调查、访问等活动搜集到相关素材，并经过整理和分析之后，他们就可以就某个问题进行角色替换，以体验不同机构，不同个体在解决这个问题中的不同职责和不同作用。如在"人与环境问题"的实践活动中，针对人们在日常生活中对环境的破坏问题，学生可以分别进行角色替换，以破坏环境者、环卫工人、政府有关部门等不同的身份与角度来考虑这个问题，了解不同机构、不同人在同一问题中的各自作用与影响，这将有助于学生更准确地体会和把握不同身份、不同角度对环境问题的看法，了解各方面的利益关系，从而更加有效地去分析问题、解决问题。

"探究式学习"方法正是凭借着它这种独特的特点和形式，对传统教育的教学方式和方法进行了改进，适应了社会发展对学生能力、素质的高要求，也受到了学生的普遍欢迎和喜爱。"探究式学习"方法必将在实际教学过程中越来越受到重视和欢迎，在收获教学成效上也必将发挥出更大的作用。

从本质上来说，自主探究学习是一种能力。具有自主学习能力人必须具有独立性，善于进行批判性反思，敢于做出决策，并能独立采取行动。自主学习的前提是学习者必须和学习过程和内容建立心理联系。而且要求学习者做到这一点。自主学习的能力将体现在学习者的学习方式中，也体现在学习者如何将所学内容应用于更广泛的语境中。

自主探究式学习即自主探究学习，是指在教师的启发引导下，以学生独立自主学习和合作讨论为主体，以现行教材为基本探究内容，以学生周围世界和生活实际为参照对象，为学生提供充分自由表达、质疑、探究、讨论问题的平台，让学生通过个人、小组、集体等多种解难释疑的尝试活动，将自己所学知识应用于解决实际问题的一种学习形式。它要求学生要做课堂的主人，要在老师的引导下发挥自己的主观能动性，调动自己的各种感觉器官，通过动手、动眼、动嘴、动脑，主动的去获取知识。

新课标强调，学生学习的过程是主动建构知识的过程。学生以自己已有的知识、经验为基础，对新的知识信息进行加工、理解，由此建构新的知识体系。在知识建构的过程中，教师应该帮助学生掌握科学的学习方法，特别是培养学生良好的学习习惯和自主自学能力。但长期以来，教师往往只重视研究教法，而忽视了学法的研究。其实，引导学生自主学习，帮助学生掌握科学的学习方法，培养学生良好的学习习惯和自主自学能力是教师研究教法的出发点，也是教学的归宿。

要真正落实新课标倡导的"学生自主探究式学习方式"。必须正确理解：①新课标提倡以学生为主体，但不否定教师的主导地位；②新课程提倡探究式学习，但不否定接受式学习；③学生的探究式学习不等同于科学家的科学探究活动；④探究式学习不等同于盲目追求创新。这种新鲜的教学方式对传统的"一块黑板一本书，一支粉笔一张嘴"的教学模式，对"满堂灌"和"填鸭式"的教学方法，对被动的、机械的、接受式的学习方法起了相当大的冲击作用，给课堂带来空前活跃的气氛，可以有效地提高学生的学习兴趣和调动其学习的积极性、主动性、创造性，提高其自主学习能力。

一、自主探究学习内容的内涵

所谓自主学习，学生在学习之前能够确定学习目标，制定学习计划，做好具体的学习准备，在学习活动中能够对学习进展与学习方法做出自我监控、自我反馈和自我调节，在学习活动后能够对学习结果进行自我检查、自我总结、自我评价和自我补救，那么他的学习是自主的。

合作学习是学生在小组或团队中为了完成共同的任务，有明确的责任分工的互助性学习。①合作学习是以小组活动为主体，班级授课与小组活动相结合的教学活动；②合作学习是一种同伴之间的合作互助活动，它既有生生之间的互助，也有师生之间的互助；③合作学习是一种目标导向活动，是为达成一定的教学目标而展开的，合作学习的目标，既有传统教学意义上的学术目标，也包含学生合作交往技能目标；④合作学习是以各个小组在达到目标过程中的总体成绩为奖励依据的，把"不求人人成功，但求人人进步"作为教学所追求的一种境界，把个人之间的竞争变成小组之间的竞争。

所谓探究学习，即从学科领域或现实生活中选择和确定研究主题，在教学中，创设一种类似学术（或科学）研究的情境，通过学生自主独立地发现问题、实验、调查、搜集与处理信息，表达与交流等探索活动，获得知识、技能、情感与态度的发展，特别是探索精神与创新能力发展的学习方式和学习过程。从这一概念可以看出，探究学习是围绕"问题"展开活动，是逐步分析和解决问题的过程；它是在教师指导下的充分发挥学生主观能动性和创造力的探索，它与其他学习方式不同，是学生利用类似科学探究的方式来进行学习的。

二、自主学习方式的教学策略有以下几方面

1. 激发兴趣，培养自主学习的意识

创设良好的学习环境，激发学生的学习兴趣。利用学习内容，激发学生的学习兴趣。借助灵活的教法，激发学生的学习兴趣。及时评价，以成功激发学生的学习兴趣。

2. 教给方法，培养自主学习的能力

认同学习目标，增强目标意识。一是帮助学生认识所定教学目标的实际意义和实用价值，促进学生的内在动机。二是考虑学生的不同需要和水平，让学生自己制定学习目标，为学生提供选择目标的窨。以学定教，让学生自主选择学习的内容和方法。让学生参与课堂管理，提高学习过程中的自控能力。学习结果自我反馈、提高自主反思的能力。

3. 给学生充足时间自主实践，培养自主学习习惯

学生自主学习习惯的养成，需要教师持之以恒的培养。在平

时教学中，教师应给学生充足的自主学习时间，让学生在学习实践中不断提高"自我导向，自我激励，自我控制"的能力，并逐步达到自觉。

三、合作学习方式的教学策略

合作学习包括师生间和生生间的合作，生生间的合作又包括同桌合作、同伴互助合作、小组合作、全员合作等，当然合作学习还可延伸到课外和家长及其他人的合作学习。

1. 在"合作学习"中，要注重学生合作能力的培养

①学会组织协调。②学会帮助。合作学习的优势之一便是互帮互学，互相促进。首先要教育学生"愿帮助"。其次是"会帮助"。③学会倾听和表达观点。学会倾听是合作学习的基础，每个成员清楚地表达自己的想法，互相了解对方的观点，在此基础上方能合作探究问题。④学会讨论和评价。讨论是合作解决问题的关键，每个成员表达了自己的想法后，可能有不一致之处，这就需要讨论，攻克难点，形成解决方案。

2. 在"合作学习"中，要充分发挥教师的主导作用

教师要协调课堂教学中的各种关系，创设良好的课堂学习气氛，调动学生的学习积极性。协调小组内学生之间，小组与小组间，教师与学生间的关系。还要做到使小组之间应该有一种团结协作的精神，有一种互相信任、互相学习、大胆、公平竞争的气氛。

3. 在"合作学习中"，要重视对学生学习过程的评价

在小组合作的学习过程中，教师要积极巡视，及时捕捉有用信息，向其他小组传输以激起组与组之间的相互竞争。这里包括对小组合作学习态度的评价和小组合作学习效果的评价。

四、探究学习的教学策略

课程改革积极倡导探究性学习，这就要求我们应以"解决问题"为突破口，激发主动探究的欲望，强化主动探究的自觉性，提高主动探究的能力，从而达到主动发展的目的。

1. 营造民主氛围，创设学生探究的条件

良好的课堂心理氛围，会使学生产生愉快的学习情感，思维处于积极状态，能使学生自觉主动参与思维、理解等一系列智力活动，所以我们必须营造宽松民主的课堂气氛，只有这样，才能为实现探索学习创造必要的前提。

2. 培养问题意识，激发学生探究的欲望

注重质疑的积极意义。教师要给学生"问"的机会，成为"问"的主体，成为一个信息源。教师要在课堂及时捕捉学生的"信息源"，处处生成，不能让问题止于自己。问题还应成为探究学习的归属，教育的最终结果不足传播知识，而应当是在初步解决问题的基础上引发更多、更深层次的新问题。学生在探究学习中有了无止境的为什么，最终才能把学生引上创新之路。

3. 开展实践活动，培养学生创造能力

我们应打破课内与课外，校内与校外的界限，让学生在实践活动中培养他们的创造能力。如融合各学科知识，进行小课题研究，与探究性作业结合，开展综合实践活动等。

第四节　学生自主探究学习选题原则

随着教育改革的不断深入，学生的学习方式虽然有不同程序的改善，但目前基础教育阶段学生的学习方式仍以被动接受式为主要特征，学生学习方式问卷调查结果表明：只有7%的学生有

过发表与老师不同看法的经历，只有11%的学生经常向老师提问一些学习上的问题，只有29%的学生经常与同学一起讨论学习内容。在这样的学习方式下，学生被动接受知识，死记硬背，机械训练，学生的自主性被扼杀了，创新意识和实践能力更无从培养。因此引入"自主、合作、探究学习方式的实践研究"课题，旨在转变教师的教学方式，改善学生的学习方式，让学生真正在多样化的学习中发展，以适应21世纪社会发展和国际竞争的需要。

随着科学技术的不断发展，社会对人才的要求不断提高。这就要求我们的教育教学必须从过去那种把教科书视为学生的全部世界，转向充分发挥学生的主体作用，让学生通过主体参与、体验知识的发展过程，从而获得一系列经验、体会和情感，进而培养和训练创新精神，形成新能力，塑造一个健康的积极向上的、适应时代要求的人格。而传统的教学是以教师为中心，学生只相当于知识信息的"接受器"，教师的任务是"传道授业解惑"，"学问"只在教师那里，学生只是被动的"求学"，导致学生的个性得不到发展，分析问题、解决问题的诸项能力不强。当今，要适应时代的需求，学生必须需要一种主动的思维，需要多种渠道获得信息的意识和能力，需要对多学科的知识加以综合运用，需要从实践中提取出有价值的问题并在实践中寻求答案，这些就需要学生在探究中学习。

一、探究过程中可以提高学生的以下能力

1. 综合能力：在具体的探究性学习的各课题中，会涉及许多跨学科的知识，都是学生书本上学不到的东西。每个人的学习背景不同，接触的文化也有很大差异，但是一个人要不断的学习新知识，开阔思维，提升能力以适应环境应该是共同的目的。那么如何学习呢，可能每个人都有自己的心得，但是有好的学习方法也还是值得借鉴的，哪怕是不同的学习方法，都可以去吸收，利

于自己的就要吸收，不好的东西把它丢弃。如果一个人停滞不前，终究会被社会所淘汰。学习、记录、积累、提升这八个字应该是很好的概括。积少成多、积水成河，这样的道理应该都是明白的。

综合能力指除了学校中主要的知识学习外，还应该在综合实践活动中自主探究学习来扩宽自己的知识面。这对提升自己的综合素质能力有很大的好处，也便于在以后社会生活中积累经验和获得感悟。

2. 学以致用能力：在具体研究中，探究性学习的特点是不在乎要研究出什么成果和创造出什么成果，重在让学生在研究过程中获得亲身体验、研究方法，帮助学生在以后的工作中更快适应社会需要，明确向什么方向去创新，怎样创新，怎样将智力转化为有用的研究报告或可行性计划等直接有用的东西。

首先，在自主学习探究中，教师应该重点突出那些互相借鉴、互相学习的教学内容，让学生深刻认识到借鉴历史的重要性。其次，在课堂教学中多问、多质疑，最后，将教材知识和现实中共存或有关联的事物进行分析比较，从中明白道理，弄清事物发展的方向、过程和规律，提高学生的分析比较能力。

光有书本知识还不够，只有经过实践的磨炼才能成为活的智慧。读书是最简单的事，通变最难。能够将所学知识灵活运用于实践，这才是真学问。儒家所讲的"学"，从来不是死读书，它是一项学习、思考、求真、实践的系统工作，也就是所谓的"博学之，审问之，明辨之，慎思之，笃行之"。这个"笃行之"，就是勤手实践，学以致用。如果只是学习的话，差得还太远。读书不是为了死背书上的知识，而是要将知识转化为自己的思想，要学会灵活运用知识才对。

3. 实践能力：设计合理的实践活动方案、观察记录现象、进行数据处理、通过分析推理获得结论的全过程是实现探究学习的重要途径，学生通过亲身经历和体验简单的实践活动，经比较、判断形成有关的认识，逐步改变"记、背、练"的学习方式。培养学生科学的人生观、价值观、世界观。

实践是我们人类认识和改造世界必不可少的，自从人类产生开始，始终都没有停止过实践。实践是认识的基础，它为我们认识和改造世界提供了客观的可能性。我们在不断的实践中，产生了对社会、对世界的新认识。实践发生在我们生活的方方面面，离开实践的社会将会停止前进的步伐。实践的重要性主要体现在以下几方面：

一是在实践中产生了认识。世界是物质的世界，它不以人的意志而转移和改变，人们要改造世界，首先就必须先认识这个世界。而要认识这个世界，就必须得通过实践中去获得。人类的认识活动总是围绕着实践而产生的。

二是实践为认识的发展提供可能。人类一切的实践活动中所产生的问题，归根结底只能通过实践来解决。从远古时代至今通过实践活动所产生的认识和创造出的东西，也直接或间接的促进认识的进一步产生和发展。认识是一个渐进的过程，是一个从浅到深的过程。实践为认识提供可能。

实践中所产生的认识又会促进新的认识的产生。这是一个无止尽的过程，正是拥有这个无止尽的过程，才促进人类的社会不断地向前发展。因此，实践为认识提供了可能，实践也促进了认识不断的发展。

三是实践也是检验真理的唯一标准。人的认识是从实践中产生的，这种认识的正确与否，必须要经过检验，而检验的方法必须通得过实践来衡量。有人会说不一定要用实践来衡量啊，可以用逻辑推理来衡量啊。没错，逻辑推理可以用来检验真理，但是逻辑推理只能来回答前提与结论是不是符合逻辑的推理，而不能回答最终的结论是否符合客观实际。而已被逻辑推理成功的结论，最后还必须经过实践来检验，才能最终被确定下来。符合逻辑的不一定是真理，但是真理一定是符合逻辑的。

由此可知，检验真理的标准只有一个，那就是通过实践来检验。而要做这样的检验，就必须把主观的认识同客观实际来加以比较和对照，但不能用一种的主观的认识去检验另一种主观的认识，因为这两种主观的认识都不知正确与否，缺乏说服力，不能作为检验的标准。真理永远只有一个，而检验真理正确与否只能通过实践。只有通过实践得到说服力。

随着课程改革实验的不断深入，新课程所倡导的自主学习、合作学习、研究性学习等三种学习方式，已经深入到学校的教育管理、教师的教学过程及学生的学习过程之中。

二、课题研究的目标

1. 通过本课题的实践研究，真正确定学生主体地位，转变学生传统的单一，被动的学习方式，实现学习方式的多样化，培养学生搜集和处理信息的能力，获取新知识的能力、分析和解决问题的能力以及交流与合作的能力，养成终身学习的愿望。

2. 通过课题研究，促进教师深入探索改善学生学习方式的教学规律，提高教师教研能力。

三、课题研究应遵循的原则

1. 全体性原则：在研究中应立足于全体学生的发展和学生的全面发展。

调动每个学生的学习积极性，让每个学生都学有所得，是为师者的最大愿望，那么在教学中我们怎样才能更好的做到面向全体学生呢？首先，让活动全面化。活动形式也是多样的，有人人都参与的集体活动，这有利于促进学生在学习中相互要求，相互帮助。确定角色，有效地避免了学生在回答问题时的侥幸心理，从而主动、全面去准备语言知识。其次，选举手最快的学生发言，提倡竞争。鼓励学生举手争取表演机会，谁举手快我们就选谁上讲台展示自己的风采。使每个学生在课堂上都有一份专注也有一份期待。这个方法能有效地解决大班教学中出现的无法让更多学生在一节课里进行表演的矛盾。同时帮助学生逐渐建立主动去抓机会的主观意识。再次，讲课时设疑，启发思考。讲课时，我们还不时地面对全体学生设疑，启发学生参与思考。在讲解新知识时，我们引导学生用已学的知识去认识正在学的知识。这不但能让学生养成运用已学知识的习惯，还能有利于加深学生对新知识的理解。在带领学生运用已学过的知识时，老师甚至可以有意用错，看学生能否及时发现，考查学生的观察能力和知识熟练程度。最后，尊重差异，肯定努力。我们要认识学生之间存在的差异，掌握学生在学习上发展的不平衡，要尊重每一个学生的每一次努力，以学生现有的知识水平对学生进行肯定和提出希望。肯定学生的每一次努力，每一点进步，耐心帮助学生认识不足、纠正错误，提高学习的能力。

2. 自主性原则：在研究中应着眼于学生的主动性、积极性的提高，着力提高学生的自主能力。"教是为了不教。"教师的主导作用最重要的是教给学生学习方法。这种作用最好超前发挥，超前教给学习，在学习之前先教学法，使学生掌握方法、步骤，更自觉主动地进行学习，把"要我学"变为"我要学"。

在学习过程中，如果我们教师过分热心，过于认真地发现并纠正学生所犯的一切语言错误，我们会无意识地挫伤学生学习的自信心、积极性和主动性。

确立学生在学习过程中的主体地位，而且要帮助学生自主地学，自觉地学，让学生潜能和创造精神在课堂教学中得到充分的发挥，使课堂真正成为学生能力、智力、情感全面发展的地方。研究表明，培养学生自主能力最有效的途径是把学习方法渗透到教学中。作为老师，我们不但要传授知识，而且要了解学生心理。不让他们伴有焦虑情绪，我们要允许他们犯错误。让他们坦然地犯错，又要使他们在错误中学到知识。

3. 实践性原则：要培养学生的合作意识和合作能力，必须通过实践活动在反复的训练中才能得以提高。讨论是合作学习的重要形式。教师要创造机会让学生讨论，要鼓励学生讨论，让学生勇于发表意见，学会讨论。在讨论中合作学习，在讨论中培养合作意识。为此，我根据学生的学习水平、智力、性格等个性差异进行异质分组，让学生组成合作伙伴进行讨论。学生的讨论可以合作伙伴内讨论，也可以合作伙伴之间的讨论，还可以师生讨论。

总之，未来的社会不仅需要人们的竞争意识，同样需要人们的合作意识，从小培养学生的合作意识与合作能力势在必行。

4. 合作性原则：就是要让教师和学生、学生和学生构成一个学习整体，为完成共同的任务开展互助性合作学习。在小组学习合作的过程中，主要是通过学生互动来完成的。这有利于学生学会用他人的眼光来看待问题和社交能力的获得。

在教学过程中，除了学生之间的人际交往以外，还包括师生之间的交往。它包括学生个体与教师的交往及学生群体与教师的交往。在小组学习中，学生遇到不能自行解决的问题是，教师可给予适当的点拨。这是可能会有思维敏捷的个体悟出答案，也可能仍然需要群体的合作探讨。教师此时应关切地投入到学生中，去听取学生的意见，给予个别点拨。

第五节　学生自主探究学习内容的开发策略

大家都知道自主学习是提高学习成绩的有效办法。自主学习，就是自己学习。不少同学不会自主学习，只能跟着老师走，现在倡导活到老、学到老，这种教育方式强调了学习自主性的重要。自主学习是一种能力，看起来简单，坚持却很难。自觉主动学习态度起决定性作用。怎样自主学习呢？简单的说就是先弄懂最基础知识，再通过做练习和其他人讨论的方式扩充这些知识，最后把他们吸收到大脑里，也就是记住他们。

自主学习要做到以下几点：首先，要加强对自己管理，能够抵御诱惑，还要不受外界的干扰。上完补习班后是巩固一下所学知识呢？还是玩电脑呢？这个选择的后者对人很有诱惑力。但要选择前者，因为把课上的内容再巩固可以加深印象，否则学了又忘了等于没学，既浪费时间又浪费经历。其次，制定切实可行的学习计划。计划适合自己并且有事半功倍的效果，就要开动脑筋，自己思考。第三，利用周末和假期查找自己的漏洞。找出自己的弱点，加强练习，直到熟练。第四，要学会自我评价学习效果。不仅要学，在学完了之后还要检测自己。避免我们对自己满意，认为自己什么都会，到过招的时候，才埋怨对方不按套路出拳。

自主学习是一段艰难的过程，一个人如果想要成功，就得从冷板凳做起，尝尝痛苦的滋味。到了以后，通过自身的反复学习，会让这种程序变得很有趣，更会让他成为你的一个好帮手。21世纪是探究的世纪、学习的世纪，自主探究性学习能力是现代人必不可少的素质之一，它为学生终生学习奠定了基础。因此，时代的发展要求学生形成新的学习方式。作为教师，应该如何培养学生的自主、探究学习方式呢？

一、发掘自主探究潜能

在富有开发性的问题情境中，这是教学的关键步骤，教师首先要帮助学生拟定合理的研究计划，选择恰当的方法。学生的思路开阔了，思维火花闪现了，这时教师如果没有给学生提供尝试的机会均等，那就要变先讲后练为先尝试再点拨。把学习的主动权交给学生，这样有利于学生再创造，有利于学生猜测验证。同时，要求教师提供一定的实验条件或必要的资料，由学生自己动手去实验或者查阅，来寻求问题的答案，提出某些假设。这时，教师起到一个组织者的角色，指导、规范学生的探索过程。

这个过程可以由单个学生自己完成，也可以由教师将学生分组来完成。要注意培养学生寻求合作的团队精神。经过探究过程，学生要把自己的实验过程或者查阅的资料进行总结梳理，得出自己的结论和解释。不同的学生或者团队可以就同一问题提出不同的解释或看法。他们要能够将自己的结论清楚地表达出来，大家共同探讨。

二、激发自主探究兴趣

托尔斯泰说过：成功的教学所需要的不是强制，而是激发学生的欲望。如果教师不想方设法使学生情绪高昂和智力振奋的内心状态，就急于传播知识，那么这种知识只能使人产生冷漠的态度，而没有欢欣鼓舞的心情，学习就回成为学生的负担。为此，教学中我们要努力营造良好的探究氛围，让学生置身于一种探究问题的情境中，以激发学生的学习欲望，使学生乐于学习。

激发兴趣，营造自主学习的良好氛围。学生对事物产生好奇心、发生浓厚的兴趣，才会产生探索学习的欲望。兴趣是孩子探索的内在动力。只要有了探索欲望，孩子就会从内心深处去研究喜欢的事物并乐此不疲。在教学活动中，如果学生没有兴趣，就根本谈不上"主动地获取知识，形成能力。"只有当学生以极大的热情投入到学习活动中，才可能碰撞出思想的火花，使课堂变得生动轻松起来。因此教师要着力创设一种轻松愉快的学习氛围，激发学生兴趣。

首先，教师要树立以学生为主体的教学观。只有教师树立以学生为主的教学观时，良好的师生关系才能真正形成，从而创造民主宽松的学习氛围，这样的学习环境才能调动学生积极的学习热情、旺盛的求知欲、浓厚的学习兴趣，才能使课堂教学生动活泼、充满生机活力，学生才会乐于参与、主动参与。

其次，精心设计导语，吊其胃口。一堂好课的开始，导语尤为重要。据说魏书生上课前，先让学生猜一猜今天上哪篇课文，为的是激发一下兴趣。

另外，充分发挥激励评价的作用。激励性的评价，能给学生以帮助，给学生以信心。评价中既要关注结果，也要关注过程及变化发展；既关注水平，更要关注学生情绪态度。在课堂教学中教师应教给学生评价的方法，先肯定同学的优点，再提出合理化的建议。久而久之，不但学生学会了评价的方法，课堂的气氛也随之越来越和谐，为学生积极动脑、踊跃发言营造了良好氛围。

三、适时引导探究学习

在探究教学中，教师是引导者，基本任务是启发诱导，学生是探究者，其主要任务是通过自己的探究，发现新事物。因此，必须正确处理教师的引和学生的探的关系，做到既不放任自流，让学生漫无边际去探究，也不能过多牵引。我认为，一是要适当点拨。当学生在思维的转折处，或知识的重、难点处经过自身的努力，还感到无法解决时，教师要给予适当的点拨，给学生某种启发性启示，拨开学习上的迷雾，使学生看到光明，看到希望。点拨的关键是要符合学生的需要，使学生能顺利进行探究。

在学生探究时，教师应作到引中有探，探中有引。同时，还要把握引的度，步步深入地引导学生逼近结论，从而达到探究的目的。

兴趣只是一种诱因，要使学生自主学习的主动性持久保持下去，关键还在于掌握一定的学习方法，才能有效进行自主学习。达尔文说："最有价值的知识是关于方法的知识。"目前学法有预习、读书、听课、观察、质疑、讨论、练习、反馈、复习、考查等。但在组织学生开展自主学习过程中，教师要指导学生学会参与、学会运用、学会发现，提高自主学习的效率。

（一）学会参与是自主学习的基本条件

教师是学习活动的组织者和引导者，应重视学生主动积极的参与过程，充分调动学生学习的愿望，发挥学习的主动性。在课堂上，教师应教学生学会如何思考（善于带着预习中的问题思考，善于从同学的发言中启发自己思考，善于改换角度思考）。学生在参与教学活动的过程中，教师要让学生参与动手、参与观察、分析、参与评价，给学生创设主动参与和表现的机会。

（二）学会发现是自主学习的基本途径

德国教育家第斯多惠说过："不好的教师是传授知识，好的教师是让学生去发现真理。"教学中，教师要在知识技能传授的同时，重视引导学生去发现问题、发现解决问题的策略，并尽量展示学生思维的全过程，从而促进自主学习能力的发展。在低年级，教学生学会发现的基本途径是在预习中发现问题、解决问题；在课堂倾听中发现问题、解决问题；在完成作业过程中发现并解决问题。

四、鼓励学生质疑想象

疑是思之始，学之端。教师在教学中引导学生发疑抒问，即使是无疑也要寻疑，将自身置于特定情境之中，给自己提出问题。教学中鼓励学生"放下包袱，大胆质疑"，不怕说错，只怕不说；不怕动，只怕不动，这样才能调动学生质疑的主动性和积极性。宋朝思想家张载说："于不疑处读书，定能发现问题、分析问题、解决问题，就有新的发现、新的收获、新的喜悦。"质疑是优秀人才不可缺的素质。因此，我们在教学中应激发学生学习语文的兴趣，使学生产生强烈的求知欲。

"学起于思，思源于疑"。要使学生在课堂上乐于质疑问难，教师就要有目的、有意识地创设问题情境，使学生置身于发现问题的情境中，进入发现者的角色，从而培养学生质疑的兴趣。以趣生疑，并由疑点燃他们的思维火花，使之产生好奇，由好奇引发需要，因需要而使学生"带着一种无比高涨的激烈的情绪从事进一步的学习与思考"。"授之以鱼，只供一食之需"而"教之以渔，则终生受用"。19 世纪德国教育家第期多惠也说过：一个坏教师奉送真理，一个好教师则教人发现真理。所以，引导学生掌握学习方法，学会质疑则是发现真理的金钥匙。

通过鼓励、引导、激发学生对质疑有信心、懂方法、受启发，教师不仅要让学生在课堂上保存发扬这种良好的学习品质。同时还要把这种良好的学习品质进一步延伸，使学生在课外也能积极主动地质疑，把课堂上学到的知识应用到实际生活中，做生活中的有心人。这样就能发现学习中、生活中处处有问题可提，会在无疑处生疑、善于质疑，从而提高质疑能力，变"要我问"为"我要问"、"我会问"形成一种永恒的追求。

"学贵知疑"，疑是探究知识的起点，有了疑问才会深入探究，才能形成探究的目标，才有学习的积极性和主动性。教学中教师积极培养学生敢质疑、乐质疑、会质疑、善质疑，才能体现学生的主体地位，才能提高学生分析问题、解决问题的能力，才能取得理想的教学效果，才能让新课标的理念落到实处，才能让课堂真正成为学生自主学习和实践创新的天地。

我们在教学中注意开发学生的创造潜能，鼓励学生给自己插上想象的翅膀，用自己的眼睛看世界，运用已有的阅读经验对新课文猜读，鼓励学生在发言和写作中用自己的语言表达个人独特的感悟，那么语文学习就会变成充满乐趣的创造活动。

五、注意反思，提高自主探究能力

学生在自主探究中，不可能一下子获得整个系统知识，也不可能在探究知识过程中采用的方法每次都是科学的，为此，学生们在课堂探究结束后，必须反思自己学习的行为所获取的知识。在每节课结束后，我们都要问一问刚才的学习，我们学习了哪些知识？最成功的探究方法是什么？通过反思，让学生把思维过程上升到一定的高度，找到科学的探究方法、探究规律，提高自主探究能力。

能不能实现自主学习？怎样才能实现学生的自主学习？关键还是在于教育工作者转变教育观念，爱护学生的好奇心、求知欲，激发学生的主动意识和进取精神，为学生创设良好的自主学习情境，鼓励学生选择适合自己的学习方式。

总之，我们要从素质教育的高大来认识学生的主动参与，正确处理教师主导和学生主体的关系，努力把知识的传授课变成研究课、探究课。让学生的聪明才智、创造潜能得到充分发展。这就要求我们，在实施自主、合作、探究学习的过程中，必须做到：

1. 改变学生的被动学习现状，培养学生自主学习的能力

要想培养学生的自主学习的能力，首先必须从根本上保证其自主学习的时间，让他（她）有足够的时间去自主探究，去获取新知；其次要设计一些弹性化的、有一定思维空间的问题，要创设能够让学生自主学习的情境，给他们充分的思维空间去拓展；再者还必须将学习方式的选择权真正交还给学生，让他们自由选择适合他们的学习方式。

在改变被动学习的基础之上，我们还要教育学生在学习活动之前要学会确定学习目标、制定学习计划、做好具体的学习准备；在学习活动中要学会对自己的学习进展、学习方法作出自我监控、自我反馈和自我调节；在学习活动后要学会对自己的学习结果进行自我检查、自我总结、自我评价及自我补救。

2. 改变学生单一的个体学习现状，培养学生合作交流能力合作学习

有以下几个方面的要素：积极的相互支持、配合，特别是面对面的促进性的互动；积极承担在完成共同任务中个人的责任；期望所有学生能进行有效的沟通，建立并维护小组成员之间的相互信任，有效地解决组内冲突；对于各人完成的任务进行小组加工；对共同活动的成效进行评估，寻求提高成效的途径。

在实际操作中，就要求我们在针对某一具体问题（学生自主学习难以解决的问题）时，必须改变学生单一的个体学习形式，变为同桌、小组或全体交流学习形式；也可将某一具体问题进行分工，让学生合作解决。

3. 改变机械的接受学习现状，培养学生探究能力

与传统的接受学习相比，探究学习具有更强的问题性、实践性、参与性和开放性。经历探究过程以获得理智能力发展和深层次的情感体验，建构知识，掌握解决问题的方法，是探究学习要达到的三个目标。

培养学生的探究实践能力，实际上就是要培养学生的观察发现能力、质疑创新能力和综合实践能力。这就要求我们在工作中，要经常组织一些有针对性、有目的的观察活动、社会实践活动、亲身体验活动等等，创设一个个需要他们分析、探究的问题，让学生亲自去调查研究，亲自去操作体验，从而经历获取知识的过程，在观察思考、体验中感悟，得到启迪。

第六节　学生自主探究学习内容的确定

课程改革以培养学生的创新精神和实践能力为主要目的，在课堂教学中，强调学生学习方式的改变，倡导建立具有"主动参与、乐于探究、交流与合作"为特征的学习方式。对于新课程所倡导的"自主、探究、合作"的学习方式，在课改的实践中，有些教师把握不准或理解不充分，因此在课堂教学实际中就出现摇摆不定的现象。在有人听课时，过分造作，以学生的活动为主进行表演，而平时上课则仍然回到老一套。因此，我们有必要对相关理论有所了解。

现在是知识经济的时代，是一个弘扬人的主体精神的时代，要求学生"学会生存"、"学会学习"、"学会创新"，但传统的教

学仍以教师为中心，过分地强调教师对学生的指导及规范统一的教学要求和权威评价，注重教师的教，忽视了学生的主体能动性及思维创造性的培养，创新能力、实践探索能力得不到提高，学生总是按照教师的设计进行思考，按教师的要求来完成学习任务。它使课堂教学变得机械、沉闷和程式化，缺乏生气与乐趣，缺乏对智慧的挑战和对好奇心的刺激。这样的教育教学很难适应时代的要求。

新的一轮课程改革倡导"自主、合作、探究"的学习方式。通过对"自主、合作、探究"的教学模式的探索与教学中的初步尝试，教师们已经切身感受到学生学习方式改变后，学生的兴趣、学习水平都达到了质的变化。学生也逐步由"要我学"向"我要学"，由"我学会"向"我会学"的方向转变。

首先，是自主学习。根据学习者对整个学习过程的控制程度，人们往往把学习划分为自主学习和他主学习。自主学习概括地说，就是"自我导向、自我激励、自我监控"的学习。具体地说，它具有以下几个方面的特征：

1. 学习者参与确定对自己有意义的学习目标，自己制定学习进度，参与设计评价指标；

2. 学习者积极发展各种思考策略和学习策略，在解决问题中学习；

3. 学习者在学习过程中有情感的投入，学习过程有内在动力的支持，能从学习中获得积极的情感体验；

4. 学习者在学习过程中对认知活动能够进行自我监控，并作出相应的调适。

因此，自主学习能够体现学生的主体性、能动性和独立性；他主学习则与之相反，体现学生的客体性、受动性和依赖性。

这里所说的自主学习是指教学条件下的学生的高品质的学习。大量的观察和研究表明：在自主学习中，学生感觉到别人在关心他们，对正在学习的内容有好奇，并积极地参与到学习过程中，在任务完成后得到适当的反馈，看到了成功的机会，对正在学习的东西感兴趣并觉得富有挑战性，感觉到自己正在做有意义的事情。只有在这样的情况下，学生的学习才会是真正有效的学习。所以要促进学生的自主发展，必须尽可能地创设让学生参与到自主学习中来的情境与氛围。

所谓探究学习，是指在数学的学习情境或现实生活中选择和确定与数学学习内容有关的研究主题，通过学生自主或合作，独立地或互助地发现问题、实验、操作、调查、信息搜集与处理、表达与交流等探索活动，获得知识、技能，发展情感与态度，特别是探索精神和创新能力的发展的学习方式和学习过程。这里指的探究不需要像专业人员那样探究深层次的、尖端的问题，而是指学生在学习过程中研究自己身边感兴趣的问题和现象。与探究学习相对的是接受学习。接受学习是将学习内容直接呈现给学习者，而探究学习中学习内容是以问题的形式来呈现的。和接受学习相比，探究学习具有更强的问题性、实践性、参与性和开放性。经历探究过程以获得理智和情感体验、建构知识、掌握解决问题的方法，这是探究学习要达到的三个目标。

随着学习方式的改革，教师的教学方式也要改变，就学生的学习行为来说，由于个性的差异，学习的快慢总是免不了的，我们在组织教学中，要尽可能的照顾大多数学生，多关心学习困难学生或通过合作的方式使学生互相促进。

要以学生的自主学习为中心来组织课堂教学活动。我们认为，在以学生自主学习为中心的课堂教学的设计中，宜采取以下策略：

1. 问题情境的创设。教师要注意把教学的内容，根据要求转化为问题串，以问题来引发学生的学习动机与行为，为学生自主学习提供活动的素材和情境。

2. 学生自主学习要与教师讲授相结合。以学生自主学习为主，以教师讲授为辅。学生的自主学习并不排斥教师的讲解，自主学习的教学要接纳其他有效的教学形式。学生在认知过程中，由于缺乏背景知识或认知策略不当而陷于困境时，教师就必须给以讲解点拨；教师的讲解是为了帮助学生能自主地开展学习活动。在教学过程中，教师应随时了解学生的学习、活动情况，以便及时给学生以必要的指导。

3. 个人的自主学习和与同伴合作学习相结合。学生的自主学习具体表现为个人的思考探究和与同伴合作学习，个人的思考探究，是同伴间开展合作活动的基础。

4. 开展形式多样的自主学习活动。

自学。包括阅读、尝试练习、搜集整理资料等。

讨论。教师要为学生营造宽松、和谐的民主教学气氛，并通过组织与引导，激发、鼓励学生放开去想、去说、去做。

操作与实验。操作与实验是重要的自主学习活动，对创新教育有着不可替代的作用。

实践。在开展实践活动中，要引导学生用数学的眼光去发现问题、分析问题、解决问题。

评价。要提倡学生参与评价，形成学生自觉、主动、积极评价的教学民主的风气。同时，要引导学生学习评价，学会评自己、评同学、评教师；评错误、评正确、评最佳；评结果、评过程、评方法。

新教材的各个章节为以上各种形式的活动提供了大量的素材，它需要我们教师认真去挖掘教材并结合实际，创造性地使用教材中的知识与结论。

学习方式决定了一个人的思维方式，最后会成为一个人的生活方式。对"主动、探究、合作"学习方式的倡导充分体现了课程改革"以人为本"的思想，着眼于学生的充分发展。实际上，学习方式不仅仅会对学生的发展产生影响，它也会对教师的发展产生影响，因为学生学习方式的转变是以教师教学行为的转变为前提的。

（一）自主学习，培养主体意识

学生是受教育的主体，一切教育活动都要服务和服从于主体。因此，把课堂还给学生，让学生由被动地接受知识转化为主动、愉快地学习成为当今教育的必然趋势。那么如何在课堂教学中体现学生的主体地位呢？总之，让学生学会独立思考，学会发现和提出问题，学会实践探究，学会评价自己和他人，是学生自主学习的重要体现，也是教师教学的一项长期任务。作为教师，我们要充分发挥课堂这一主渠道的作用，激发学生自主学习的积极性，使学生真正成为学习的主人。

自我评价就是要求学生对自己各个方面（认知、能力、情意、参与时空等）作出一个比较客观的判断。这个过程是一个自我反省、自我总结经验的过程，也是一个提高的过程。在这一过程中，学生通过对自己的回顾和检查，通过对自己的反省，学生就能在大脑中建立起正确思维形象，从而使自己今后的学习活动取得更好的效果。

相互评价包括学生互评、师生互评两个方面。在互评过程中，要积极鼓励学生大胆地发表自己的想法与看法，讲出不懂的问题与疑惑；学生也可以对教师的讲解与指导提出看法，教师更要及时地将自己在教学中发现的问题和获得启发运用多种形式反馈给学生。

引导学生对自己的学习过程进行及时总结，总结自己达成目标的成功经验和失败教训，有利于学生及时调节自己的学习方式和学习心态等，有利于学生自我监控能力的培养。良好的学习心态、正确的学习方法和较强的自我监控能力，有助于学生取得良好的学习效果。良好的学习效果反过来又能促进学生自主学习意识的形成。

（二）合作学习，培养合作精神

随着科技的日新月异，只有学会合作，学会从他人智慧中获得启迪，才能最大限度地发挥个人的潜能。正如林格伦所说的，在文明世界中的人们，真正需要学会的本领是有成效地合作本领，以及教会别人也这样做的本领。在教学学习中，注意培养合作学习的精神和能力，在合作中自主探索，创造性的解决问题有利于学生素质的全面提高和人格的完善，惟有如此，我们的课堂才能让人听到生命成长的声音，才能捕捉到生命中绽放的最精彩的音符，才能使学生学习的主动性、创造性得到充分的发挥。

而培养学生的合作意识与合作能力是合作的前提，学生学会合作、学会与人相处、形成良好的合作精神品质，健康地发展，才是我们育人的宗旨。学生的合作学习是新课标环境下的最重要的学习方式，在过去的教学过程中，也能体现出较多的合作方式，但一般是为合作而合作，为交流而交流，都流于形式，没什么真正的价值。现在我就小组合作的一些具体注意事项阐述如下：

1. 选择合适的时机，创设情境，激发学生合作的欲望

合作是一种需要而不是一种命令。在我们的课堂中经常听到教师的一声令下，学生便开始所谓的"合作交流"。这种合作根本没考虑学生是否有这种合作的欲望，使得合作学习无目标、无动力，收不到实质性的效果，如何解决这一问题呢？教师要学会巧设合作情境，来激发学生的合作欲望。因为兴趣是促学的动力，是成功的先驱。

2. 营造气氛，培养探究精神

新课程改革要求在学习的过程中培养学生主动探究的精神，所以教师在课堂中应注意营造探究氛围，鼓励学生独立思考、合作讨论、共同探究，尝试合作学到知识的乐趣。在这一过程中，每一个学生都充分发挥自己的作用，为小组献计献策，当他们有机会代表小组进行汇报时，他们的脸上都带着自豪的微笑，这就说明他们这时候心里想的是整个集体，而不是自己。

3. 开展小组评比，激励学生合作

小组合作学习虽然有利于培养学生集体意识和合作精神，但如果组织不当，学生就很容易出现拉大差距的现象，学习好的始终唱主角，差的学生总听别人在说。所以开展小组评比活动，给小组打分是激励每一个学生都积极参与活动的好办法。

4. 把握合作时机，培养合作能力

机不可失，时不再来。教师要善于抓住最有利的时机组织有效的小组合作。当学生思考出现困难时、意见发生分歧时，解决问题的方法多样时，知识需要拓宽时，学生主动提出有探索价值的问题时，需要突破重难点时，如此等等，都是最好的合作交流的时机。

5. 合理安排合作内容，让学生探索有价值的知识

在教学过程中，合理安排学生讨论合作学习有很多好处。但也不能因此而滥用合作。合作学习的内容要有一定的难度，有一定探索和讨论的价值。无目的、无针对性、无必要性的合作、探索，学生毫无兴趣，甚至会趁机聊天。因此，这就要求教师在备课时要深入研究教材，明确教材所要体现的新理念。

（三）探究学习，培养科学态度

随着科技和社会的发展，科学素养的内涵也发生着变化。20世纪50年代，科学素养强调的是了解科学术语和科学过程，能阅读报纸或杂志上有关的科学技术方面的报道和争论的能力。到20世纪70年代，随着科学技术对社会影响的增大，科学素养的内涵中增加了对科学与社会的关系、科学的道德规范、科学和人类的关系等方面的要求：重视解决问题的能力，如运用科学方法解决日常问题、掌握科学研究基本程序等。

自20世纪80年代中期以来，科学素养的内涵进一步丰富和深化，包括了科学世界观、科学事业的性质、科学思维习惯以及

科学对人类事务的影响等方面，2000 年，联合国经济合作与发展组织，对科学素养的定义是：科学素养是指在科学技术极大地影响着人们的生活的条件下，科学地思考问题的能力。这种素养包括理解科学概念并运用科学观念的能力。其中，科学概念涉及物理、化学、生物科学、地球与空间科学等学科。

培养学生创新意识的最佳途径，科学探究作为一种重要的学习方式，教学中可采用形式多样的探究活动。例如，化学课堂教学上学习"水"后，让学生走出课堂，调查本地水资源的利用和河水污染情况，深入社会生活实际去获得第一手的信息，通过发现问题后提出解决问题的合理化建议，并写出调查报告。又如，空气中氧气的含量测定的演示实验，将其改为探究实验方法，用多种方法进行实验，实验的目的是了解空气中氧气的含量，等等。

著名心理学家布鲁纳说："学习的最好刺激乃是对所学材料的兴趣。"可见，兴趣是最好的老师，它是影响学生学习自觉性、积极性和学习效果的最直接因素。而在新课程标准明确提出教师教学要关注学生的情感和情绪体验，强调在课堂教学中首先要创设民主、和谐、融洽的情感氛围，以唤起学生的共鸣，使学生轻松愉快和满怀信心的进行认知活动。强调"设置情境，以趣导学"，培养学生的思维探究能力。

心理学研究表明，当一个人对某种事物发生兴趣时，他就会主动、积极、执着地去探索。学生在学习活动中，对自己感兴趣的现象、原理、规律等，总是主动、积极地去认识、探究。可见，兴趣是学习的基础，也是探究的动力。前苏联教育家苏霍姆林斯基一语道破了学无无兴的严重性："学生在某一学科上落后并不可怕，可怕的是他那冷漠的态度"。因此，在教学中，应设法激趣，以诱发学生的探究动机。

激发学生兴趣，引导学生探究学习

首先，通过直接设疑提问，刺激学习兴趣，引导学生思考，如在化学课堂中，学习 NO_2 与水的反应时，教师可以设计以下问题：①观察现象；②如何验证 NO_2 与水反应的产物；③改进实验使 NO_2 尽可能多的转化为硝酸，并写出总反应方程式；④如果③中 NO_2 改为 NO 呢？在这样几个递进的问题中，学生通过讨论、合作，不仅自己在探究中获得新知识，复习巩固旧知识，而且还从最后两个问题中联系到了工业生产硝酸，思维也有了拓展。在这个过程中，我们要很好地引导学生，使不同水平的学生都有展示自己才华的机会，要肯定学生思维上的闪光点，及时地给予表扬与赞同，使学生的发散思维发挥地淋漓尽致。

其次引导学生积极参与实验，自主进行实验探究，激发学生学习兴趣。学会了科学探究的方法。化学作为一门以实验为基础的学科，实验是它的灵魂。化学实验不仅使学生能够获取直观信息、认识化学世界，而且能够帮助学生认识化学规律、形成化学概念、理解和巩固化学知识、提高各种能力，更重要的是化学实验过程本身就是培养学生创新精神和探究能力的最佳途径。比如，让学生演示氨易溶于水的"喷泉实验"的同时，思考喷泉实验的基本原理是什么？是否还有产生喷泉的其他装置？能否设计黄色的、黑色的、蓝色的喷泉？教师提前设计一套装置，在实验锥形瓶外有一水槽，瓶中加入酒精，水槽中加入冷水后，再加入足量浓硫酸和生石灰，结果也产生了喷泉。这样，不同层次学生的探索兴趣都会得到激发，创造能力也会得到不同程度的培养和提高。

再次，从化学在社会和生活实际应用入手，激发学生的兴趣和培养探究能力。化学是当代科学技术和人类物质文明迅速发展的基础和动力。化学学科自身的发展促进了人类生活质量的改善和生活水平的提高。人类的衣、食、住、行无不与化学和化学材料息息相关。在课堂上让学生亲身体验化学与我们社会生活的广泛联系，感受到化学是鲜活的、生动有趣的，体会到化学是实在的、有用的。如在讲《原电池》这节内容时，先提出问题："为

什么初中制取 H_2 时，要在硫酸中加硫酸铜呢？为什么我们用的干电池会产生电流？"接着讲"好，我们学了今天的内容就能解决这些问题。"新课学习以后，学生自己运用所学的知识来回答一开始提出的问题。又如学习"氮氧化物的产生及转化"时，学生看完课件后，就产生了好奇：人遇到雷雨要躲，而庄稼为什么却喜欢雷雨？这样学生在好奇中处于积极主动思维的学习状态，主动讨论去寻求答案。当学生能用化学知识解决一些日常生活中的问题后，他们就会产生成就感。学生的兴趣被激发，必然产生进一步去了解、去认识的求知欲望，探究意识在这种欲望中自然形成。

最后通过多种途径，营造探究氛围。真正的现代教学观，就是采用各种教学手段，最大限度地调动感知器官，激起学生高度的学习兴趣和最大限度的集中注意力，连续不断地启发学生积极思维和探究能力。

教学中巧问善诱是营造这种氛围的最好方法。教学过程是一个特殊的认识过程，也是一个复杂的思维过程。思维源于问题，问题促进思索。教师富有针对性和启发性的课堂提问可以激发学生的思维，启迪学生的心扉，鼓舞学生探究的勇气。因此，教学中要善于问，更要会问，更要指导学生多问善问。要问得恰当，问在知识关键处；让学生感到时时有问题可想，促使联想，对比思考，设想种种解决方案，从而使一系列复杂的心理活动在学生的大脑中展开，学生形成开放式探索性思维。如讲《盐类的水解》一节可以这样引入问题："酸的溶液由于 $c(H^+) > c(OH^-)$ 而显酸性，碱的水溶液由于 $c(H^+) < c(OH^-)$ 而显碱性，正盐的组成中只有金属离子和酸根离子，既无 H^+ 又无 OH^-，但它们的水溶液并不都显中性，你们知道这是为什么吗？"这些问题揭示了日常概念与科学概念的矛盾，激起了学生强烈的好奇心，很快吊起学生的学习"胃口"，思维马上变得活跃起来，教学难点很容易予以突破。当然，对于学生的回答，教师要充分

肯定正确的见解，对错误的回答要善于诱导，为学生的思潮推波助澜，为学生创设一个安全可靠的心理港湾。

首先，创设质疑情景，激发自主探究的欲望。

传统的教育在能力培养过程中，往往存在一种缺陷即缺少独创性。经验告诉我们，在已知与未知之间，在学过和未学过的知识之间，在未知领域与新领域的知识之间没有学生不可逾越的鸿沟。只要教师能为学生架设联系的桥梁，诸多认识问题是可以突破的，这正是探索性实验培养的关键。

尽管我国近几年来教改一直进行，但传统的教学方法在教育领域里始终占据着主要地位，即要求学生理解教材里的知识，并通过反复做习题来熟记知识，学生的大脑储存和堆满了考题，但鲜有独辟蹊径、标新立异的勇气，也难以具备发现新问题、运用新方法、提出新见解的能力。质疑是探究的开始，更是创新的动力。成功的化学教育应该是使学生在存疑、思疑、质疑、解疑、释疑、答疑的过程中，能够具备发现问题、分析问题、解决问题的能力。化学教师必须走出传统教学的窠臼，精心创设质疑情境，使学生学会批判性质疑和探究性质疑。

其次，引导学生自己解决问题，形成自觉的探究习惯。

通过指导学生收集、查阅资料，自己解决浅层问题。课堂教学中常常会有一些与本节知识有关，即本节知识的生长点，但这些知识又不属于本节必须掌握的内容。可指导学生自己查找相关资料进行阅读、分析，以成为本节课的延续和深化。这样做学生就逐渐养成不断探究化学奥秘的习惯。

讨论，是培养学生探究能力的很好手段。学生可根据已有的知识，最大限度地发挥其创造潜能，调动其探究积极性。通过引导学生讨论，使学生解决有争议的、有难度的问题，并能在这样的探究中找到乐趣。化学学习中会有许多有争议或有难度的问题出现，教师鼓励学生通过讨论解答。讨论时，教师要启发学生层层深入地分析问题，疏导思维障碍；纠正思维偏差等。

指导学生整理、小结，归纳各知识点及各知识点之间的联系，分析知识点与考点的关系，研究学习方法，并对自己的学习过程、思维方法、思维品质进行评价和整理，从而使知识达到高层的迁移。探究习惯一旦养成，思维品质也就得到了最大限度的优化，探究能力自然也就得到了提高。

总之，中学生科学素养的形成不是一朝一夕就能培养出来的，需要教师不断地引导、培养。全面提高学生的科学素养，使中学生养成用科学的观点去观察、去思考、去质疑的素养，需要中学教师坚持不懈、共同努力，才能抓出成效。化学课堂的教学是为学生的发展服务的，学习不再是只为了分数和高考，而在于技能掌握、科学素养的提高以及科学态度、价值观的形成，在于科学的探究能力及合作精神的培养，在于创新潜能的激发。

第七节　自主探究学习教学模式

新课程在理念上充分体现了"以人为本"的素质教育思想，把"为了每个学生的发展"、"让每一个学生的个性获得充分发展"的价值观视为根本。新课程倡导积极主动、勇于探索的学习方式。随着课程改革的不断深入，自主的学习正逐渐成为课堂教学的亮点，信息技术教学应从本学科特点出发，钻研教材，创设探究情境和任务，使学生通过任务驱动独立自主发现问题、实践操作、调查收集、处理信息、表达交流等探索活动，获得知识、技能、情感与态度的发展。

但是目前的课堂有的未能恰当把握自主探究学习的本质，以致组织探究学习中出现偏差，产生一些无效的现象：布置了任务后就放任自理，听之任之；在教学的安排上和课堂管理方法上欠妥当，没有充分考虑到学生的年龄和心理特征、学习需求和能力水平；教师为了课堂教学投入了很大的时间和精力，学生也相应地在信息技术课堂上也投入了大量的时间和精力，但是学生能力却没有得到充分发展，自主学习不能取得预期的课堂教学效果。

生源相对薄弱，部分学生缺乏良好的学习习惯和学习能力，影响了信息技术课的探究学习开展：学生自主学习积极性不高，参与面不广；学生的自制能力差，自由探究学习时，课堂难于掌控；学生通过探究学习，情感、态度得到了陶冶，但是热闹有余，思维不足。这样的现状直接影响着学生对信息技术知识的积累、能力的培养、信息素养的全面提高。

自主探究性教学最大的特点是课堂气氛活跃、平等、民主、宽松、和谐。在课题研究中，我们采取的策略和模式，有效地转变了学生以往被动的学习方式，学生的自主学习得到了保障与促进，整个课堂教学环境更为活跃、更有趣味，真正发展了学生的思维与能力，自主探究性教学不仅传授了知识，而且发展了学生运用知识的能力。学生自主学习的能力，发现、解决问题的能力都大有提高。培养了学生可持续学习的发展动力，为他们将来走向社会和终身学习奠定了基础。

课堂教学常常处在"教师问，学生答；教师讲，学生听；老师出题，学生算"的状态。许多教师还没有从传统的教学思维定势中转变过来，教师主宰课堂、灌输式的教学方法依然存在，课堂教学效益低下，自主学习、合作学习、探究学习的能力培养更无从谈起，而基础教育课程改革要求我们课堂教学的目的不仅仅是教学生知识，更为重要的是教会学生学习的方法，提升他们自主学习的欲望和能力，塑造学习者健全的人格，这才是评价学校教育教学质量的标准。师生将面临教学中的许多困境，所以，在课堂教学中，教师应该寻求新的教学途径，创设丰富的教学情景，提高课堂的教学的有效性，使学生在有效课堂教学时间内，提高多方面的能力，是适应现代社会发展对学校教育、教学、教研的要求。因此，提高小学数学有效性课堂教学迫在眉睫。

一、自主学习与有效教学

1. 自主学习

自主学习，是指教师通过引发学生学习的主观能动性，引导学生围绕一定的学习材料能动的创造性的发现问题、提出问题、解决问题的过程，为达到学习目标自主获取知识进而形成学习能力的一项学习活动。其实质就是尊重学生的主体地位，发挥学生的主体作用，调动学生的主体积极性，从而使学生能够主动积极、独立地进行学习活动。自主探究学习强调学生通过综合运用所学知识，强调学生的主动探究，强调过程与方法，强调理性质疑、实事求是的科学态度和精神。

2. 有效教学

有效教学是指教师在课堂教学中，为实现新课程理念下的教学目标而采取的有效解决教学问题的方法和教学操作手段。遵循教学活动的客观规律，以尽可能少的时间、精力和物力投入，取得尽可能多的教学效果，从而实现特定的教学目标，满足社会和个人的教育价值需求。具体说，就是教学要有效果、有效率和有效益。

在新课程理念下，有效教学包括几个方面的内涵：

（1）教学的有效性要以学生的进步和发展为宗旨，教师在教学中必须确立学生的主体地位，树立一切为了学生的发展的思想。

（2）教师要有"全人"的概念，学生的发展是"全人"的发展，也就是新课标提出的知识技能、过程与方法、情感态度价值观等方面均衡发展，而不是某一方面某一学科的发展。

（3）有效教学要促进学生学习方式的转变，发展学生自主、合作、探究的学习能力，提高学生的学习效率。

（4）有效教学更多关注可测性和量化，要求教学目标尽可能明确，以便检验教师的工作效益。

自主探究学习的有效性教学特别要重视开发学生智力，发展学生的创造性思维，培养自学能力，力图通过自主探究引导学生学会学习和掌握科学方法，为终身学习和工作奠定基础。教师的任务是调动学生的积极性，促使他们自己去获取知识、发展能力，教师还要为学生的学习设置探究的情境、建立探究的氛围、促进探究的开展、把握探究的深度、评价探究的成败。学生作为探究课堂教学的主人，自然是根据教师提供的条件，明确探究的目标，思考探究的结果。由此可知，自主探究式课堂教学是教师和学生双方都参与的活动，他们都将以导师和主人的双重身份进入探究式课堂。

二、自主探究课堂教学模式在实施过程中存在的问题

（1）由于我校学生的生源质量逐年下降，且差异性明显，学习能力参差不齐。如何面向每一个学生，开展差异教学，让每一个学生都能够有所发展，怎样帮助基础知识差、学习能力差的学生适应探究性学习，是每位实验教师最感困惑的问题。

（2）在课堂教学中，如何有效地调控课堂教学，使课堂有序又有效，真正提高课堂效率。老师如何把握、关注学生，培养学生自主探究学习的信心，需要进一步探究。

（3）如何处理好课堂气氛活跃与落实"知识目标"之间的矛盾。

（4）如何最大限度地利用课堂中的各种资源。

（5）教师的理论水平研究急需提高。

三、学生自主学习的有效教学的探究

1. 明确教学目标

新课程明确了从"知识与技能、过程与方法、情感态度与价

值观"三个维度来设计教学目标。教师如果对各个维度的具体阐述上把握不准，没有清晰地表述出学生在三个维度应该掌握的具体程度与水平设计探究任务，就会导致自主探究学习失败，这也是导致自主学习课堂教学效率低的首要原因。因此在制订教学目标时，教师要力求让各个维度的教学目标明确、具体、恰当，体现新课程的要求，并在教学的组织上，关注教学目标的达成程度。

教师要认真研究教材，明确教学的重点、难点，要达到教学目标，并精心设计教学方法。要设计好一堂课的每个环节大约用多少时间、什么内容需要合作学习、合作学习的时间是多少等。在教学中，教师设计合作学习的任务和目标要非常明确，并且是学生合作行为的指南，要给学生留有实验、提问、尝试的机会和空间，让所有学生都能充分参与进来。

2. 激发学习动机

从心理学的角度来说，激发学习动机、培养学习兴趣的最终目的是使学生自主学习，发挥学生学习的主观能动性，激发其探索欲望，从而使学生渴望学习、乐于学习。因此，激发学生学习动机，培养他们的兴趣，是促进学生良好自主探究学习状态的有效方法。教学中，教师可以通过以下几个方面促进学生良好的学习状态：

（1）尽量把所学知识与学生的生活经验联系起来。心理学研究表明，学习内容和学生熟悉的生活背景越贴近，学生自觉接纳知识的程度就越高。教师应将学生熟悉的生活情境作为教学活动的切入点，精心设计有意义的探究任务，使学生能迅速进入思维发展的"最近区"，掌握学习的主动权。

（2）引起学生强烈的认知冲突。认知心理学认为，学生是否愿意学是教学过程是否有效的首要条件，学生学习的积极性和主动性来源于他们认知的内在动力。在自主学习课堂中，教师如果能充分把握教材，创设认知冲突的矛盾情境，就能使学生原有的认知结构与当前面临的矛盾情境发生冲突，激起学生强烈的探究欲望。

（3）注重激发学生的兴趣。教学中根据教材特点，通过趣味性练习设置悬念，揭示矛盾，引起学生认知冲突，学生就会生疑，就会要求释疑。就会产生求知欲；在教学中，可以利用趣味性练习，对学生的好奇心加以诱发，激发他们的求知欲；灵活多样、新颖、有趣的练习，能使学生克服压倦心理，保持强烈的学习兴趣，促进学生的有效思维。

3. 开展小组协作

学生在课堂上能用自己喜欢的方式学习，那么他们不但可以在学习时获得愉快的情绪，而且可能对学习产生积极的体验，越来越喜欢学习。研究表明，当学生主动参与到教学过程之中时，他们的学习会更有效率，收获更多。教师如果能围绕主题开展小组协作学习，创设不同层次的学习任务，通过任务使小组学生置身于提出问题、思考问题、解决问题的动态过程中进行协作学习，并实现教师与小组的双向交往、学生之间的多向互动等多种交流形式，往往能大大提高课堂教学效率。

实施小组合作学习时，小组成员在完成小组任务的过程中相互沟通、相互合作是小组合作学习的关键。教师要使每个学生认识合作学习的重要性，使他们体验到通过合作学习可以解决很多自己解决不了的问题，合作学习可以提高每个人的能力，能使大家友好相处，从而对小组合作学习产生认同感。

如果对于一些简单和显而易见的问题也让学生去合作学习，去讨论研究，那是毫无意义和极不科学的。合作学习的项目和问题要能激发学生的兴趣并且对学生具有一定的挑战性。教师要认真研究教材，明确教学的重点、难点，要达到教学目标，并精心设计教学方法。

总之，合作学习的方法对学生的智力和非智力因素都有积极的促进作用，能使学生形成相互鼓励和尊重、合作与相互承认自身价值、积极互补、共同进步的良好关系，从而更好的提高学生学习数学的效率。值得关注的是，学生有争强好胜心理，教师可以围绕探究任务开展小组竞赛，使学生的热情高涨起来，从而有利于激发学生的学习积极性与主动性，学习效率大大提高。

4. 设计开放性练习

在自主学习教学中，只要把封闭式练习加以改良，就会变成更有趣、富有挑战性的开放式的练习，使学生有机会运用一系列的思考策略进行活动，以巩固和实践相关的知识和技能，发展创新思维能力，使他们由模仿走向创新。把现行教材中的封闭练习通过改良转化为开放性练习。从而给学生的思维创设一个更广阔的空间，激发学生的创新意识，使学生逐步养成创新习惯。

练习是课堂教学的重要组成部分，是知识形成技能的一种基本的活动方式，是培养学生能力的一种重要的手段。在教学中要对课堂练习进行精心设计，做到目的性强、层次分明、突出重点、形式新颖，有利于学生在练习中轻轻松松地学习，使学生养成主动运用知识的习惯。

综上所述，练习的趣味性能激发学生的兴趣，使学生产生强烈的求知欲望，从而使学生主动参与学习过程。练习的开放性能给不同层次的学生提供更多的参与的机会、成功的机会，能促进学生创新意识及创新能力的发展。使我们的课堂教学更加有效。

学生自主学习的探究教学模式，有效地转变了学生以往被动的学习方式，学生的自主学习得到了保障与促进，教师是组织者、引导者与合作者的身份得以加强，整个课堂教学环境更为活跃、更为有趣，真正发展了学生的思维与能力。

在课堂教学中实施自主探究式教学，是一种教学策略，就是要让学生成为教学活动的主人，成为学习和发展的主人。自主探究教学通过激发学生的内驱力，调动学生的积极性和主动性，把学习变成学生内在的需求，从根本上促进学生认知、能力、个性的发展，乃至完美人格的形成。

自主探究教学又是一种课堂教学模式，在课堂上教师充分发挥学生的主体作用，形成师生之间、生生之间的多向反馈结构，在教师的启发下，学生积极主动地解决问题。教师尽可能地调动学生学习的积极性，引导学生通过自己主动的钻研，与同学的合作创造性地解决问题，从而，为学生终生学习奠定基础。

四、自主探究课堂教学模式的操作程序

1. 设计课前预习学案，做好学习准备

预习是一种学习的心理准备，为上课打好思维定向的基础。也是一种知识、能力的准备，为学生在基础知识、基本技能方面做好准备。课前预习能提高学生学习新知识的目的性和针对性，是促使学生积极主动学习提高课堂教学质量的关键，是激发学生求知欲、学习兴趣和培养学生自学能力的有效措施。

学生需要在上课前进行必要的预习，为上课学习新知识做好准备。教师要认真研究教学大纲和教材，分析本节课的教学内容和学生的学习情况，设计出能为学生学好本节课做好准备的预习学案。布置预习任务，学生根据预习目标与要求自主复习回忆旧知识，了解本节课的学习内容，寻找自己的疑惑点，做好听课准备。

学生通过课前预习，对课本要学的新知识有了初步的了解，对本节课用到的自己遗忘或有问题的旧知识提前做好复习。对所学习的新知识也可能有自己的看法；有的一知半解；还有的可能一无所知。但他们带着自己的见解、问题进入新的学习中，老师在课堂教学时，抓住学生预习中存在的疑惑点和本节课的教学重点、难点知识，引导学生思考、讨论、交流。可以激发学生的求知欲，学生听课的兴趣高，注意力集中，课堂教学效率就会提高。

2. 创设问题情境，激发学生学习兴趣

问题情境能够引起学生的学习兴趣，并且能够反映本节课的

中心内容，而且本节课的教学也应该围绕着这个问题展开。根据教学内容和学生的学习情况创设有效的问题情境，可以增强学生的求知欲，激发学生的学习兴趣。学生在课堂上的注意力就能集中，能积极思考，参与程度高，这就能有效提高课堂教学效率。一般情况下我们不是直接以教材本身作为出发点，而是教师要精心准备一些能对本节课起关键作用的、学生经过努力能解决的、富有趣味性和挑战性的问题，将这些问题作为教学的出发点，为学生的课堂学习活动创设一个有效的学习情境。因为问题是数学的心脏，问题的提出是思维的开始。数学教学是一种"过程教学"，它既包括知识的发生、发展、形成的过程，也包括人的思维过程。前一种过程教材已有所体现，但思维过程是隐性的、开放的，教师必须周密设计一系列性的问题，精心创设问题情境，找准问题切入点，给学生提供思维空间，使学生在生动、紧张、活跃、和谐的氛围中，在自觉、主动、深层次的参与过程中，实现发现、理解、创造与应用，使认识过程变为再创造的过程。如在学习等差数列的前 n 项和公式这一节课时，我们把德国数学家高斯小时候的数学问题作为教学的出发点，学生的探究兴趣和求知欲就被激发起来，课堂学习气氛就活跃了。学生或自己思考，或几个人共同探讨，教师再进行启发引导，学生就会很容易的得出等差数列的前 n 项和公式。

3. 探究解决问题，获得新知

数学课堂教学应以教师为主导，学生为主体，思维为核心，问题为主线，探索为方式，能力为立意，在一系列问题的解决中，完成知识的学习过程。因此，在创设了问题情境后，教师要鼓励学生去尝试、思考解决问题，不要直接给出问题的解决方法，而要充分发挥教师在课堂教学中的"导"的角色，把学生引导到对问题的观察、分析、思考、交流之中，经过共同探究解决问题。探究包括个人独探、同伴互探、小组齐探、师生同探、全班共探。这个过程是学生思维最活跃的时间，学生作为课堂教学的主体参与了整个问题解决的过程，在这个过程中学生不仅获得了新知识，而且能力得到了训练，也就真正体现了"以培养学生能力为根本"的教学理念。

教师要教给学生自主学习的方法，养成自主学习的习惯，养成探究新知、发现问题的习惯，并教给学生怎样进行有效的合作学习。不能要求学生一步到位，由扶到放渐进发展。对于重要的数学思想方法要反复渗透，经常让学生参与总结数学思想、探究方法、学习经验等。让学生感到自己是发现者、探索者。以前，我们常想"把什么东西给学生，以什么方式给学生。"现在我们考虑"把什么不给学生，而让学生自己去发现，哪些知识适应于探究性学习，哪些问题学生能自己提出来，哪些问题需教师设置情境，怎样设置。"基于直接经验的探究式学习最有利于学生的发展，而基于间接经验的接受性学习，可想办法让学生体验到引入新概念的迫切需要。这就需要教师在备课中针对不同的教学内容，选取不同的设计方案，所以要努力挖掘教材中的创新因素。让学生在旧知识的基础上，通过自主尝试、探究活动，形成结论，自己完成内化过程，把结论纳入新的认识结构中。

4. 新知应用

数学课程标准提出了让学生经历数学知识的形成与应用过程，在探索交流中获得知识，形成能力，发展思维。结合这一理念，教师要精心选择具有典型性、启发性、创造性和审美性的例题。在例题出示后要留给学生足够的时间去理解题意，思考题目所涉及的知识，探索可行的解题方法，可以独立完成探索、尝试过程，也可以以小组探究的形式进行。只有通过学生自己的思考，联系自己所学所想，才能形成初步的解题思路，尝试解决问题、发现自己的解题方法存在的问题。教师根据学生的实际情况做有侧重、有针对性的讲解与示范。例题分析讲解要注重思路分析，注重学生思考、探索、接受的过程。课堂练习是数学教学的一个重要组成部分，学生通过练习题训练，可以巩固概念、体会数学思想、掌握数学方法。习题的设计要有层次性、针对性和目的性，根据学生的数学学习水平提出不同的训练要求，重视习题训练的质量和效益。在数学练习训练中，注重引导学生积极参与，让学生体验发现和解决问题的策略，进而全面提高学生的数学能力。

5. 知识与思想方法小结

学生在每个问题的解决过程及整节课的学习中获得的知识和能力比较零散，很有必要进行归纳总结。课堂小结有两方面，一是每个问题在解决后一定要从知识和思想方法及类型题的解题技巧等方面进行梳理，通过归纳总结使学生真正掌握知识，领会思想方法的原理，将知识和方法内化和融会贯通。二是课堂教学中的最后环节课堂总结，此环节是教师和学生全面总结本节课的重点内容，回顾学习探究的历程，领悟重要的数学思想方法，对于巩固课堂教学成果，深化知识网络结构，培养学生能力，教师总结反思自己的教学是十分有意义的。这不仅有利于学生加深对所学知识的内化和掌握，使知识脉络更清晰，条理更清楚，而且有利于培养学生的概括总结能力，活跃学生的思维，帮助学生掌握数学的思想和方法，培养学生自主探索的求知欲望，激发学生学习的兴趣。俗话说："编筐编篓，重在收口。"而良好的课堂总结，则犹如画龙点睛，可再次掀起教学高潮，产生余味无穷的效果。

6. 反馈与回授

教学的反馈原理认为，教学过程是一个信息交流的动态过程，因此，教师要及时了解学生对本节课所学知识的掌握情况，对教学进行适当的调节，解决存在的问题，纠正学生容易犯的错误。根据学生的反馈，对于学生学习中的困惑点进行再讲授。在课堂通过巩固练习发现学生中存在的普遍性问题，在进行有针对性的强调和训练；对于个别学生存在的问题进行个别辅导；对于学生课外作业中存在的个别问题在课外进行个别纠正，对于普遍性的问题在自习或下一节课进行统一更正。每周进行一次考练，对所学知识进行必要的强化和拓展，做好每次考练题的讲评，对课堂学习知识在强调。

五、自主探究课堂教学模式的教学评价

考核与评价要充分考虑职业教育的特点和课程的教学目标，应该包括知识、技能与能力、态度三个方面。

要坚持终结性评价与过程性评价相结合，定量评价与定性评价相结合，教师评价与学生自评、互评相结合的原则，注重考核与评价方法的多样性和针对性。过程性评价包括上课、完成作业、数学活动、平时考评等内容，终结性评价主要指期末数学考试。学期总成绩可由过程性评价成绩、期中和期末考试成绩组成。考核与评价应结合学生在学习过程中的变化和发展进行。

第五章　21世纪素质教育下的综合实践教育

第一节　素质教育的内涵与特点

实施素质教育，就是全面贯彻党的教育方针，以提高国民素质为根本宗旨，以培养学生的创新精神和实践能力为重点，造就"有理想、有道德、有文化、有纪律"的德、智、体、美等全面发展的社会主义事业建设者和接班人。

全面推进素质教育，要面向现代化、面向世界、面向未来，使受教育者坚持学习科学文化与加强思想修养的统一，坚持学习书本知识与投身社会实践的统一，坚持实现自身价值与服务祖国人民的统一，坚持树立远大理想与进行艰苦奋斗的统一。

全面推进素质教育，要坚持面向全体学生，为学生的全面发展创造相应的条件，依法保障适龄儿童和青少年学习的基本权利，尊重学生身心发展特点和教育规律，使学生生动活泼、积极主动地得到发展。素质教育最重要的，就是要培养学生的创新精神和实践能力，培养学生树立建设中国特色社会主义的共同理想和民族精神，树立正确的世界观、人生观、价值观，养成良好的社会公德、职业道德、家庭美德。

实施素质教育应当贯穿于幼儿教育、中小学教育、职业教育、成人教育、高等教育等各级各类教育，应当贯穿于学校教育、家庭教育和社会教育等各个方面。在不同阶段和不同方面应当有不同的内容和重点，相互配合，全面推进。在不同地区还应体现地区特点，民族地区更应有自己的特点。

一、素质教育的内涵

第一，素质教育是面向全体学生的教育。《教育法》规定公民"依法享有平等的受教育的机会"。受教育机会平等是国家法律规定的一项基本教育方针。对政府和教育行政部门来说，应当为所有适龄儿童少年提供平等的教育；对学校和教师而言，要努力使每个班和每个学生都得到全面而健康的发展。基础教育特别是义务教育的根本宗旨，是为提高全民族的素质打下扎实基础，为全体适龄儿童少年今后的学习和参与社会生活打下良好基础。实施素质教育要求面向全体儿童少年，促进每个学生的发展，与这一根本宗旨是一致的。

第二，素质教育是促进学生全面发展的教育。全面发展，就是党的教育方针的核心部分。它提出了教育所要培养的人的合理素质结构，包括生理的、心理的、思想的、文化的素质。教育是要教给学生文化知识，作为检验学习成果的重要方法之一，考试是重要的，也是必要的。"应试教育"的问题在于，它主要是为应付考试而教和应付考试而学，忽视学生的全面发展；在教育实践上，忽视德育、体育、美育和学生身心健康，造成学生的片面发展。有的人书念得很好，考分很高，但是没有正确的人生观、世界观、价值观，道德修养很差，缺乏与人交往、团结合作的能力，这不能认为是好人才。

有的人只有书本知识，没有创造性，不会解决实际问题，"高分低能"，也不能认为是好人才。道德修养和本事大的人，身体不好也派不上大用场。当然，在学校不好好学习，文化知识差，更不能担起社会主义现代化建设的重任。我们决不能重犯"文革"中不学好知识，甚至提倡交白卷那种极其荒谬的错误。有一点我想再次说明的是，全面发展不等于平均的全面发展，而是和谐的全面发展，实施素质教育就是要培养学生品德高尚、身心健康、知识丰富、学有专长、思路宽广、实践能力强，使学生学会做人、学会学习、学会劳动、学会创造、学会生活、学会健体、学会审美，成长为有理想、有道德、有文化、有纪律的社会主义事业的建设者和接班人。

　　第三，素质教育是促进学生个性健康发展的教育。人的个性是千差万别的，社会也需要各种各样的人才。实施素质教育的重要目的之一，也是为了使有不同天赋和爱好的孩子，在受教育的过程中，除了统一的基础课程外，通过各种教育方式给予他们能发挥天赋和爱好的空间和时间。培养人不能如同用一个统一的模子，把不同形态的材料都压成一模一样的东西一样。

二、素质教育的若干基本特征

1. 特征之一：面向全体

　　素质教育是面向全体的教育。素质教育坚持面向全体学生，依法保障义务教育阶段儿童和青少年学习发展的基本权利，努力开发每个学生的特长和潜能，改变那种只重视升学有望的学中的做法。

　　素质教育不是面向部分人而是面向全体人；它不是英才教育，而是国民教育；不是选拔教育，而是普及教育；不是淘汰性教育，而是发展性教育。它并不反对英才，但反对使所有的教育成为英才教育的模式。在素质教育中，教师是伯乐，要发现优秀的苗子，但教师首先是园丁，要呵护每一株幼苗。在素质教育中，"不是选拔适合教育的儿童，而是创造适合儿童的教育"。每个学生都是可以培养造就的。

　　我们的教育特别是义务教育，必须面向全体学生。在义务教育阶段应该强化普及意识，淡化选拔意识。政府和教育部门应该依法为所有义务教育阶段的适龄儿童、少年提供平等的受教育条件和受教育机会。学校和教师，则要努力使每个班和每个学生都得到平等健康的发展。

素质教育是一种使每个人都得到发展的教育，每个人都在他原有的基础有所发展，都在他天赋允许的范围内充分发展。这样素质教育也是差异性教育。素质教育面向每个学生，就是面向每个有差异的学生。换句话说，素质教育要求平等，要求尊重每个学生，但素质教育不赞成教育上的平均主义和"一刀切"。"成功教育"等教育实践可以说体现了素质教育的全体性要求。

2. 特征之二：促进学生全面发展

"应试教育"在"一切为了分数，一切围绕分数"的思想指导下，必然具有片面性。素质教育则要求全面发展和整体发展，要求德、智、体、美等各方面并重。要求全面发展学生的思想政治素质、文化科学素质、劳动技能素质、身体心理素质和审美素质等。

要倡导学生的全面发展创造良好宽松的条件，克服那种只重视智育，轻视德育、体育和美育，在智育中又只重视知识传授、忽视能力培养的倾向。以思想政治教育为例，在各级各类学校都要摆在重要地位，任何时候都不能放松和削弱。要说素质，思想政治素质是最重要的素质。不断增强学生和群众的爱国主义、集体主义、社会主义思想，是素质教育的灵魂。如果轻视思想政治教育、历史知识教育和人格培养，就会产生很大的片面性，而这种片面性往往会影响人的一生的轨迹。要努力使素质教育的方方面面成为不可分割的整体，这正如《中共中央、国务院关于深化教育改革全面推进素质教育的决定》中所指出的："实施素质教育必须把德育、智育、体育、美育等有机地统一在教育活动的各个环节中。学校教育不仅要抓好智育，更要重视德育，还要加强体育、美育、劳动技术教育和社会实践，使诸方面教育相互渗透、协调发展、促进学生的全面发展和健康成长。"

全面发展与因材施教是辩证统一关系。素质教育中的全面发展，就个体而言，指的是"一般发展"与"特殊发展'划统一；

就群体而言，指的是"共同发展"与"差别发展"的统一。在教学中，要把群体培养目标与个体发展目标统一起来，把培养优秀人才的任务与提高劳动者素质的任务统一起来。要把合格率与优秀率结合起来，在保证合格率的基础上提高优秀率。

全面发展的实质是最优发展、面向全体、全面发展不是平均发展，不是齐步走。应该说，分层教学、能力分组是一种既能适应个别差异又有较高效率效益的教学组织形式。这和传统意义上的快慢班有本质不同。从目的看传统的快慢班实际上是一种英才教育的模式，而分层教学、能力分组则着眼于使每一个人都在原有基础上得到发展；从教育资源配置看，传统的快慢班中快班享有教育资源分配优势，而能力分组中，教育资源的分配是公平的甚至是补偿性的。

3. 特征之三：重视学生创新精神和实践能力的培养

江泽民同志在庆北京大学百年校庆的"五四"重要讲话中指出："当今世界，科学技术突飞猛进，知识经济已见端倪，国力竞争日趋激烈，"他还反复指出，"创新是一个民族进步的灵魂，是国家兴旺发达的不竭动力"1998 年全国教育工作会议上，江泽民同志进一步指出："今天，面对世界科技飞速发展的挑战，我们必须把增强民族创新能力提到关系中华民族兴衰存亡的高度来认识。"

民族创新精神的复兴，关键在于教育、素质教育要完成培育民族创新精神和培养创造性人才的特殊使命。优秀的高层次创造性人才建立在普遍的人的创造性的基础之上，因此，在基础教育阶段，首先要面向全体学生、因材施教，培养每个人的创造性，另一方面要为培养能够攀登世界科学高峰的高层次创造性人才打下基础。每个学校，每个教师，都要爱护和培养学生的好奇心、求知欲，帮助学生自主学习、独立思考、保护学生的探索精神、创新思维，营造崇尚真知、追求真理的氛围。为学生的禀赋和潜能的充分开发创造一种宽松的环境。为此，要改革人才培养模式，积极实行讨论式和自发式教学，让学生感受知识产生和发展的过程，培养学生的科学精神。高等学校要重视培养大学生的创新能力，普遍提高大学生的人文素养和科学素质。要在培养大批各类专业人才的同时，努力为优秀人才的脱颖而出创造条件，尤其是要下功夫造就一批真正能站在世界科学技术前沿的学术带头人和尖子人才，以带动民族科技水平与创新能力的提高。可以说，高等学校实施素质教育的重点是培养创新人才和为经济社会发展服务。

素质教育要以培养学生的创新精神和实践能力为重点。在重视培养学生创新精神的同时，改变那种只重书本知识、忽视实践能力培养的现象。

要调整和改革基础教育课程体系、结构和内容，涉及国家课程、地方课程和学校课程。建立新的基础教育课程与教学体系。要政纪工分强调学科体系、脱离时代和社会发展以及学生实际的状况，加强课程的综合性和实践性，重视实验课教学，培养学生的动手操作能力。要增强农村特别是贫困地区义务教育课程、教材与当地经济社会发展的适应性。

教育与生产劳动相结合，是培养全面发展人才的重要途径。各级各类学校在加强学科教学中实践环节的同时，要从实际出发。加强和改进对学生的生产劳动和买践教育，使其接触自然、了解社会，培养实践能力。培养热爱劳动的习惯和艰苦奋斗的精神。建立青少年参与社区服务和社区建设的制度。中小学要鼓励学生积极参加形式多样的课外实践活动，培养动手能力；职业学校要实行一教结合，鼓励学生在实践中掌握职业技能；高等学校要加强社会实践，组织学生参加科学研究、技术开发和推广活动以及社会服务活动、利用假期组织志愿者到城乡支工、支农、支医和支教。社会各方面要为学校开展生产劳动、科技活动和其他社会实践活动提供必要的条件，同时要加强学生校外劳动和社会实践基地的建设。

4. 特征之四：发展学生主动精神，注重学生个性健康发展素质教育

强调学生创新精神的培养，创造性的培养是以学生主动精神和个性的健康发展为基础的。素质教育是弘扬人的个性和主体。素质教育强调教育要尊重和发展学生的主体意识和主动精神，培养和形成学生的健全个性和精神力量，使学生生动活泼地成长。这也是马克思全面发展学说中的应有内涵——人的发展既是全面的，又是主动的，每个人的自由发展是一切人的自由发展的条件。"

正如《学会生存》一书中所说："未来的学校必须把教育的对象变成自己教育自己的主体。受教育的人必须成为教育他自己的人；别人的教育必须成为这个人自己的教育。这种个人同他自己的关系的根本转变，是今后几十年内科学与技术革命中教育所面临的最困难的一个问题。"这里表达了世界范围内对主体教育的关注。

从促进学生主动精神和个性健康发展出发，素质教育不是把学生看做知识的被动接受器，而是看做知识的主人；不仅仅把学生作为认知体，更重要的更本质的是它把学生作为包含认知方面和非认知方面的完整的生命体。它要指导学生怎样做人，要为学生指导完整人生，要形成学生的人格力量和精神风貌。

从促进学生主动精神和个性健康发展出发，素质教育必然要求遵循教育的个性化原则。各级各类教育都要坚持因材施教。高等教育更要为优秀人才的脱颖而出创造条件。

在出人才的问题上。要鼓励和支持冒尖，鼓励和支持当领头雁，鼓励和支持一马当先，这不是提倡搞个人突出、个人英雄主义，而是合乎人才的成长规律的必然要求。必须坚决克服用"一个模子"来铸造人才的倾向。

课程是教育的心脏。根据促进主体性与主动精神发展的要求，素质教育的课程体系应该以提高学生素质为核心而不是学科中心、教学是课程的实施，是学校的中心工作。因而也是实施素质教育的主渠道、主阵地。教师要明确自己教学的目的，也就是为什么而教。他不仅要为学科的系统性负责，更要为学生的发展和幸福负责，为社会的发展和进步负责。因此，也必须逐步改变单纯以学科为中心的倾向，建立以学习者为中心的教学体系。就学生的学习而言，则不仅是继承性学习，更是创新性学习。

需要指出的是，素质教育注重学生主动精神培养，注重个性发展，并不是只重视人的发展需要，不重视社会发展需要。成熟的教育科学认识中要防止矫枉过正，不能从一个极端走向另一个极端。认真分析可以发现"应试教育"一方面不尊重人，另一方面不适应社会发展的需要。因为"应试的"学校教育培养出来的人不能适应社会需要，更扭曲了人的发展，才引发了对"应试教育"的批评。而素质教育，不仅重视人的发展需要，而且重视社会发展需要、将人的发展和社会发展统一起来了。

5. 特征之五：着眼于学生的终身可持续发展

时代向着二世纪飞奔。由新技术革命带来的社会生产和社会生活的新变革，促进了人类生产能力的飞速发展和生活质量的提高；而由新技术革命带来的产业结构的不断调整和职业的广泛流动性则直接形成了一个学习化社会和终身教育时代。"终身教育"这个概念起初应用于成人教育，后来逐步应用于职业教育，现在则包括整个教育过程和人的发展的各个阶段。在长达终身的教育过程中，学习期与劳动期的交替将更经常。终身教育是现代教育的重要标志，也是打开21世纪大门的一把钥匙。为了主动适应科学技术的飞速发展和全球化知识经济社会的变化，为了缩小知识差距和培养知识型劳动者"，为了适应人口老龄化趋势而建设一个充满活力的社会，为了满足人们的精神生活需求，必须建立终身教育体系，这是当今社会发展的必然趋势。这正如世界银行报告中所指出的："新知识的爆炸、技术进步的加速、竞争的不断加剧，都使终身教育显得比以往任何时候都更加重要。为了缩小知识差距，社会必须保证全体人民都能接受基础教育，并为人们提供一生中不断受教育的机会。基础教育是建立一支身体健康、有机术和灵活的劳动大军的基础，基础教育之上的终身教育使得国家能够不断地评估、适应和应用新知识。"在 21 世纪的学习化社会中，惟有具备终身学习能力和自主发展能力的人，才能适应社会并创造未来。素质教育要着眼于学生的终身可持续发展。教是为了不教，素质教育不仅注重学生现在的一般发展，不仅重视学生现在一般发展对于未来的发展价值和迁移价值，而且重视直接培养学生自我发展能力。正规学校已经不再是一个学生为一生准备一切的地方，知识和技术需时时追加和更新，学习伴随人的一生。因此不仅要让学生"学会"，而且要让学生"会学"；不仅要给学生知识，而且要给学生打开知识宝库的"钥匙"，要使学生学会学习，学会发展。

第二节　素质教育的本质与分类

　　素质教育是指一种以提高受教育者诸方面素质为目标的教育模式，它重视人的思想道德素质、能力培养、个性发展、身体健康和心理健康教育。与应试教育相对应。它是通过科学的教育途径，充分发掘人的天赋条件，提高人的各种素质水平，并使其得到全面、充分、和谐发展的教育。

　　素质教育由 20 世纪八十年代中期提出来的教育模式，其中概念提了三十多年，学生的负担依然沉重。就连教育部部长周济都承认，素质教育是一个老问题、大问题、难问题。众多教育理论工作者无论是对"素质"概念的内涵和"素质教育"范畴的含义、层次、特征，还是"素质教育"的操作、实施等问题都进行了广泛深入的探讨，并取得了一定的阶段性成果。然而，研究中的缺失也是显而易见的。问题之一，就是偏重"素质教育"本质论问题的追溯，而缺乏对"素质教育"价值基础的有效反思，即"素质教育"究竟何为？它的本质是什么？

探讨"素质教育"问题不能拒斥"素质教育"到底是什么的难题。长期以来，人们针对这一问题的论争，可谓众说纷纭，莫衷一是。有人曾对此作过统计，认为当前教育理论界至少已出现九类十五个关于"素质教育"的定义。

大凡研究"素质教育"问题者，都从自己的研究视角出发，给"素质教育"以界定。所述各种定义，或把"素质教育"看作一种教育思潮，认为任何教育活动都是在一定教育思想、观念支配下进行的，教育作为培养人的一种社会活动，应当以育人为其根本尺度，所以应对儿童、青少年实施全方位素质教育；或把"素质教育"视为一种教育模式，认为"素质教育"不仅影响着基础教育领域，而且逐步波及中等教育、高等教育、成人教育，甚至幼儿教育领域，并将成为我国 20 世纪末期的一种主流教育模式；或把"素质教育"当作一种教育政策，主张把"素质教育"理论转化为实际教育工作者们的可操作性策略，大有形成一种声势浩大的"素质教育运动"的态势。上述诸种见解各有见地，并在一定程度上促进了"素质教育"问题的深入展开。

但是，鉴于"素质"概念的歧义以及学者们不同的知识背景、生活经验、研究视界，要形成一种放之四海而皆准的定义恐怕很难。从教育价值论的视角出发，笔者认为，"素质教育"并不是一种科学的事实范畴，而是一个不断发展、变化的教育价值范畴。依据我国教育改革的历史与现状，"素质教育"的提出是对一种新兴的教育价值观念的追求。因而，由"应试教育"向"素质教育"转轨并非单纯是教育体制、教育内容、教学模式、考试制度等教育现象层面的转换，其实质在于传统教育价值观念与现代教育价值观念由冲突走向整合，从无序走向有序，最终形成一种稳定的教育价值观念体系。

如果一味地认定"素质教育"就是一个客观的事实范畴，进而从传统知识论的方法穷追"素质教育"范畴的本质，必然作茧自缚，陷入抽象的本质论的论争之中，难以自拔。我们探究"素质教育"问题的目的，并非要想获得"素质教育"概念的知识，而在于如何在现实的教育活动和行为中理解和追求"素质教育"对人的生存和发展所呈现的意义，也就是"素质教育"究竟何为。显然，解答这一难题涉及两个前提性工作：澄清"素质教育"的解释背景；从教育价值论的视角分析探讨教育到底何为。

从词源学上考察，"素质教育"一词并非教育理论专家主观臆想的产物，而是具体教育实践创造、产生的"文本"。"素质教育"概念最先是由教育实践工作者，针对我国基础教育的种种弊端提出的。尽管有的学者曾对"素质教育"提法的科学性提出质疑。但这并未阻碍"素质教育"最终成为现实教育实践与理论约定俗成的范畴。"素质教育"提出以及兴起有着广泛的解释背景。首先，从教育自身的发展来看，我国基础教育长期陷入"应试教育"的误区。打上引号的"应试教育"具有特定的内涵，主要是指那种脱离人和社会发展的实际需要，以考试为中心，唯分是举，片面追求升学率的教育。它所追求的是一种典型的功利教育价值观念，表现在课程方面，就是偏重科学知识、技能的传授和培养，而忽视学生良好个性和道德操行的养成；从教学组织形式而言，教师习惯于课堂教学上的"满堂灌"，而学生一味地呆读死记；就师生关系来说，相互之间并非一种截然对等的"主——客"关系。如此，学校教育背负着沉重的考试负担，教师、学生、家长，尤其是青少年学生幼小的心灵受到莫大的伤害，致使我国基础教育的发展，严重背离了树人、育人、促进个体全面发展的教育价值追求。其次，从宏观的社会、文化背景分析，我国正处在由计划经济体制向社会主义市场经济体制转变的关键期，伴随着社会主义市场经济的迅猛发展，市场机制的优胜劣汰的利益原则一跃进入社会生活的各个层面，进而引发人们生活方式、思维方法，以及价值观念的冲突和变革。"人们的观念、观点和概念，一句话，人们的意识，随着人们的生活条件、人们的社会关系、人们的社会存在的改变而改变"。

不可讳言，现行市场经济体制的运作对文化教育事业带来强烈的冲击，形成正负两方面的影响。一方面，它消解了过去教育政治化、一元化的发展格局，为教育的多元价值追求提供了选择的可能性。另一方面，市场经济在瓦解传统教育价值观念体系的同时，也淡化了人们对教育目的性价值的追求，过分关注教育的功利性价值。教育中的各种实用主义、拜金主义现象和短期行为应运而生，进而引发人们各种教育价值观念的冲突。所谓教育价值观念冲突，是指在特定的社会转型时期，由于传统教育价值观念体系已经解体或正在解体，新的教育价值观念体系尚未形成而出现的多元教育价值观念的分歧、论争、对立、两难的局面。表现在现实教育领域中，是指人们在具体的教育价值选择过程中，形成的两种或几种不同的教育价值观念的对立状态。这种对立的状态既可以发生在同一主体（个人、国家或社会）的不同教育价值取向上，又可以发生在不同教育价值主体之间的教育价值需求或理解上。前者时常表现为教育价值主体价值抉择的两难困境，比如国家宏观教育决策中的教育公平与效率之间的两难抉择。后者时常表现为人们之间根本利益、理解的差异、对立和冲突。例如个人教育价值观念与国家教育价值观念的冲突。进而言之，教育价值观念冲突并非单纯的认识问题，而是一种广泛的社会现象，尤其是在特定的社会转型时期，各种教育价值观念之间的对立和冲突，以放大的形式表现出来。

在哲学解释学看来，教育作为人类特有的自主自觉的创造活动，在促进个体和社会的生存、发展中展现自己的意义。教育价值观念的许多特征都符合解释学的要求，具有教育价值的教育活动和行为就是教育价值观念所面临的"文本"，文本中所包含的教育价值就是教育价值观念所要理解的意义。人们对教育价值的理解，不但有政治、经济、文化等手段性价值的需要，而且有审美、道德、人生、信仰等目的性价值的追求。但是，在社会转型时期，教育的手段性价值与目的性价值却日渐分离，旧的教育价值观念体系也被打破，新的教育价值观念体系尚未形成，不可避免地带来多元教育价值观念的对立、冲突，冲突的最终结果必然是走向一种动态的平衡。"素质教育"作为一种新兴的教育价值观念，兼顾教育的手段性价值与目的性价值，是对旧的"应试教育"价值观念的一种整合，符合社会进步的要求，因此具有历史的合理性。

按照人们以往的思维方式，认为教育就是培养人的社会实践活动，受教育者在这一活动中被"社会化"。成为成熟的个体，才能进入社会生活之中，开始未来的人生。这种观点值得推敲。尽管每个人都有一个成熟、发展的过程，但是我们并不认为人生是在成熟以后才开始的。进而言之，人从一个"自然实体"经过"社会化"，最终走向"精神存在"才是真正的人生。教育的真谛并非在于仅仅适应和满足培养社会各级人才的需要，而在于形成个体健全的人格，促进人的全面发展。"从人的价值角度看，教育的全部活动，就在于提高、扩展、增殖人的价值，在于让受教育者认识到自己的价值。因此，教育的真谛在于教人做人，作一个有利人民的人。由此我们认为，教育就其实质而言，并非是一种训练，而是一种价值引导工作；教育的全部意义和价值不能仅仅局限于人的自然素质的培养、开发，而是超越给定的自然素质，进而塑造个体精神，促进每个个体在社会生活中具备充沛的精神力量和实践能力。

然而，随着科学和信息技术的迅速发展，现代教育越加偏重科学技术与知识的传授，以及学生智能的开发与培养，而忽视学生个体精神的建构，进而使他们成为现代社会"单向度"的人。其实，人的本质恰恰在于他的精神之中，同时个体精神的形成也必然离不开历史、文化、社会的统摄。这是因为，"每一个人在接受教育中，并非仅仅把智力、技能投入进去，而它的所有完整性，包括他的情感、态度、个性、性格、气质、意志等人之为人的一切，每一个人通过教育也不仅仅获得知识的增加和智力的发展，他获得的是整体的人生经历，是整体的精神。伽达默尔认为，教育最根本的目的就是以人生的普遍性也就是人类的精神为基础，使个体的人的"自然"、"自在"达到人所具有的普遍性，这就是人类教化的一般本质。因此，对于现代教育的发展而言，应该从一种精英教育模式走向大众教育的发展模式，只有把科学与人文、知识与品性、理性与非理性、学习与生活有机地统一起来，才能培养具有个体精神的一代新人。

综上所述，"素质教育"本质究竟是什么？乃立足于人的生命整体，超越人的自然素质，建构个体主体精神，进而促进个体自我完善和发展的教育。"素质教育"的价值取向是使学生会做人、学会认知、学会做事、学会交往，最终成为一个"完整"的人。在当前的社会转型时期，"素质教育"具有广泛的解释。此外，在教育价值市场的争夺中，"素质教育"培养的是具有个体主体性的社会主义文化新人。

总之，"素质教育"作为我国转型期的一种主导的教育价值观念，立足于教育的目的性价值标准，兼顾教育的手段性价值标准，符合社会进步和个体全面发展的要求，具有稳固的社会合理性。

当然，"素质教育"不仅仅是一个理论问题，而且更是一个社会实践问题，涉及社会的方方面面。但是，仅就理论研究而言，必须突破传统知识论的研究方法，抛弃形而上学的思辨研究，回到教育的真实世界，在具体的教育活动和行为中领悟"素质教育"的价值、意义，把握教育与学生个体精神变革的内在联系，以使"素质教育"的理论与实践建立在坚实的价值根基之上。

素质教育可以划分为两个层次，即做人与成才。

（1）培养学生做人

教育学生学会做人，是素质教育的首要任务。要教育学生做一个能够关心他人的人（这是助人为乐、为人民服务的起点）；做一个能承受困难和挫折、勇于进取的人（这是社会主义建设的需要）；做一个律己严格、待人宽厚、忠于职守、遵纪守法的人（这是民族团结的需要，也是社会稳定的需要）；做一个艰苦奋斗、勤俭节约的人（这是我国人民的传统美德）；做一个堂堂正正的有中国心的人（以爱国为荣，不爱国为耻，这是作为一个中国人最基本的品质）。

（2）培养学生成才

素质教育的实施，必须在教会学生会做人的基础上，培养学生成才。在这个层次，应注意：所谓培养学生成才，并非立即把他们培养成这样或那样的专门人才，而只是为成才打下必要的宽厚基础。在中小学的课程设置、活动安排、教育质量评估、学校行政管理等各个方面，都应当从这个角度加以考虑。

培养学生成才不只是立足于现在，更要着眼于未来。世界进入了一个知识经济的时代，它的基本特征可以概括为："三化"，即知识化、全球化、网络化；"五高"，即高科技、高竞争、高风险、高效率、高创造。它对人才则提出了高素质的要求。"高素质"是一个动态性概念，其内涵与外延都处在变化发展之中，会随着社会的发展与时代的进步而不断丰富，不断充实，不断完善。我们为学生成才打基础时就必须考虑到这一点，以增强学生未来成才的普适性，拓宽其成才的可能性。

成才与做人密切联系，相辅相成。做人是成才的基础，必须先学会做人，然后才能谈如何成才和成什么才。事实表明，不会做人的人是成不了才的，即使成了才，对人民、对国家、对民族也不会有什么好处。做人是成才的一项内容或要求，任何层次、类型的人才都要会做人，会做人应当成为人才的一种基本素质，因而也应当把是否会做人作为评价与考核人才的一项重要指标；成才是学会做人者应有的追求或提升，做人一般处理个人与他人、集体、社会、国家等方面的关系，其不足以表明一个人的层次、人才的类型。因此每个人都应该在学会做人的基础上把自己培养成才；做人与成才在相互制约、彼此渗透之中获得发展，即学会做人有助于培养成才，培养成才有助于学会做人的过程。做人无止境，成才了无止境，做人，成才，再做人，再成才，循环往复，直至终身。

做人没有高低层次之分，对任何人都有共同的要求，起码的标准。相比之下，成才则有高低层次之分。这是由主客观两方面的因素所决定的。从主观方面，各人的身心都有不同的特点，也有一定的差别，必须承认这个现实，予以区别对待。从客观方面，一是国家、社会要求培养不同层次、不同类型的人才以承担并完成多种多样的工作任务；二是各人所处的家庭、教育与环境的条件往往也有一定的甚至很大的差异，不可能培养出同一规格的人才。这两种客观现实必须认真对待。单就主观方面来说，南宋思想家、教育家朱熹所讲的几句话是富有现实意义的；古人有言："小以成小，大以成大，无弃人也。"现在西方则提出了学生放在"适应性领域发展"的主张。这同朱熹的思想是基本一致的。总而言之，在培养学生成才的过程中，必须承认主客观两个方面的差别，方可把学生培养成为既合乎本身特点，又合乎社会需要的有用之才；反之，如果不承认这种差别，不采取"小以成小，大以成大"的态度与方法，则不仅不会达到成才的目的，反而会害了学生，对国家、民族也不利。

第三节　素质教育下的学生自主探究教学模式

随着课程改革的不断深入，教学行为也在变化着，教学在于从观念上和教学机制上，立足于孩子们在学习中的主体地位，使孩子们以主人翁的态度积极主动的参与到知识的理解、掌握和运用中。在传统教育模式中，老师满堂灌，学生做听众；老师照本宣科，学生被动接受。这种教育方式导致学生对学习毫无积极性，在学习过程中丧失主动性和创造性。古希腊生物学家、散文家普罗塔戈说过一句至理名言：头脑不是一个等待添满的容器，而是一支等待点燃的火把。从根本上说，成功的教育就是唤起学生内心对知识的渴求与探索，每位教师都应是点燃孩子智慧之火的人。

在现代教育中，教师首先要做的就是转变教育思想，改革教学模式。具体来说，就是在教学中要充分发挥学生的主体作用，从以教师为中心的教学模式向以学生为中心的教学模式转变，这样才能调动学生学习的积极性和主动性，使学生学会自主学习。通过学生自主探究教学课堂模式的设计，把教学的目标、任务，转化为孩子们个体的学习兴趣，自觉要求和实现学习目标，完成学习任务的自觉的能动的活动。

在课堂上，我们老师力求让孩子们自己去发现、讨论和解决问题，充分体现了孩子们的自主性。让孩子们以自学探究为主，在课堂中进行生生互动、师生互动，形成地位平等、情感和谐的师生关系。

实施素质教育是基础教育改革的主旋律。现在我们所进行的一系列的教育改革都是为了更好地实施素质教育，培养素质全面的社会主义现代化建设的合格人才。那么如何实施素质教育，理论家和一些有识之士进行了诸多有益的探索，给我们提供了许多可供借鉴的经验。而在如何实施素质教育的过程中，人们探索更多的是课堂教学改革。

毕竟课堂教学是实施素质教育的主渠道。这是人们的共识，也是理论家和实践者集中更多的精力探索研究的中心课题。从素质教育理论出发，课堂教学应该建构起的理论观念是什么呢？一是课堂教学不是单一传授知识的过程，而是挖掘学科资源，在传授知识的过程中注重培养孩子们多方面的素质；二是在课堂教学中，让孩子们充分掌握自我发展的主动权，激发孩子们自身发展的积极性、主动性，从而创造性地进行学习。"自主探究五步法"课堂教学模式从整个模式的建构过程上看，都是为了充分体现孩子们是学习上的主人这一观念。在课堂教学中给孩子们更多自我探索、自我展示的机会，最大限度地培养孩子们的自学能力。这完全符合素质教育课堂教学模式的要求。因此我们有理由说"自主探究五步法"课堂教学模式是探索实施素质教育的产物。

新课程改革是我国面向 21 世纪所进行的具有中国特色的课程改革。这一改革打破了过去单一以教材改革为唯一目标的局限性，从课程目标、课程结构、课程标准及教学评价等方面都提出了许多新的要求。而这些新的要求都以关注孩子们的发展为中心，把孩子们放在了一个中心的位置。由此提出了一系列新的教学改革要求。如在学习方式上更多地倡导采用自主、合作、探究的学习方式；在教学内容上，由封闭的课堂学习转为开放式的学习；在教学管理上，由专制转向民主；在教学评价上，由重结果转向重过程的评价方式。从知识与能力、过程与方法、情感态度与价值观等三个维度提出了新的课堂教学结构。"自主探究五步法"教学模式应该说其精神实质与新的课程改革的要求是相一致的。这一模式首先解决了学什么，然后在教师的引导下孩子们自己思考，经历知识的形成过程，在以知识为载体的学习过程中发展自己的能力、丰富自己的情感。在这一教学过程中，给孩子们了更多的自学时间，不再是老师包办代替，孩子们有充分表达自己思想的机会。同时孩子们在学习过程中互相合作、相互探索，孩子们创造性思维也得到了有效的培养。新的课程改革背景下的课堂教学实际上也是希望达到这样一种课堂学习的境界。"自主探究五步法"教学模式是符合新课改理论的。

田保华局长提出了课堂教学改革的方向：（1）有效地把握和利用课程资源，避免教学内容的泛化；（2）既要充分发挥孩子们的主体性，又要把握教师的引导性，避免教师使命的缺失；既要追求教学方式的多样化，又要力求避免教学过程的形式化。

田保华局长也提出道德课堂的四个坚持：（1）坚持以基础知识和基本技能为基础，在此基础上追求三维目标的全面落实；（2）坚持教材是基本资源，灵活运用、扩展、开发、构建多种教学资源；（3）坚持真正"学生"的主体性，也就是教师主导下的主体性；（4）坚持以启发探究式教学为主，追求教学方法多样化。

学生自主探究学习的教学模式分为五步，分别是：

第一步，明确目标，激情导入

让孩子们明确目标、探索方法是我们课堂发挥孩子们主体作用的先决条件。要让孩子们乐学新知，教师首先要明确目标，一堂好课必须有一个恰当、实际的学习目标，我们的老师会根据学习目标来设计学习过程、选择教学手段、组织教学进程，也就是说学习目标对课堂教学有导向性作用。因此明确教学目标是第一步，孩子们的学就有了目的，我们的教就有了方向。孩子们的情感、意志、行为也都能协同活动。当然不同孩子们对目标的达成度可以是不同的，只有这样才有利于因材施教，有利于孩子们个性的发展。

1. 孩子们通过探索，理解和掌握平行四边形的面积计算公式，会计算平行四边形的面积。

2. 通过操作、观察、比较等活动，初步认识转化的方法，培养孩子们的观察、分析、概括、推导能力，发展孩子们的空间观念。

制定的学习目标中，体现了孩子们的自主探索，注重三维目标的整合，体现了学习的过程性。

其次，创设情境，营造良好的课堂氛围。根据不同学段的特点，采用不同的教学方法，激发孩子们的学习兴趣。激情导入就是对外界刺激比较强烈心理反应的导入方法。苏霍姆林斯基说："只有能够激励孩子们去进行自我教育的教育，才是真正的教育。"在教学中，我们把孩子们看成有思想、有个性，与自己完全平等的人，用尊重、爱护、理解等情感去感染他们学习的动力，让他们活泼、主动、愉快地学习，就可以激活他们对所学内容或事物的兴趣，产生学习的激情，提高教学效果。

第二步，自学质疑，自主探究

自学质疑是孩子们在自主学习的基础上自己发现问题，提出自己的疑问。学习过程实质上是一种提出问题、分析问题、解决问题的过程。这样的学习，才能真正让孩子们在矛盾中积极的展开思维，才能发展思维能力，培养解决问题能力，激发智慧的火花，引发孩子们强烈的求知欲。

在教学中，我们的教师会创设多种自主学习的活动形式，打开孩子们思路，让课堂质疑充满生命力！教师会注意引导孩子们寻疑、质疑，鼓励孩子们提出问题；引导孩子们释疑，通过观察、操作、思考、讨论、交流等方式释疑；孩子们敢问爱问是培养的前提，会问善问是培养的关键。在课堂中，创设良好的质疑氛围，有利于孩子们创新能力的培养。孩子们依据学习目标，自觉地把注意力投向学习的重点上，用以往的学习经验和老师提供的学习方法主动探索，并能针对重点询问进行圈划、批注或质疑问难。我们教师此时的任务是巡视指导、了解学情，给予充裕的自学时间，培养他们的自学习惯和使用工具书的能力，及时收集自学中的信息，注重圈划批注质疑方法的指导，让孩子们主动学习，主动求解。

自主探究：就是学生通过小组学习，按照教师提供的研究思路和研究用具，开展小组探讨，研究工作。学生借助基本概念，通过观察、操作、交流等形式开展研究。通过用眼看、手摸、耳听、口说等多感官的综合运用，全面感知所观察的事物，从中发现规律性的知识，帮助自己和同学们理解、掌握所学内容。

第三步，小组讨论，分享成果

组织孩子们进行课堂讨论，把握教材的重难点，越是教材的核心问题越需要孩子们自己去理解，去积极参与，进入角色，才能产生预期的效果。这样的教学不仅仅训练孩子们的思维活动，还培育孩子们的思维品质，乃至促进素质的整体提高，都能起到积极的促进作用，课堂讨论才真正发挥了其作用！

第四步，交流汇报，巩固拓展

教师在教学时，给孩子们创设口语交际的情境，巩固拓展就是让孩子们在学习的基础上进一步探究延伸，就是引导孩子们通过学习、讨论总结出的新的知识规律来发现探究新的问题教学环节，这是孩子们学习的进一步深化和发展。拓展环节有比较多的形式：文本之间的拓展、向读的拓展、向写的拓展、向生活空间拓展、从原文本向超文本的价值空间拓展。如：有些课文学完之后，孩子们已深深地被课文中的人物感染，那么我们就要很好的利用这种情绪，及时对孩子们进行思想教育，影响孩子们的人生观和价值观。

第五步，自我回顾，归纳总结

此时让孩子们自我回顾学习过程，加深孩子们对新知识的领悟，充实完善已有的认知结构，激发孩子们的学习兴趣，拓宽孩子们的知识面，有利于孩子们向更高的目标迈进。

老师的归纳总结是紧扣教学内容，着眼于孩子们对所学内容的理解、巩固、完善、提升。不仅仅是梳理知识，强调技能，强调结论，更应强调思想方法产生的过程。总结归纳，对于独立的一堂课而言，可能是一个终点，但对于一段信息技术的学习而言，它可能是一个新的起点。在总结归纳时提出新的问题，留下悬念，激发孩子们探索创新的欲望，把总结归纳作为联系课堂内外的纽带，拓宽孩子们视野，拓展孩子们思维，由此及彼，由点到面，促进每一个孩子们的全面发展。

自主探究学习教学模式改变了"你教我学、你讲我听、你说我跟、教师牵着孩子们走"的局面，紧密结合新课程标准理念与教学策略，培养了孩子们探究发现的情趣、态度和习惯；培养了孩子们自主探究的基本功。在学习过程中，通过多种途径，孩子们的心智得到启迪，求知的欲望得到了实现。

第四节　素质教育下的学生综合实践课程教学模式

综合实践，顾名思义，该学科跟我们的生活紧密联系，息息相关。综合实践活动是基于同学们的直接经验、密切联系社会生活，推进学生对自然、社会、自我和文化的认知与体验，是以活动为主要形式、以实践为主要环节、以综合为主要特征、以同学们的经验与生活为核心的实践性课程。

综合实践活动作为一种独立的课程形态，对于学生素质全面发展具有相当的价值，它与学科课程同样重要。综合实践活动是国家规定的必修课，包括研究性学习、劳动技术教育、社区服务、社会实践四部分内容。开展综合实践活动旨在让学生联系社会实际，通过亲身体验进行学习，积累和丰富直接经验，培养创新精神、实践能力和终身学习的能力。学校要从实际出发，具体安排、确定综合实践活动各部分内容和组织形式。

为了推进素质教育，国家进行了新课程改革，旨在全面深入的进行素质教育，使素质教育落到实处。按照新课程的要求，基础教育各阶段都设置了不同课程门类，通过各类课程的有机结合与有效实施，共同实现学生培养目标。在2001年6月教育部颁布的《基础教育课程改革纲要（试行）》中规定：小学至高中设置综合实践活动并作为必修课程。综合实践活动着眼于每个学生全面而有个性的发展，"强调学生通过实践，增强探究和创新意识，学习科学研究的方法，发展综合运用知识的能力，增进学校与社会的密切联系，培养学生的社会责任感"。可以说，综合实践活动课程的设置是新课程实验的一大亮点。它承载着新课程的理想，充分体现了新课程的理念，是新课程结构性的突破。由此可见，综合实践活动课程的价值取向主要不是让学生获取知识，而是增加学生的人生体验，使之形成解决问题的能力。这就自然使它与学科课程互相补充、相得益彰。

在素质教育中实施综合实践活动课程需要处理好的几个关系。

（一）直接经验与间接经验的关系

学科课程常常以间接经验为主，以逻辑性、学科性、简约性为其显著特征。综合实践课则不以单一的学科体系为基础，不强调知识的系统性与严密性，而是以直接经验为主，基于学生的经验与兴趣，透过学生的体验过程，建构学生对活动的意义。其实，辩证唯物主义的认识论早已清晰地揭示了实践与认识、直接经验与间接经验的辩证关系。毛泽东早就指出："读书是学习，使用也是学习，而且是更重要的学习。"古人亦有云：读万卷书，行万里路。前者是读"有字之书"，即间接经验学习；后者则是"读""无字之书"。即直接经验的实践。大量的事实告诉我们，实践才能出人才、出真知，单纯的课堂教学和知识学习是无法完成素质教育任务的。

时下不少课堂教学仍然以灌输为主，缺乏启发性，导致学生记忆了大量知识却形成不了举一反三的能力，其实际操作能力也未能得到相应的发展。许多学生学了外语却不能很好应用于交流，学了哲学却未能形成哲学思维方法，学了电学却不会使用家用电器，学了生物却不知生活中的花鸟虫鱼；尽管学了道德规范的条条框框，也转化不了道德行为习惯。因此，实施综合实践活动课程需要处理好直接经验与间接经验的关系，以一定的间接经验为基础，但主要有赖于学生通过亲身实践积累直接经验。

（二）接受性学习、实践性学习、体验性学习等多种学习方式的关系

学生素质的形成与发展需要学习。从心理学角度看，学习是指人在后天生活中获得个体经验的过程。建构主义学习理论较之前人的学习理论有了重大突破，对学习本质的内在机制有更为科学的揭示。教学实践告诉我们，学生的学习方式是根据学习内容及达成目标的需要而作出选择的。接受性学习方式较适合于间接性经验的获得，尤其是陈述性知识的获得；而实践性学习方式是学生实现能力培养目标的必由之路，情感性目标的实现则有赖于学生亲身体验。各种学习方式并没有优劣之分，而是相互补充、综合运用的。然而，由于受传统学科教学中"知识本位"教学论以及"应试教育"弊端的影响，"接受"几乎成为学生唯一的学习方式，被动静听、机械记忆、反复操练、再现知识贯穿于学生学习的全过程。在这种教学模式中，学生的主动性被压抑了，好奇心和求知欲被泯灭了。

综合实践活动课程的开设为学习方式的变革和整合打开了一条通道。由于课程形态的不同，综合实践活动课程不满足于单一的学习方式，不停留于对书本知识和现成答案的间接把握上，而是重视活动过程中学生的生活经验和情感体验。让学生自己亲自实践与操作，运用所学知识去解决现实中的问题，借以增长见识与才干，进而提升自己的综合素质。这是一种"做中学"的习得模式，其基本的活动方式包括试验、调查、考察、设计、制作、公益劳动、社会宣传、表演、社区服务等等。其活动过程中各个环节都让学生自主参与、主动探究、亲自实践、切身体验。这种集实践性、体验性、接受性的学习方式于一体的课程形态，有利于学生各种素质的形成与发展。

（三）显性目标与隐性目标、近期效果与长远效益的关系

人的素质形成和发展是一个长期而复杂的过程。有些显性的

素质目标可在近期达成。而一些隐性的素质目标则需要较长时期才能实现。日本一位学者曾经用"冰山模型"来比喻人的"学力结构"：露在冰山之上的是知识、理解与技能，这些显性素质可通过短期训练形成，经反复演练一般也可得以巩固，而且应付考试也会取得较好的近期成就，而在冰山之下的是隐性素质，比如思考力、判断力、观察力、兴趣、情感、价值观等，则需要长期积累，但一旦形成就可终身受用。笔者认为，冰山之下的隐性素质更接近"素质"本真。这样一个立体的素质结构的形成与发展。是需要所有课程共同努力才得以实现的。

在学校就读期间，学生一方面通过学科课程学习获得一些显性知识，另一方面还通过亲自体验和感悟获得那些不可传授的经验、过程与方法以及情感态度和价值观等。后者才能达成有长远效益的隐性目标。据此。综合实践活动课程必须处理好显性目标与隐性目标、近期效果与长期效益的关系，要求学生在获得原理性知识和系统的学科知识的同时，通过参加综合实践活动，去获得书本之外的直接经验，进而形成和发展自己的隐性素质。当然，不同形态的课程在促进人的素质结构形成中的功能与作用各有侧重，我们只有将各类课程开足搞好，将学生近期发展与长远发展有机结合起来，才能共同完成育人目标，才能保证人的可持续发展。

综合实践活动课程是落实素质教育的一个最有效的载体。教育学原理认为，人的素质形成与发展受到遗传、环境与教育这三种因素的影响，而学校教育活动则是有目的、有计划、有教师主导的旨在促进学生素质形成与发展的特殊社会活动。其中课程是这种活动的载体。也就是说。学生是通过课程学习增长知识、形成能力、养成良好的习惯与品质，从而促进身心健康发展的。这就需要学校为其提供结构合理、内容适中、社会发展需要与个人成长需要相统一的课程体系。

实施素质教育，就是要全面提高学生的思想道德、文化科学、劳动技能和身体心理素质，使学生德智体全面发展，做到合格加特长。实施综合实践教育，是全面贯彻落实党的教育方针，培养跨世纪人材的需要，是"应试教育"向"素质教育"转轨的重大举措。

在教学中我们可以发现，学生对综合实践课比较感兴趣。这是因为教材内容是大自然、社会生活、从事自我服务、社会公益等方面的基本知识和初步经验，以及简单的基本原理和一般技能。它们比较贴进学生的生活，使主客体之间易于融合。例如，可以在教学"神奇的叶子"一课时，可以提出问题：你们都在哪见过叶子？叶子有哪些用途呢？除了这一些，你们能用自己的巧手将它变成美丽的树叶贴画吗？这些问题的提出本身与学生实际生活紧密联系，因此学生很快有了学习的兴趣，能够积极的投入到教学中。可是要制作树叶贴画，必须要有树叶，就这样这个活动开始了。学生可以利用周末采摘树叶，动手动脑制作了一幅幅美丽的贴画。这个活动，学生不仅了解了叶子的一些用途，而且还用自己的巧手将叶子做成一幅幅美丽的画。

综合实践的灵活性体现在课的内容上，可以灵活安排，可以接受最新的技术，授课的方法可以灵活掌握，授课地点可以灵活变动。例如：在：人与自然类其中一课，要同学们感受春天，于是可以让学生们在教室做纸风车，然后拿到操场上放飞风车。通过这样的开放活动不仅使孩子认识春天的变化，培养孩子乐于探索的好习惯，更让学生体会成长的快乐，培养热爱生活、热爱大自然的良好情操。也可以根据学生的特点，在活动中，设计了一系列学生乐于接受的活动，激发学生参与活动的热情。让学生在活动过程中，感受到生活中处处有春色，处处有生命，感受到成长的快乐，同时增强他们热爱生活、热爱大自然的情感。

实践性是劳技教育的最大特征，它可以使学生的技能得以及时的训练，动手与动脑相结合，使学生的各种素质在实践中得到培养与提高。实践又是劳技教学的中心环节。例如：在"小小修理工"一课中，老师在教授学习各种修理工具后，也可以在课堂上让学生练习使用螺丝刀、扳手、钳子等工具。在活动中教会学生做事要动脑筋，灵活应用劳动工具，并从中受到节约不浪费的良好习惯。通过学习，培养学生的观察能力、分析能力和思维创新能力。通过亲身体验，感受劳动带来的快乐，享受成功的喜悦。

教师在综合实践课程教学过程中，应该如何激发学生学习兴趣，践行素质教育，努力提高综合实践教学质量呢？

一是应该坚持理论联系实际，培养学生动手能力，综合实践课属于技术性课程，根据综合实践课的知识性、教育性、实践性、可操作性的原则，我认为，必须理论联系实际，强化学生动手能力。美国华盛顿儿童博物馆墙上就有一条醒目的格言："我听到了就忘记了，我看见了就记住了，我做过了就理解了。"在课堂教学中，要时刻抓住一个"精"字，突出一个"动"字，由灌输性教学变为趣味性教学。针对基础差的学生爱动手，不爱动脑的特点，每次操作运用比赛的形式让学生到讲台表演讲述，让多动手来促进动脑。这种做法能激发全班学生来学综合实践课。

二是提倡自主学习，发展学生创新能力，"让课堂充满生命的活力"，就意味着要学生能主动地参与学习。必须要把学习的自由还给了学生。如果我们把每件事都手把手地教学生，那学生怎么可能有主动参与的积极性。发现学习、创新思维、创造能力又如何培养？只有在课堂内，提倡自主学习，留给学生"自由"，努力为学生创造"自由"，让学生成为学习的主人，才能发展学生的创新能力，才能在课堂上践行素质教育。

可见，综合实践活动课程的设置与实施，对落实素质教育目标具有独特而重要的价值。我们只有深化对素质教育本质内涵的理解，掌握人的素质形成与发展的客观规律，以及综合实践活动课程的性质及实施方式。才能不断提高实施新课程的水平。有力推进素质教育的实施。

第五节　在自主探究中学习综合实践技能

随着新课程改革的进行，学校教育的课程目标也有了改变，提出了注重学生知识与技能、过程与方法以及情感与价值观三方面的发展，体现了学生个人对知识的主动建构。符合新课程目标的自主学习也逐渐受到了学校的重视，自主学习是一种主动的、建构性的学习过程，在这个过程中，学生首先为自己确定学习目标，然后监视、调节、控制由目标和情境特征引导和约束的认知、动机和行为，它在学生的个性、环境和主体的发展中起中介作用。

有研究指出，学生自主学习水平的高低不仅影响其学业成绩，而且对其毕生发展也将产生重要的影响。由此可见，自主学习旨在培养具有独立学习能力、心理健康状况良好、适应社会发展的终身学习者。

世界卫生组织近年来一再明确指出："健康不仅仅是没有躯体疾病、不体弱，而是一种躯体、心理和社会功能均臻良好的状态。"人们越来越重视心理的健康。而学生作为祖国的未来，他们的心理健康状况更是不容忽视。随着我国经济、文化的发展和教育事业的进步，特别是随着应试教育向素质教育的转轨，中学生心理健康问题日益引起教育界和各方面的关注、研究与探讨。学生不再只是像过去一样"一心只读圣贤书"，他们受到了多方面的冲击——知识的爆炸、网络的诱惑、传统文化观的变化等。在经济条件和学习条件日益优化的同时，学生的心理健康问题却日渐增多。青少年身体的发育、性意识的觉醒、自我意识的增强、父母的教育方式、学校教育、社会文化的冲击等都会对学生的心理健康产生不同程度的影响。但是却很少有人从学生采用的学习方式去看待这个问题。

教师及学生在思想认识上存在偏差。由于受传统的教学观念和应试教育的影响，一些教师不太重视对学生自主学习能力的培养，尤其是在学习任务重、时间紧的情况下，教师担心自主学习会影响教学任务的完成，总认为把每个知识点讲得越细，学生就学得越容易，课堂教学效率就越高，这样却养成了许多学生不动脑筋的习惯，只是被动地听课，不愿主动地学习，缺乏独立自学能力。甚至还有不少的学生认为在学校的主要任务就是为了考试而学习，没有选择，谈不上自主，只要学习成绩好就行了，学习能力的培养是以后的事情，现阶段不必过多考虑。这种状况不能不令人担忧。学生不知道自主学习的目的和作用，自主学习就只能是空谈。

学生缺乏问题意识和自主学习的方法。在长期的传统教育影响下，我们已习惯于老师"满堂灌"，学生"满堂听"的教学方式，学习成为单纯的传承知识而疏远探索研究。有的学生不愿意独立思考探究，没有自己独特的见解和主张，在学习中提不出问题，经常处于无问题状态，只有被动地接受；有的学生不会选择学习目标和方法，或者简单仿效同学的做法，或者必须在教师家长的监督下才能完成；有的学生在合作交流讨论时，没有主见，人云亦云，或者对发言不感兴趣，在研究问题时，不知道究竟要研究什么，如何下手。

传统的教学评价方式测重对学生纸笔测验结果的评价，忽视对学生学习过程的评价，在评价方法上仍以传统的评语、考试成绩为主，仍偏重量化的结果，而忽视实践及能力的考察。在评价过程中基本上是"教师说了算"，学生处于被动地位，主观能动性得不到发挥，创造性更是无法施展出来。针对这样单一的、片面的、静态的评价方式，学生的对策就是死记硬背，而学生的应用能力、分析综合能力没有得到锻炼，不利于学生的全面发展。

引导学生自主学习的方法很多，从当前学生实际情况来看，在引导上应特别强调以下几点：一是创设问题情境，引起学生为解决问题而积极思考。自主学习特别强调问题在学习活动中的重要性。因而，教师要不断精心设计问题，激发学生的求知欲，激励学生主动参与教学过程，形成师生互动。提出的问题要能激发学生探索兴趣，与现实生活相联系，富有挑战性，同时又没有单一的答案，启发学生思考，鼓励学生用已有知识与经验去观察事物，寻求解决问题的方法，使学生逐步会对具体感性材料进行思维加工。

二是激发学习兴趣，使学生产生巨大的学习动力。主动性是自主学习的基本品质，而兴趣是主动学习的动力，是学生学习积极性、主动性的源泉。教师应充分利用各种教学方法，激发学生的兴趣，激发学生自主学习的动机，激活学生的思维，使其产生兴奋点，从而积极主动地参与到教学之中，并养成自主学习的习惯。三是注重学法指导，优化教学方法。教学有法，但无定法，贵在得法。教师要在汲取各种教学方法精华的基础上，大胆构建适合本校、本班教学实际，能真正发挥教师主导作用和学生主体作用的多种教学模式，并进行优化组合，使其在教学中贯穿对学生的学法指导。

学生对自主学习本身要有一个全面的认识。自主学习不仅包括课上积极思考、积极参加讨论等课堂活动，还包括课下合理制订学习目标和内容，选择适合自己的学习方法，自我监控并调节学习过程，及时准确对学习结果作出评价等多方面的要求。对比较深奥、学生难以理解的内容进行教学时，可采用问题讨论法——教师设计一系列循序渐进的问题，引导学生充分讨论，化难为易，让学生在讨论中理解掌握所学内容；对一些比较浅显的内容宜采用自学指导法，让学生在探究过程中通过观察、思考、分析、归纳结论，既学到知识，又得到学习方法的启迪。另外，还可以采用教材分析法、辩论法、竞赛法等多种教学方法，最大限度地调动学生学习的积极性，让学生主动、生动地学习。

"综合与实践"的教学，重在实践、重在综合。重在实践是指活动中，注重学生自主参与、全过程参与，重视学生积极动脑、动手、动口。首先，教学方式的改变，除了教师之外，学生也是这个活动的主角，他们也需要时间来改变原来只是听课、练习、考试等简单的重复流程，这就需要有合适的课程作为切入点来启动，来和孩子们一起探索教育改革的新方式。所以，在教学之前，结合平时的教学，深入挖掘教材所蕴含的生活素材，精心选择和设计实践课的内容。

其次，教师要营造实践活动的良好环境。和往常的课堂不同，要把实践课上好，就必须改变原来的一些教学方法，重新定位老师在实践活动课里的角色，为实践活动营造良好的氛围和环境。要创设一种平等、民主的教学环境，教师需要既把自己作为学生中的一员，积极主动地参与到实践活动中，使学生们在实践课中把自己的学习兴趣调动起来；同时，老师又要以组织者和观察者的身份，适时地走出来，对学生的活动起帮和带的作用，并帮助学生总结和理解活动的真正目的，最终通过活动引导学生对教学知识应用的兴趣。使学生进入"心求通而未达，口欲言而未能"的境界，从而打开思维的闸门，创设全员参与实践操作的兴趣。

推进新课改以来，在构建自主型课堂教学，建立高效课堂取得了一定的成果。同时，由于课程改革的推进力度不同，当前不同年级和不同学科的课堂教学的状况处于不同水平。学生是学习的主体、课堂的主体，课堂教学效果好不好要看学生是否主动学习，有效学习。是否坚持以学生为本，树立课堂教学的学生主体意识，是提高课堂教学效果的关键。

学生的自主学习活动，学生的"练"的外延是广泛的。自学基础知识是"练"，专题探究是"练"，课堂练习是"练"，课后正式作业更是正规的"练"，在教师问题指引下，紧跟教师思路，积极思考、交流也是"练"，而且是更重要的"练"。练的目的是提高能力，练的根本内容是提高思维能力和水平，因此，我们评价一节课的好坏，不只看讲了多少内容，做了多少题目，探究了多少问题，根本地还要看学生的有效思维量。

课堂教学效果简单地说，就是在课堂上，学生有效掌握知识、技能、方法等。我们都明白能力比知识更重要，课堂要培养学生的能力，但是，知识并不会自然转化为能力，能力的获得是学习者知识内化后自我产生的，从知识到能力的转化必须经过一个桥梁，这就是学生的"练"，学生的自主学习活动。

第六节　在综合实践活动中培养学生自主探究能力

现代教育观念认为，学生的学习是将外在的知识观念转化为其内部的精神财富的过程。而这个转化过程只有学生用自己的好的学习方式才能很好的完成，所以学生学会自主学习显得弥足珍贵。综合实践活动要关注学生在探究过程中亲自参与探索性活动、开展人际交往，以及解决实际问题过程中所获得的感悟和体验，而不是一般地接受别人所传授的经验。因此，自主探究能力是学生综合实践活动的基本能力之一。

综合实践活动可以使学生的这种发现、研究、探索的欲望得到最大地满足和释放。它以"自主探究"的学习形式使学生可以从他们自己的生活中选择感兴趣的问题作为研究学习的对象，自然地、综合地学习，是出于自己的兴趣而非老师强加的。

在综合实践活动的教学中，在现代学习理论和现代课堂教学结构理论指导下，我始终以探究学生自主式学习为目标，以培养学生自主学习能力为突破口，在综合实践活动课中进行了学生自主学习式活动的研究，通过我们不断在活动中的实践，不断反思，然后在不断改进，不断实践反复总结，我认为应从以下几个方面培养学生的自主学习能力：

一、培养学生的自主学习意识。现代教育的关键在于唤醒，在实践活动的教学中如果能唤醒学生的自主学习的意识，让学生本身具有还在沉睡的潜能得到更充分的开发，利用内因促进外因起作用，那么学生的学习效果将会事半功倍。为此我在活动教学时积极营造一个民主、和谐的学习氛围，让学生敢说、敢想、敢问，调动其自主参与学习的内驱力，让学生更好的发挥自学潜能。

自主是人成为主体的前提和基础，学习自主性是学生独立自主支配自己学习的一种能力。历史与社会新课程、新教材、新理念，为我们培养学生自主学习能力提供了实践的平台。因此，我们要更新观念，确立学生是主体意识，培养学生的自学能力，在教学中大胆实践和探索。如何激发学生自主学习意识，我认为通过改变教学方法，让学生在兴趣中学会自主；创设问题情境，让学生在争议中体现自主；先试后导，让学生在尝试中体验自主；联系生活实际，让学生在实践中加强自主。

1. 改变教学方法，让学生在兴趣中学会自主

现代教育论强调教学以学生为主体，把获取知识的主动权还给学生，从根本上改变学生在教学过程中消极、被动的地位。而学生主体性的确立离开了兴趣，就难以成为可能。传统教学是以教师讲为主，学生一味接受，很少有独立思考的机会。而课堂教学的形式多样，可以活跃课堂气氛，增强学生学习兴趣，学生动手、动口、动脑，调动各种感官参与学习活动，促进智力开发，使学生学得有滋有味，轻松愉快。如课堂中进行的"不完全辩论赛"、"相声提问"、"角色扮演"、"阅读探究"、"填写"、"规避风险探究单"等都收到较好的教学效果。

2. 创设问题情境，让学生在争议中体现自主马克思说："真理是由争论确立的。"没有争议就无法"别异同"，"分是非"，"治曲直"。而我们的历史与社会教学通常是老师不断向学生提问，学生围着问题向标准答案靠拢，很少有人表示异议。老师提

问固然也能引起学生思考，但学生的学习总是比较被动。"灯不拨不明，理不争不透"，学生敢于争议是学习积极主动的表现。培养学生争议的能力，关键是要在教学中创设问题情境，诱导学生"争议"。

二、激发学生的求知兴趣。求知的欢乐和自我实现的愿望是推进活动教学发展的永恒内在动力。所以我们必须善于在平凡的实践活动中去发掘创新因素，利用实践活动的特点，充分调动学生的好奇心，激发学生跃跃欲试的求知欲，将这种欲望变成为其前进的内在动力，就会为开展教学活动提供良好的心理准备。

兴趣来源于认识和需要，学生学习总是受一定的学习动机支配。在学习中，最现实、最活跃的成分是"认识兴趣"或叫"求知欲"。要使学生愿意学习，最根本的是要使他们感到学习的东西有用。这就要求教师首先要熟透学科的意义、作用，结合大量生动事例，讲透讲深；其次在以后注意联系实际，进行有目的教育，以此激发学生对所学学科的兴趣，唤起他们好奇、探索的渴望和精神。

让学生感到自己课课有收获，有一种成功愉快的体验，会极大地激发学习兴趣。所得越多，兴趣越大，反馈越强。要做到这点，要求教师在深入钻研教材的基础上，还要了解掌握学生的思想情况、知识水平和智力水平，抓住重点难点问题深讲精讲，使学生经过适度紧张的智力活动，真正理解所学内容；同时还要求教师及时将学习结果反馈给学生，对学生的成绩和进步给予肯定、表扬和鼓励，使学生体验到一种愉快的情感（特别是对后进生），这会激发他们进一步学习和钻研的信心和力量。大量教学实践证明：学生在学习中如果获得成功，受到表扬和鼓励，他们的学习积极性和学习兴趣就会不断提高。

求新（喜欢了解或学到以前不知道的东西）是正常人的心理。因此，教师要注意教学形式和教学手段的生动性和科学性，在教学中合理使用教科书和插图、教学挂图、教学活动卡片，正确使用幻灯、投影、录像、录音等现代化手段。这些新颖的、活动的、直观形象的刺激物，最容易引起大脑皮质有关部位的兴奋，乃至形成优势的兴奋灶。同时教师在教学中新颖多样的教学方法，独特的教学风格，娴熟、精炼、形象生动的讲述，优美、准确、利落的示范动作等，都是诱发和培养学生学习兴趣的重要条件。要做到以"新"引趣，就要求教师积极投身于教学改革当中，在教学内容、教学方法上大胆探索，不断求新。

心理学家告诉我们，学生在求知过程中有所发现和创造，就会焕发出浓厚的兴趣，产生自行学习的内驱力。施教之功，贵在引导。关键就是要设法激发学生求知的欲望，启发独立思考，在教师引导下，发现问题、解决问题。正如苏霍姆林斯基所说的"在学生的脑力劳动中，摆在第一位的并不是背书，不是记住别人的思想，而是让学生本人去思考"。

三、建立和谐融洽的师生关系。教育名著《学记》中指出"亲其师而信其道"，只有亲其师，学生对教师的教导，在感情上才具有相容性。而综合实践活动是由师生双方在其活动展开过程中逐步构建生成的课程，所以在综合实践活动教学中能根据学生特点建立和谐融洽的师生关系必然能让学生更好的发展自主学习能力。

随着教育改革的逐步深入，各种新的观念不断涌现，其中赏识教育更是大行其道，深入人心。所谓赏识，就是对学生言行、举止、所作所为给予肯定、表扬，从而激发学生的自信心，调动学生的积极性。建立平等和谐的师生关系的关键在于教师，只有教师发扬民主，才能建立这样的师生关系，就是教师要做到有事要和学生商量解决，让学生有话敢说，有主意敢讲，有意见敢提，教师对学生要热爱、理解和信任，具体地说应做到以下几点：

1. 学会赏识使学生自信。赏识的本身是爱，它要求教师要热爱学生，以学生为本，与学生建立民主、和谐、平等的关系。赏识教育的奥秘在于让学生觉醒，鼓起学生自尊和自信的风帆，让他们坚信自己的能力，从而激起他们对学习的兴趣，挖掘出他们的潜能，培养学生的和谐发展。在教育活动中，我发现许多学生身上都存在自信心不足的情况。如果他们能够得到老师的赏识、鼓励、表扬等积极肯定的评价，那么他们就会认为自己是一个有能力的人，是一个"我能行"的人。教师也应该用欣赏、赞许的目光去注视学生，表达对他们的赏识，促使师生之间心灵相通，心心相印。

2. 学会聆听使学生受到尊重，教师一般都不愿放弃自己的权利，要求学生事事听从自己，服从自己。其实教育是人与人之间最微妙的心灵接触，学生的心是极其敏感的，他们的成长离不开爱的情感。如果把学生比做幼苗，那么，爱就是滋润的清泉。教师以其独特的人格魅力，连接起师生情感的纽带，很好地缩短了与师生横向的心理距离，放下教师的架子，尊重学生的人格、意见，是民主，也是和谐。韩愈说："弟子不必不如师，师不必贤于弟子"，"无贵无贱，无长无少，道之所存，师之所存也。"当老师在教学中出现这样那样的错误时，要敢于在学生面前承认错误，善于倾听学生的意见，敢于接受学生的批评。这样不仅不会损害老师的形象，相反能赢得学生的尊重和爱戴。

3. 学会理解使学生受到爱护。爱心是教师必须具备的美德，师爱对学生来说是一种鞭策和鼓励，对学生的成长和进步有很大的推动作用。爱学生是建立民主平等和谐师生关系的基础。教师为什么必须爱学生，我想，教师爱学生主要出自于对教师所从事的事业的热爱，是出自于对教育事业的责任感。因为学生是祖国的未来，是民族的希望，面对求知的学生，教师应该打心眼里爱他们，当然这种爱是高于母爱、宽于父爱的师爱，这种爱往往是教师工作的强大动力和巨大能源。没有对学生的爱就没有教育，更谈不上对学生的民主和平等。

爱学生主要是理解学生，不要故意去伤害他们。"寸有所长，尺有所短"，用爱心去发现他们的长处，用耐心去感悟他们。应该给他们以特殊的关爱，给在他们略显逼仄的心灵有放飞个性的空间，一旦他们的个性得到充分的发挥，成为他们的专长，将来定会成为一个非常有用的人才。

教师对学生的爱是一种能源，当这种能量作用于学生的时候，不用声张，学生自然会有感觉和反应，这反映就是对教师的信任和对教师所教课程的喜爱，孩子的进步会很快的，能唤起后进生的上进心和做人的尊严。

四、引导学生自主设疑并解决问题。教育应是一个不断地发现问题→提出问题→解决问题→再产生新问题的螺旋式上升过程。爱因斯坦曾说："提出新问题、新的可能性，从新的角度去看待旧的问题，都需要创造性的想象力，而且标志着科学的真正进步。"所以我们在综合实践活动课的实施过程中，让学生亲身经历实践过程，体验实践活动超越单一的接受学习，进而运用学生个体的独特价值，发挥学生的自我优势，让学生对自己所学所见提出问题，在疑问中主动地探索知识以及学会获取知识的方法，从一个课堂的消费者变成一个对课堂有贡献的人，从而使其获得终身受用的基础学力和创新原动力。

有疑才有问，才有"究"，有疑才意味着有了学习的主动性和自觉性。教师讲课，就是要打破学生脑海的平静，使学生的脑海在听课过程中波涛迭起。因此，有经验的教师讲课是将知识捏成一个个小石头子，变成一个个的疑问，投入学生心田，激起他们的思考，起到"投石击开水底天"的作用。设"疑"时，教师要做到把疑设在重点难点上。"疑"设得周密科学，经得起推敲，并能得到科学论证。这样才能充分调动学生学习的积极性，激发他们为解开疑点而积极思维的兴趣。

五、为学生提供开放的个性发展空间。陶行知先生一贯倡导"生活即教育，社会即学校"。综合实践活动课是连接学校和社会的一个重要桥梁。它很好的将学生所学的课本知识应用于各项综合实践活动中，并且让学生根据自己的生活经验和所学的各科知识就可以自主的完成活动。实践活动学习是一个不断地同化新知识、形成新能力的复杂过程，学生在参加各项活动的过程中，新有的活动经验与他们的原有的知识结构产生冲击，从而让自己对知识的认识更深刻，也增强了自己的动手能力，让自己的个性空间更广阔。因此，综合实践活动要面向学生熟悉的生活世界，实践活动课应广泛地伸展到自然、社会中去。只有在开放的、多元的、富有个性的发展空间里，才能更好的培养学生自主学习的能力。

六、在实践活动课中进行自主激励，自我强化，增强学生的自我效能感。教育家苏霍姆林斯基说过："在人的心灵深处，都有一种根深蒂固的需要，就是希望自己是一个发现者、研究者。"教师在实践活动中教师应尽量地发掘他们的闪光点，帮助他们树立自信心，增强他们的自我效能感。教师要对客观存在差异的学生提出不同的要求，鼓励不同层次的学生在实践活动学习上获得成功，让学生体验到成功的喜悦。成功感是学生自主学习的激励机制，能给学生成功的体验，能强化和激励学生主动学习，让学生在自主学习中不断地追寻这种体验，持续并发展自主学习的能力。

在自主学习的过程中，让学生自己最清楚自己想学到什么，最清楚什么样的学习方式最能满足自己学习的需要，这样才能有的放矢的提高自己的学习能力。所以教师要注重指导学生逐步认识自己"学会"的过程是否合理有效，在学习中使用的方法是否得当，并进行及时的评价和激励，不断改善和提供自己的学习方法。综合实践活动有着开放性、生成性、创造性的特点，教师要利用这些特点积极采取不同的教学方法督促着学生主动去学习，并让学生感受到自己的成长，发现自己的价值所在。

七、鼓励学生在实践活动后延续自主学习。教师不但要在实践活动过程中激发和维持学生自主学习的意识，更要将活动中迸发的自主学习有效延续到活动后，促进学生在综合实践活动课外积极主动地探索知识的奥秘，由此体验到知识的魅力，进一步激发自主学习知识的浓厚兴趣，内化成自己的能力，使学生从实践活动课内到实践活动课外始终处于积极主动的氛围之中。

总之，任何教育都不可能将所有人类知识传授给学习者，教育的任务必然要由使学生学到知识转成培养学生的学习能力。培养学生的自主学习能力是实践活动教学所必需的，也对学生具有特别重要的现实意义。

第七节　21 世纪背景下培养学生综合实践技能势在必行

随着知识经济时代的来临，对人才的需求正在发生着深刻的变化，21 世纪需要什么样的人才？创新教育的倡导，素质教育的全面推进，课程问题越来越引起社会的广泛关注和人们的高度重视。人类经济发展将比以往任何时候都更加依赖于知识的生产、传播和应用，知识将成为我们经济社会发展的驱动力。科学技术尤其是高新技术将成为社会生活的重要内容，成为推动社会进步的重要力量。这一深刻的社会变革对当今基础教育的课程发展提出了强有力的挑战，要求教育尤其是课程及时做出敏锐的反应。为了培养适应新世纪社会政治、经济发展需要的创新人才，保证新世纪教育质量，就必须根据新世纪社会的变革来探索研究基础教育课程改革。

随着我国经济社会的发展，提高 21 世纪人才综合素质有其必要性和紧迫性。21 世纪，一个崭新的世纪，一个经济全球化的世纪，一个以知识经济为主流的世纪，一个科学技术突飞猛进的世纪，一个人与自然协调、可持续发展的世纪、一个东西方文化激荡与融合的世纪，一个科学精神与人文精神交融统一的世纪，一个充满着机遇、充满着挑战、充满着希望，又充满着竞争的世纪，谁能在新的世纪赢得竞争的胜利？毫无疑问，谁赢得了人才，谁就是 21 世纪的大赢家，谁没有了人才，谁就将被新的世纪所抛弃！21 世纪，中国最需要什么样的人才？显而易见，需要一大批具有较强的综合开发和实际应用能力，具有灵活的应变能力和果断的决策能力，具有熟练的外语会话、公关和谈判能力，具有运用现代技术进行信息处理分析设计等能力的国际化人才。

随着我国现代化建设的进一步发展，尤其是开放型经济的迅速发展，我国人才的总量及其结构与世界上发达国家相比都还存在着一定的距离，这距离又主要表现在人才结构不合理，某些方面人才严重匮乏，而我们要想在未来的竞争中占有先机，就必须学会不断地调整自身。进入 WTO 后的中国无疑将发生许许多多的变化，这变化的主要特征就是中国政府将更加坚定不移地实行对外开放的基本国策，将以更加积极的态度推进全方位、多层次、宽领域的对外开放，在更大范围和更深程度上参与国际经济合作与竞争。面对这样一个前提，中国的人才结构无疑急需调整，才能适应变化了的世纪，变化了的现实。

具备什么样素质的人才能在未来社会中生存和发展？是世纪之交的人们普遍关注的焦点。所谓 21 世纪的人才主要有以下几点：

一是既要有知识又要有能力。即基础知识扎实，知识面宽广，文理结合，全面发展。同时又要具备运用知识的能力和创新能力。21 世纪是激烈竞争的世纪，说到底是国民创造力的竞争，是创造性人才的创造速度和创造效率的竞争。世界各国都非常重视创造性人才的培养，日本政府早在 1982 年就提出"创造力开发是通向 21 世纪的保证"。美国哈佛大学校长普西认为："一个人是否具有创造力，是一流人才和二流人才的分水岭。"因为在未来的新世纪没有创造能力就只能跟在别人背后爬行，甚至失去生存的权利。

二是具有优秀的全面素质的人才。所谓全面素质不仅包括业务素质，还有思想道德素质、心理素质、文化素质，即必须具有创造力和健全的人格，具有奉献精神和合作精神的复合型人才。只有适应性强，有创新精神，以及良好的思想道德素质和团队精神的人才能适应国家和社会对未来人才的需求。

素质教育强调"面向全体、面向全面、生动活泼地发展"，其中"生动活泼地发展"是素质教育的灵魂。强调学生生动活泼地发展，就是肯定学生是发展的主体。学生的学习过程，是主动获取、主动发展的过程，而不应是被动地灌输、强迫地塑造的过程。

综合实践活动具有"综合性、实践性、开放性、自主性、实践性"等特点，活动的实施受到多方面因素的制约。为确保效果，我们重视综合实践活动实施方法的探索，从活动内容、活动时间、活动组织到活动过程，都精心考虑，从而避免追求花俏、看重形式的偏向。

1. 时间确定体现灵活性。综合实践活动课需经历组织引导、逐步实施、分步检查、成果展示等过程，不仅耗时较多，而且须灵活安排时间。为此，为保证综合实践有足够的时间，对部分阅读型、调查型、实验型、采访型的综合实践任务，我们可以让学生利用双休日去实施。

2. 教师安排讲究效益性。综合实践活动课程仅靠课表安排的课是不够的，相当多的任务需要学生课外去完成。这些，没有班主任的参与是难以成功的。为此，我们一般让语文教师担综合实践课。语文学科在内容上更具综合性，与综合实践活动的结合是多方面的，让他们担这门课，能发挥其综合协调功能，使这门课真正落到实处。

3. 内容选择重视系列性。综合实践活动的空间广阔，内容丰富，为保证效果，我们引导教师认真研究教材，寻找学科教材知识之间、能力之间、情感之间的联系点，沟通学科教材与"环境教育"、"生活教育"、"科技教育"、"文化教育"、"品德教育"
间的联系，挖掘活动主题。在此基础上，围绕主题，认真思考，
把握联系，从而围绕一个主题，尽可能地将诸多内容融合其中。
如：围绕"认识自然"这一主题，可以根据年级特点组织活动：
低年级开展"我们爱春天"、"美丽的秋天"、"夏天真奇妙"、
"冬天里的美丽"、"到羌溪公园游玩去"、"可爱的小动物"等综
合实践活动；中年级开展"走进昆虫世界"、"菊花如此多娇"、
"花草世界真奇妙"、"说茶"、"中秋话月"、"羌溪河的变迁"、
"我为家乡换新衣"、"我们是环保小卫士"等活动；高年级开展
"动物世界也有情"、"争当环保小能手"、"看城区，话环保"、
"五彩的秋叶"等综合实践活动。再比如：围绕"走进家乡"的
主题，低年级组织开展"我们家乡真美丽"、"家乡大变样"等活
动；中年级开展"美丽的泰兴"、"我爱家乡的银杏"、"黄桥烧
饼黄又黄"等活动；高年级开展"杨根思，我们的骄傲"、"走进
东进纪念馆"、"走进银杏之乡"、"感受教育之乡"、"泰兴，我
的骄傲"等活动。这样，围绕主题开展系列活动，使年段之间的
综合实践活动内容上互相联系，逐步推进，以形成系列；活动上
互相配合，互相促进，以强化效果。

4. 活动过程体现操作性。为保证活动的全员参与和全程参
与，坚持精心设计每一项活动，细化过程，做到目标具体，环节
明确，组织严密，前后相连，整体推进。这样，既能解决活动在
一起，时间难以保证，空间难以变换的问题，又可促进个体活动
与群体活动、课内活动与课外活动、动态活动与静态活动的结
合；既可充分发挥家庭优势、学校优势、社区优势，又便于活动
中的及时反馈、及时总结、及时调整，使方案不断完善，活动不
断推进。

5. 优化实施方法，体现自主性。综合实践，是特殊认识与特
殊实践辨证统一的活动过程，是教师主导作用发挥学生主体能力
生成和发展的过程。它是动态变化、和谐发展的过程。为此，我

们重视了实施方法的优化，注重活动内容的鲜活性和丰富性，以充分调动学生主动参与的积极性；注重学生参与的全员性和全程性，以充分体现学生主体参与的外显性；注重活动过程的综合性和探究性，以充分发挥学生主动参与的创造性；注重师生关系的民主性和平等性，以充分体现学生参加活动的能动性。

综合实践活动，为沉闷的教改带来活力，让学生感受到了开放自主的痛快，让学生在实践中获得了感受，在实践中获得新知，也在实践中形成了意识，锻炼了能力，让学生的个性在实践中得到张扬，让学生的整体素质在实践中获得提高。给我们师生带来了要以活动促发展，让学生主动实践，主动探索，主动创造，大胆探究，敢于质疑。真正走进生活，亲近实践。

综合实践活动是指以学生的兴趣和直接经验为基础，以学生学习生活和社会生活密切联系的各类现实性、综合性、实践性问题为内容，以研究性学习为主导学习方式，以培养学生的创新精神、实践能力及体现对知识的综合运用为主要目的的新型课程。综合实践活动课程的开设应具有以下五大特点：

1. 基于兴趣与直接经验

综合实践活动课要基于学生的需要、动机、兴趣和直接经验来设计、实施相关课程活动，以此为基础实现对传统学科知识结构与逻辑体系的超越。

2. 回归生活世界

综合实践活动课要回归学生的生活世界，只有当学生学习发生在有意义的背景中，学习才是有效的，从学生真实的生活世界中，选取具有一定的综合性、实践性、现实性的问题、事件、现象来设计活动内容，学生才是最感兴趣的。

3. 立足实践

综合实践活动课，不局限于书本知识的传授，让学生亲身参与、主动实践。在实践中综合运用所学知识解决各种实际问题，提高解决实际问题的能力。我们说，实践的内容是丰富的，实践的方式也是多样的。实践并不仅仅意味着让学生作社会调查、参观、访问，更重要的是要为学生营造实践情境，通过引导，让学生自己能够发现问题、提出问题、解决问题。特别是学生能够面对生活世界里的各种现实问题，综合运用所学知识，主动地去探索、发现、体验、重演、交往、亲力亲为，获得解决现实问题的真实经验，从中培养实践能力。

4. 着眼创新

综合实践活动课，着眼于学生创新意识、创新精神、创新能力的培养。综合实践活动课为学生创新品质的形成提供了更为宽松、自由的空间。学生始终处于主体地位，自己发现问题，自己设计方案，自己搜集资料，自己解决问题。在这一过程中，学生的想象力和创造力可以充分发挥出来，他们不断地有所发现、思考、创新。

5. 以研究性学习为主导学习方式

综合实践活动课，以转变学生的学习方式为出发点，遵循"提出问题，收集资料，形成解释，总结成果"研究程序，强调知识的联系和综合运用，注重过程，强调开放，重视师生互动。

传统教育侧重关注的是学生的知识与技能，忽视学生情感、态度、价值观的养成教育。学生在课堂上活动时间很少，知识的讲授和被动的学习，使学生的创新精神和学生兴趣逐渐丧失。而综合实践活动是一种以学生兴趣和直接经验为基础，以与学生学习生活和社会生活密切相关的各类现实性、综合性、实践性问题为内容，以研究性学习为主导性学习方式，以培养学生的创新精神和实践能力及体现对知识的综合运用为主要目的实践性课程模式。

21世纪下的新课程改革所倡导的学生的学习过程是建构自己认知结构的过程。真正的学习并不是由教师传授给儿童的，而是出自学生本身，要让学生自发的、主动的进行学习。而这一系列活动都源于学生浓厚的学习兴趣。

学生参与综合实践活动兴趣的培养，充分体现在综合实践活动课程的课堂教学与课外实践活动中。综合实践活动课重视情境的创设，让每个学生在教师创设的情境中都能发现问题并且乐于去解决这些问题，最大限度地调动学生参与活动的兴趣与积极性。教师只是勾画蓝图，具体的研究方案由学生制定并实施。在这一系列的活动中，教师引导学生有兴趣的做有意义的事，并且重视对学生活动过程中的评价，并且评价形式多种多样，方法灵活使用。评价手段的多样化同样也激发了学生学习的热情与愿望。

第一，在这样一种综合实践活动课程模式中学生首先也最能得到提高的能力就是合作能力，几个同学组成小组去完成一个课题，在这样一个过程中，学生首先就要学会分工协作，相互配合，小组成员之间必须相互交流研究进展，讨论遇到的问题，成员之间也能够通过互相的帮助学习来扬长避短。合作能力是现在社会上非常看重的一个能力，信息化时代，我们几乎没有什么任务是仅仅一个人完成的，那么这样的一种合作能力就必须要在学生阶段加以培养，从这个方面来说，综合实践活动课程是十分必要的，同时也确实能够帮助学生培养这样的一种能力。我国现代著名的心理学教授邵瑞珍指出："合作能促进学生智力的发展，能使能力差的同学学会如何学习，改进学习方法，合作有助于学生发挥良好的个性，增强群体凝聚力，形成和谐的教育氛围，在解决新的复杂问题时，学生间的合作显然要胜过个人的努力。"综合实践活动课程在这样的时刻承担了这样的一个作用，促进了它的推行。

第二，综合实践活动课程能培养学生的实践能力，我觉得实践能力也可以认为是执行力，当小组的活动课题被确立以后组员之间会分配不同的任务来同步进行，这是就要求我们的同学要有一个较好的执行力，每个人承担的不同任务都可以在额定的实践完成。在这个课程中学生是主体，是实践活动的亲历者，会在实践的过程中不断的遇到问题，解决问题，我觉得这样的一个过程能很好的提高学生的实践能力。这里的实践能力是多方面的，包括独立思维能力，解决问题的能力，和别人交流的能力等，总之会提高学生的综合实践能力。

第三，综合实践活动课程能培养学生的创新能力。我觉得这个能力的培养有一个阶段性的问题，在小学和初中来说，综合实践活动课程注重的是学生的实践经历和视野的开拓。所设置的课程重在思维的培养和兴趣的引导，并没有直接的创新实践机会，但是经过一段时间的培养，学生的创新思维会得到很大的提高。到相对高中、大学阶段学生会有更多的研究性学习的机会，研究性学习从课题的选择，到最终的落实都是一个创新的过程，只要能够全心投入，学生的创新能力就能够得到很大的提高。所以我认为综合实践活动课程也能够培养学生的创新能力。

综合实践活动实施的是探究式学习，培养了学生的创新意识、创新精神和实践能力，为此，在学习的形式上注重让学生自主地发现问题、提出问题、收集信息、分析信息、运用信息、互相协作、主动探究、创造性地解决问题，促进学生内在能力的提升。这样一来，从根本上改变了由老师讲授转变为学生自主、自动的学习方式。同学们在互动、合作、探究的过程中，点燃了智慧的火花，锻炼了搜集、处理信息的能力和分析解决问题的能力。

以往的课堂教学中，总有相当一部分学生是被动的、不被关注的。据调查，平均有10%的学生在一学年中从来没有被提问过，这还是一个非常保守的数字，在有些学科教学中，一年中没回答过问题的学生甚至超过30%。在综合实践活动中，学生的参与程度大大提高，他们都以饱满的热情积极地投入到活动中去。每一位学生在活动中都有具体分工，分工时充分考虑每一个人的特长，充分发挥每一个人的潜能，可谓是八仙过海，各显神通。

如高坤同学，学业成绩一般，并不引人注目，但在综合实践活动中自己制幻灯片，展示小组的研究成果，令大家刮目相看，大大增强了他的自信心。

在综合实践活动中，教师的职能是启发、指导、示范来促成活动的成功，学生的各种能力素质的培养，都是要通过学生自己亲自实践、操作、体验来实现的。教师在与学生一起解决问题的过程中，完全融入学生之中，做学生中的一员，真正把学生当成是自己的朋友。在新的教学思想指导下，很多时候我们将师生角色从显性的角度交换一下。让学生讲，老师听，学生做，老师看，即让学生体验老师，做老师中的一员。这样既是师生平等的体现，也是对学生的莫大鼓励。我们经常让学生当老师，让他们来讲、来表演、来操作，让他们去评价其他学生的探索行为等等，这极大的鼓舞了学生参与活动的兴趣和热情，师生之间的关系变得水乳交融。

总之，在21世纪的改革下，社会实践活动，旨在培养学生的意志品质，丰富学生的生活经历，提升学生的综合素质，增强学生的综合实践能力，以应对未来生活中的风雨挫折、艰辛坎坷、荆棘磨难，好让他们强壮起来，能够真正肩负起振兴中华民族的历史重任。我们一定要不断探索、不断创新，使学生人人有兴趣参与综合实践活动。

参考文献

［1］郭元祥．综合实践活动课程的回顾与前瞻［J］．基础教育课程，2010，（5）．

［2］刘学红．在合作学习中教学生学会合作［J］．江西教育，2001，（4）．

［3］郭元祥，伍香平．综合实践活动课程的理念［M］．北京：高等教育出版社，2003，49．

［4］冯新瑞．农村小学综合实践活动的现状与改革对策［J］．新课程研究，2014，（1）．

［5］付宜红，等．课程实施进入法制轨道［J］．基础教育课程，2006，（9）．

［6］吴刚平．课程资源建设中的几个认识问题［J］．教育理论与实践，2001，（7）．

［7］张建芳，等．综合实践活动样本学校的课程实践［M］．杭州：浙江教育出版社，2014，166．

［8］张华．综合实践活动课程的问题与意义［J］．教育发展研究，2005，（1）．

［9］石鸥．立足课堂教学，突破知识本位．建设特色课程［J］．基础教育课程，2014，（12）．

［10］邵瑞珍．学与教的心理［M］．上海：上海教育出版社，1983，130．

［11］大卫·W·约翰逊，罗格·T·约翰逊，卡尔·A·史密斯著．刘春红，孙海法译．合作性学习的原理与技巧［M］．北京：机械工业出版社，2001．

［12］贾晓红，李广州，程萍．中学综合实践活动课程开设现状的调查与思考［J］．教育探索，2003，（5）．

［13］朱庆国．EMBA前沿管理办法——长效管理［M］．北京：中国言实出版社，2003.

［14］宋东清，徐建奇，刘电芝．合作学习中"责任扩散"效应的分析及教学对策［J］．教育科学研究，2003，（2）．

［15］郭元祥．综合实践活动课程的理念与实施［M］．北京：首都师范大学出版社，2002.

［16］邹开煌，等．让综合实践活动进入常态课的思考［M］．基础教育课程，2004.

［17］邹开煌，等．综合实践活动课程有效实施的前提与关键［J］．福建教育学院学报，2005，（6）．

［18］教育部基础教育课程教材发展中心．新课程的理念与创新［M］．北京师范大学，2001.

［19］国家教育部．基础教育课程改革文件之九年义务教育阶段劳动与技术教育实施指南，2001.

［20］国际技术教育协会研制，常初芳等译．技术素养的标准：技术学习内容［M］．（待出版）

［21］教育部基础教育司组织编写．走进新课程——与课程实施者对话［M］．北京：北京师范大学出版社，2002.

［22］国家教育发展研究中心编．发达国家教育改革的动向和趋势（第四集）．北京：人民教育出版社，1992.

［23］赵中建主译．全球教育发展的历史轨迹——国际教育大会60年建议书［M］．北京：教育科学出版社．

［24］赵中建主译．教育和生产劳动之间的相互作用［M］．北京：教育科学出版社，1981.

［25］赵中建主译．从适当的科技入门教育看普及和革新初等教育（1984）［M］．北京：教育科学出版社，1999.

［26］李济英著．世界教育发展趋势——技术教育［M］．北京：北京大学出版社，1999.

［27］江山野著．课程论——普通教育中的劳动教育，普通教育中的技术教育［M］．石家庄：河北教育出版社，2001.

［28］国务院关于基础教育改革与发展的决定，2001.

［29］教育部．基础教育课程改革纲要（试行）．教基．2001.17号，2001.

［30］教育部．普通高中课程方案（实验），2003.

［31］李臣之．综合实践活动课程的开发［M］．北京：人民教育出版社，2003.

［32］崔允漷，余进利．我国普通高中研究性学习课程现状调研报告［J］．全球教育展望，2003，（7）．

［33］教育部．义务教育课程设置实验方案，2001.

［34］教育部．基础教育课程改革纲要（试行）．2001.5 教育部．综合实践活动指导纲要（未正式颁布）．

［35］田慧生．综合实践活动课程的理论探索与实践反思［M］．北京：教育科学出版社，2007，（92）：7

［36］郭元祥．综合实践活动课程的实施［M］．北京．高等教育出版社，2003.

［37］陈秋红，汪明春．综合实践活动课实施过程中的问题与对策——国家级课程改革试验区综合实践活动研讨会综述［J］．教育研究与实验，2003，（1）．

［38］霍益萍．浅谈“研究性学习”课程管理［J］．教育发展研究，2001，（10）：30.

［39］叶子，庞丽娟．师生互动的本质与特征［J］．教育研究，2001，（4）：30－34.

［40］韩琴．课堂互动对学生创造性问题提出能力的影响［M］．华中师范大学，2008.

［41］张雪梅．新课标下学生自主探究能力的培养［J］．新课程研究：基础教育，2009（3）：136－137.

［42］徐根泉．合理引导：培养学生自主探究能力的关键［J］．小学教学研究，2008，（7）：49－50.

［43］张海波．浅谈培养学生自主探究学习的能力［J］．山西科技，2011，26（1）：124－125.

［44］李芒，等．对远程教育的现代教学理论的认识［J］．电化教育研究，2003，（4）：46.

［45］中华人民共和国高等教育法．第五条．

［46］陈小梅．加强实践教学，培养应用型技能人才［J］．科教文汇（中旬刊），2007，（3）．

［47］闻亮．加强实践教学，注重学生创新精神和实践能力的培养［J］．内蒙古师范大学学报（教育科学版），2003，（2）．

［48］刘建勇．在实践活动中培养学生自主探究能力［J］．现代教育科学（中学教师），2011，（3）．

［49］郭元祥，姜平．当前综合实践活动课程的现状与问题［J］．基础教育课程，2006，（8）．

［50］郝琦蕾．国内综合课程研究述评［J］．西北师大学报：社会科学版，2008，45（2）：54–60．

［51］黄白．课程理论研究述评［J］．河池师专学报：社会科学版，1997，（1）：85–90．

［52］姬智明．研究性学习中教师的地位和作用［J］．历史教学，2001，（10）：45–46．

［53］付保川，班建民，陆卫忠．谈培养学生综合实践能力的途径与方法［M］．全国高等学校智能建筑教育与学术研讨会，2003．

［54］张华，仲建维．综合实践活动课程：价值分析和问题透视［J］．当代教育科学，2005，（12）：3–6．

［55］杨保俊，等．加强实践教学资源建设，提高学生综合实践能力［J］．实验技术与管理，2011，28（11）：17–19．

［56］孔企平．论学习方式的转变［J］．全球教育展望，2001，30（8）：19–23．

［57］李朝辉．有效合作学习的策略研究［M］．东北师范大学，2003．

［58］张斌．论合作学习及其对学生行为和态度的影响［J］．教育理论与实践，1999，（9）：41–44．

［59］徐勤友，王端恬．浅析初中综合实践课程教学模式的创新与实践［J］．教育界：综合教育研究，2015，（13）：134–134．

［60］孙伟民．大力加强实践教学提高人才培养质量［J］．中国大学教学，2006，（3）．

［61］潘群．关于提高学生实践能力的思考［J］．武汉科技学院学报，2007，20（2）：76–78．

［62］李翠敏．谈高校教师社会实践对教育教学的意义［J］．文教资料，2010，（9）：180－181．

［63］刘桂荣．试论综合实践活动课程资源的开发和利用［M］．湖南师范大学，2004．

［64］李子华．学生自主学习的有效教学策略研究［J］．中国教育学刊，2005，（12）：34－36．

［65］赵宗群．浅谈新课程下综合实践活动课存在的问题及应对策略［J］．中学化学教学参考，2014，（14）：61－61．

［66］罗玲，刘丽霞．浅谈新课程中课程设置的改革——综合实践活动与校本课程设置现状与改革分析［J］．当代教育论坛：教学版，2010，（3）：7－8．

［67］邬志辉．对素质教育实施中存在问题的思考［J］．中国教育学刊，2000，（5）：11－13．

［68］李俊荣．浅析培养学生自主和探究学习能力的途径［J］．长春教育学院学报，2011，（6）：157－157．

［69］杨志文．课堂教学应突出学生自主探究的学习过程［J］．中学数学，2002，（8）：1－3．

［70］杨志文，高爱玲，等．探究性学习的调查、实践与思考［J］．中学数学教学参考，2002，（11）：22－24．

［71］叶春秀．创设问题情境激发学生自主探究学习［J］．中学生物教学，2004，（9）：23－23．

［72］贾宗林．学生自主管理模式探究［J］．教学与管理：理论版，2007，（11）：30－31．

［73］廖云微．浅议在自主探究学习中培养学生解决问题的能力［J］．成才之路，2011，（5）．

［74］符祖河．浅议课堂教学中自主探究能力的培养［J］．管理观察，2009，（15）．

［75］王芸伟．践行感悟发展——浅谈在生活中培养学生综合实践能力［J］．新课程导学，2013，（27）．

［76］徐勤友，胡福进．培养综合素质，提升实践能力——例谈如何上好初中综合实践课［J］．中学时代：理论版，2014，（3）．

［77］吴刚平．课程资源的开发与利用［J］．全球教育展望，2001，30

（8）：24 – 30.

［78］徐佳，吴刚平．教师教育课程资源建设的问题与策略［J］．高等教育研究，2007，（9）：49 – 53.

［79］范蔚．实施综合实践活动对课程资源的开发利用［J］．教育科学，2002，（3）：32 – 34.

［80］张华．论"综合实践活动"课程的本质［J］．全球教育展望，2001，30（8）：10 – 18.

［81］李芒．论综合实践活动课程与教师的教学能力［J］．教育研究，2002，（3）：63 – 67.

［82］杨雪梅．论综合实践活动课对教师教学能力的新要求［J］．国家教育行政学院学报，2005，（8）：67 – 69.

［83］赵玉知．对我国中小学综合实践活动课程基本问题的思考［J］．教育理论与实践，2010，（26）：14 – 15.

［84］张华．综合实践活动课程的问题与意义［J］．教育发展研究，2005，25（1）：34 – 37.

［85］韦红桦．改革实践教学，提高大学生的综合实践能力［J］．高教论坛，2004，（3）：43 – 44.

［86］梅霆，林建中．学生综合实践能力培养方法的研究与探索［J］．科技信息，2011，（3）．

［87］朱志华，陈向党，王建龙．自主探究学习模式简论［J］．天津市教科院学报，2003，（5）：80 – 83.

［88］孙文奎．浅谈"自主合作探究"的学习模式［J］．教育革新，2005，（3）．

［89］杨永惠．小组探究学习模式初探［J］．临沂师范学院学报，2003，25（3）：116 – 118.

［90］王红宇．合作学习理论在教学实践中的运用［J］．比较教育研究，1992，（1）：21 – 25.

［91］杨银付．素质教育若干理论问题的探讨［J］．教育研究，1995，（12）：35 – 39.

［92］崔巍．论高校素质教育及其实施［J］．高等农业教育，1999，（9）：24 – 27.

［93］王斌．新课程背景下基于学生有效学习的高中生物课堂教学策略

研究 ［M］．陕西师范大学，2008.

　　［94］程红．论教学的有效性及其提高策略 ［J］．江西教育科研，1998，（5）：85 - 88.

　　［95］米俊魁．情境教学法理论探讨 ［J］．教育研究与实验，1990，（3）：24 - 28.

　　［96］侯建军，等．引导学生自主学习——促进学改教改互动 ［J］．中国高教研究，2004，（1）：90 - 91.

　　［97］韩时琳．注重师生互动提高教学效果 ［J］．中国高教研究，2003，（4）：90 - 91.

　　［98］傅维利，陈静静．国外高校学生实践能力培养模式研究 ［J］．教育科学，2005，21（1）：52 - 56.

　　［99］顾明远．我国教师教育改革的反思 ［J］．教师教育研究，2006，18（6）：3 - 6.

　　［100］孙秀清．新课程理念下学生自主学习能力培养的探索 ［M］．东北师范大学，2005.